国家体育总局备战奥运会科技攻关与服务项目（编号：2015HT085）

现代链球投掷技术与训练

董海军　著

U1010515

北京体育大学出版社

策划编辑：王英峰
责任编辑：王英峰
责任校对：韩培付
版式设计：久书鑫

图书在版编目（CIP）数据

现代链球投掷技术与训练 / 董海军著. -- 北京 : 北京体育大学出版社, 2021.8

ISBN 978-7-5644-3449-6

Ⅰ. ①现… Ⅱ. ①董… Ⅲ. ①链球投掷－运动技术－运动训练 Ⅳ. ①G824.42

中国版本图书馆CIP数据核字（2021）第138840号

现代链球投掷技术与训练 董海军 著
XIANDAI LIANQIU TOUZHI JISHU YU XUNLIAN

出版发行：北京体育大学出版社
地　　址：北京市海淀区农大南路1号院2号楼2层办公B-212
邮　　编：100084
网　　址：http://cbs.bsu.edu.cn
发 行 部：010- 62989320
邮 购 部：北京体育大学出版社读者服务部 010-62989432
印　　刷：北京虎彩文化传播有限公司
开　　本：710mm×1000mm　　1/16
成品尺寸：240mm×170mm
印　　张：19.125
字　　数：344千字
版　　次：2021年8月第1版
印　　次：2021年8月第1次印刷
定　　价：158.00元

（本书如有印装质量问题，请与出版社联系调换）
版权所有 • 侵权必究

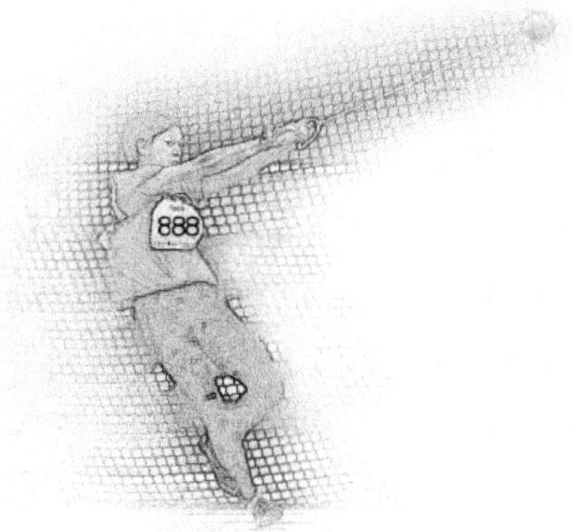

前　　言

在以往专家和学者对优秀男子、女子链球运动员技术与训练研究的基础上，本书采用表面肌电学、运动学等多学科交叉的方法，对我国现役优秀男子、女子链球运动员的投掷技术进行实验研究，探讨掷链球旋转过程中不同技术环节主要运动学变化特征及肌肉群协同用力特征；从根本上探索造成运动过程中人体时空特征变化的原因，从新的视角探索复杂运动过程中多肌肉群的用力机制，构建高水平女子链球运动员运动学、肌肉用力特征模型，对改进和完善运动员技术及革新训练理念、发展和丰富现阶段竞技体育训练方法和手段、指导运动训练实践都具有重要的意义。在研究的基础上，本书重新认识了项目的属性和特征，以我国优秀男子、女子链球运动员备战训练为研究对象，丰富了训练方法和手段，为教练员进一步认识项目规律，进行针对性训练提供了参考。

本书分为八个章节。第一章介绍了掷链球运动的起源，以及世界和我国男子、女子链球世界纪录和最好成绩的演变。第二章介绍了掷链球技术的发展趋势，其中重点介绍了项目的属性和掷链球技术的发展演变过程，以及掷链球技术存在的问题、未来的发展趋势等。第三章介绍了国内外掷链球运动的研究现状，详细阐述了我国学者从 1960 年至今的研究过程，分别从掷链球技术诊断分析、优秀运动员训练过程控制、训练方法和手段、身体素质和青少年运动员训练等方面进行论述。第四章以我国现役优秀男子、女子链球运动员的投掷技术为研究对象，分别从运动学及肌肉用力的角度分析了技术变化的主要特征，实现了实验数据的同步采集和技术研究的同步分析，为其他项目的研究提供了可靠、成熟的范式。第五章研究了我国优秀男子、女子链球运动员年度训练计划的制订，以我国优秀运动员顾原、王峥、齐大凯的年度训练计划安排为例，对整个过程中教练员训练阶段划分和内容安排进行分析，为教练员制订训练计划提供参考。第六章研究了掷链球项目的专项训练方法，以图文结合的形式列举了链球项目身体素质的训练方法、专项力量训练方法及器械感觉、专项能力和专项速度的各种训练方法与手段。第七章介绍了掷链球项目的体能训练方法和手段，主要分为悬吊类、健身球类、垫上类、平衡稳定类、跳跃能力、灵敏和腰腹肌方面的训练。第八章介绍了青少年链球运动员技术训练的重点和难点，以及各年龄段训练的注意事项，对提高基层教练的训练水平有重要作用。全书系统地研究了优秀男子、女子链球运动员从选材到训练安排、技术、专项训练、体能训练等不同方面的特征，对重新认识项目规律具有积极的促进作用。

由于时间仓促，虽然笔者很认真、用心地编写这本书，但由于水平有限，错误和纰漏在所难免，希望读者给予批评和指正。

2021 年 5 月 25 日

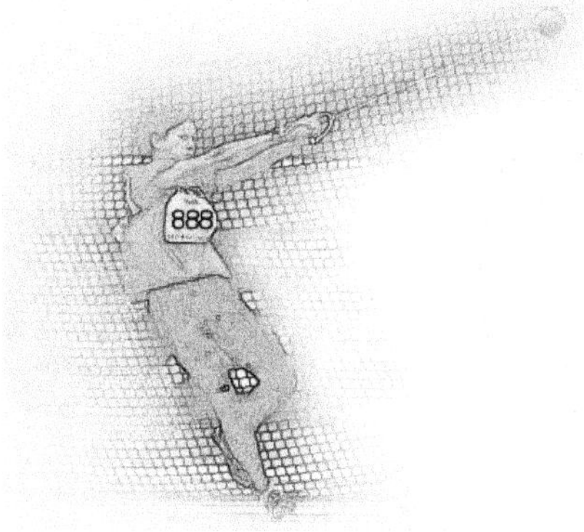

目　　录

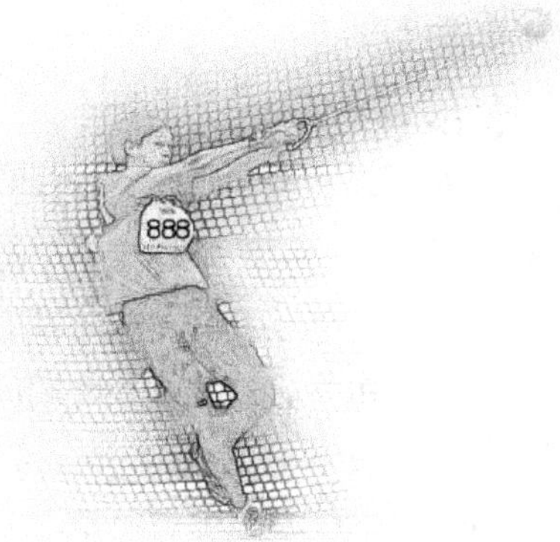

第一章 掷链球运动的起源

链球是由打铁的铁锤演变而来的。中世纪时，苏格兰的铁匠和矿工在业余时间里经常用他们的生产工具——带有木柄的铁锤进行掷远比赛。之后，这样的比赛逐渐在苏格兰、爱尔兰的矿工和山民中流行起来。链球的英语词意即铁锤。

19 世纪后期，链球成为英国牛津大学和剑桥大学运动会的比赛项目。那时的投掷方法是旋转五圈后掷出，投掷的方向没有限制。投掷距离是根据投掷者的前脚到链球的落点来计算的。第一个纪录是牛津大学学生在 1873 年创造的，他使用的球柄比较长，球体是用铅做的。从那时起，链球才改为圆形，其后柄也由木制的改为钢链。男子链球重 7.26 公斤，总长 117.5～121.5 厘米；女子链球重 4 公斤，总长 116.0～119.5 厘米。比赛时，运动员必须在直径 2.135 米的圈内用双手将球掷出，链球必须落在 40 度的角度线内方为有效。圈外有“U”形护笼，确保投掷安全。男子链球于 1900 年被列为奥运会比赛项目，女子链球于 2000 年被列入奥运会比赛项目[1]。

第一节　世界链球运动的发展概况

掷链球是一项非常古老的运动项目，经过了 100 多年的发展，逐渐发展成为现在的四圈投掷技术，链球运动的发展过程大致分为四个阶段。

一、世界男子链球运动的发展过程

（一）第一阶段：链球运动的产生阶段（约在 19 世纪前）

据英国历史学家约瑟夫·斯特拉特的记载，许多传奇作家经常提到投掷铁棒是古代勇士教育的内容，16 世纪的一位诗人认为，作为一种体育锻炼的手段，“投掷石块、铁棒、铁锤的活动，在王公贵族中很受推崇，他们也通过掷长柄大锤来锻炼身体”。另一种说法认为掷链球源于苏格兰和爱尔兰，农民在集贸期间，利用装有木柄的秤砣进行投掷比赛，铁匠和矿工们也用带木柄的铁锤进行掷远比赛。之后，这种比赛活动逐渐在苏格兰、爱尔兰的矿工和山民中流行起来[2]。

（二）第二阶段：掷链球技术与竞赛规则的形成阶段（20 世纪初至 30 年代）

1900 年第二届奥林匹克运动会，掷链球被列入正式比赛项目，同时规定必须在直径为 7 英尺（2.135 米）的圆圈内投掷，链球落地的有效区为 90 度的扇形区域，球重 7.257 公斤。本届奥运会链球比赛的冠军为英国选手费朗卡，投掷成绩是 51 米。之后由于掷链球技术的发展，比赛规则和链球的构造规格也多次改变。现在链球的重量是 7.26 公斤，全长（自把手内沿起）122 厘米，落点有效区为 34.92 度角的扇形区。

从 1890—1920 年，掷链球项目一直被美籍爱尔兰人约翰·费拉纳根、马·迈克格里斯、帕·瑞安等人统治着。其中最出色的是费拉纳根，他 14 次改写世界纪录，创造的世界纪录为 56.18 米，并连续获得第二～四届奥运会冠军。马·迈克格里斯获第五届奥运会冠军，并创造过 57.16 米的链球世界纪录。帕·瑞安于 1913 年创造了第一个被公认的世界纪录，成绩是 57.77 米，这一纪录一直保持了 25 年。此外，他还获得了第七届奥运会冠军。早期世界各国参加链球比赛的都是身高体重的运动员，他们的投掷技术简单，大多都用原地抡摆或以左脚前脚掌为轴旋转 1～2 周后投掷出手，旋转速度缓慢，超越器械动作不明显。当时人们称这种以前脚掌为轴旋转投掷技术为“脚尖旋转技术”，用这种方法旋转，需要两脚瞬时离地做空中跳转动作，身体不易保持平衡，而且不能保证身体沿直线向投掷圈前沿运动。使用这种技术，即使旋转两圈也常常犯规，难以控制链球飞行的方向，对周围的运动员和观众十分危险。1920 年以后，运动员开始采用三圈旋转技术，当时美国出现了一位著名的链球运动员弗雷德·图特尔，他以快速的旋转和投掷时强大的爆发力完善了“脚尖旋转”技术，三圈旋转后形成了一个超越器械的动作，并保持了一个强有力的最后用力姿势。他的最好投掷成绩是 59.44 米，但由于他是职业运动员，成绩未被承认为世界纪录。

20 世纪 30 年代初，德国教练员塞 • 克里斯曼根据力学原理和人体运动的特点，研究了掷链球的影像后指出：①为了更好地维持身体平衡和控制身体，在每一圈旋转中左脚必须和地面保持牢固的接触。要做到这一点，起转应从左脚跟外侧开始向左脚外侧转动再过渡到脚掌转动，继而再到左脚跟转动，这样可使左脚转动并沿直线向前运动。②手臂在胸部正前方伸直并放松地拉住链球旋转，这样可以保持较大的旋转半径，有益于能力的充分发挥。③运动员由圈后转到圈前时，动作轻松连贯，链球保持不断的加速运动，这样可以创造好成绩。塞 • 克里斯曼的研究结束了链球史上脚尖旋转的技术，被认为是一个划时代的技术革命，推动了掷链球运动的发展。他的学生卡 • 海因和埃 • 布拉斯克运用这种新技术在 1936 年第十一届奥运会上分别获得冠、亚军。埃 • 布拉斯克于 1938 年创造了 59 米的新世界纪录，并保持了 10 年之久。

（三）第三阶段：掷链球技术与成绩的快速提高阶段（20 世纪 40—60 年代）

1948—1968 年的 20 年间，掷链球运动的最好成绩基本由匈牙利、挪威、苏联、美国运动员创造。1948 年，匈牙利运动员伊姆雷 • 内迈特以新的快速旋转技术动作获得第十四届奥运会冠军，并在 2 年的时间里连续 3 次创造掷链球世界纪录，其最好成绩是 59.88 米。1952 年，匈牙利运动员约瑟夫 • 切尔马克在第十五届奥运会上以 60.34 米的成绩获得冠军，并创造世界纪录，成为世界上第一个将链球投过 60 米大关的运动员。由于掷链球技术的发展及专项训练和全面身体训练水平的提高，掷链球运动在 50 年代发展较快，特别是欧洲更为突出。1958 年以后，对于掷链球技术的改进和成绩的提高作出最大贡献的是苏联的米 • 克里沃诺索夫和美国的哈罗德 • 康诺利，他们先后 12 次（每人 6 次）创造掷链球世界纪录。康诺利还于 1956 年获第十六届奥运会冠军，并于 1960 年突破 70 米大关，1965 年成绩达到 71.26 米。此后匈牙利运动员久拉 • 日沃茨基先后创造 2 次世界纪录，最好成绩达 73.26 米。他获得第十七届和第十八届奥运会亚军、第十九届奥运会冠军。1969 年苏联运动员罗穆亚尔德 • 克里姆和阿纳托利 • 邦达丘克先后 3 次刷新世界纪录。克里姆的最好成绩是 74.52 米，获得第十八届奥运会冠军和第十九届奥运会亚军。阿纳托利 • 邦达丘克的最好成绩为 75.48 米，获得第二十届奥运会冠军和第二十一届奥运会第三名。在这一时期，链球运动员采用了大量的杠铃练习，力量普遍增大。如哈罗德 • 康诺利的最大深蹲力量达 260 公斤，提拉达 320 公斤，抓举杠铃在 120 公斤以上。此外他们还采用了投掷加重器械的方法。在技术方面，他们则主要采用三圈旋转技术。

（四）第四阶段：掷链球技术与成绩的稳定发展阶段（20 世纪 70 年代至今）

1970—1986 年的 16 年时间里，掷链球运动处于高水平发展阶段。在这一时期有 8 人 19 次创造链球世界纪录，掷链球运动呈高水平持续发展的态势。掷链球的基本技术有了许多改进，其中最为显著的是一直被公认为主流的旋转三圈的投掷技术被旋转四圈的投掷技术所代替。因为采用旋转四圈的投掷方式，可以加长对链球作用的时间和距离，从而提高链球的出手速度。同时在投掷链球技术上也有明显改进，表现在：①链球和投掷者之间的关系；②脚的位置和两脚的动作技巧；③投掷出手时的姿势。由于以上技术变化，掷链球成绩得以不断提高。德国运动员瓦尔特•施密特 2 次创造世界纪录，最好成绩是 79.30 米。卡尔汉斯•里姆 4 次创造掷链球世界纪录，获得过第二十三届奥运会亚军，他的最好成绩是 80.32 米。1978 年苏联运动员鲍•扎伊丘克以 80.14 米的成绩创造了世界纪录，成为世界上第一个超过 80 米大关的人。此后表现最为出色的运动员是苏联的尤里•谢迪赫和谢尔盖•利特维诺夫，他们二人在 5 年中 9 次交替创造掷链球世界纪录，其中尤里•谢迪赫 6 次创造世界纪录，谢尔盖•利特维诺夫 3 次创造世界纪录。谢尔盖•利特维诺夫 1983 年投出了 84.14 米，1984 年 7 月 3 日又创造了 85.14 米的新世界纪录。世界纪录同日被尤里•谢迪赫以 86.34 米的成绩打破。尤里•谢迪赫又于 1986 年 6 月创造了 86.66 米的世界纪录（表 1–1），并于同年 8 月在斯图加特再次创造了 86.74 米的世界纪录，此项世界纪录至今已有 34 年之久，无人超过，也是目前为止所有田径项目中保持时间第二长的世界纪录[2]。

表 1–1　男子链球世界纪录演变情况表

成绩/米	创造者	国家（地区）	创造时间（年.月.日）	地点
57.77	帕•瑞安	美国	1913.08.17	纽约
59.00	埃•布拉斯克	德国	1938.08.27	斯德哥尔摩
59.02	伊姆雷•内迈特	匈牙利	1948.07.14	陶陶巴尼奥
59.57	伊姆雷•内迈特	匈牙利	1949.09.04	卡托维兹
59.88	伊姆雷•内迈特	匈牙利	1950.05.19	布达佩斯
60.34	约瑟夫•切尔马克	匈牙利	1952.07.24	赫尔辛基
61.25	斯韦尔•斯特兰利	挪威	1952.09.14	奥斯陆
62.36	斯韦尔•斯特兰利	挪威	1953.09.05	奥斯陆
63.34	米•克里沃诺索夫	苏联	1954.08.29	伯尔尼
64.05	斯•涅纳舍夫	苏联	1954.12.12	巴库

续表

成绩/米	创造者	国家（地区）	创造时间（年.月.日）	地点
64.33	米·克里沃诺索夫	苏联	1955.08.04	华沙
64.52	米·克里沃诺索夫	苏联	1955.09.19	贝尔格莱德
65.85	米·克里沃诺索夫	苏联	1956.04.25	纳尔奇克
66.38	米·克里沃诺索夫	苏联	1956.07.08	明斯克
67.32	米·克里沃诺索夫	苏联	1956.10.22	塔什干
68.54	哈罗德·康诺利	美国	1956.11.02	洛杉矶
68.68	哈罗德·康诺利	美国	1958.06.20	贝克斯菲尔德
70.33	哈罗德·康诺利	美国	1960.08.12	沃尔纳特
70.67	哈罗德·康诺利	美国	1962.07.21	帕洛阿尔托
71.06	哈罗德·康诺利	美国	1965.05.29	塞里斯
71.26	哈罗德·康诺利	美国	1965.06.20	沃尔纳特
73.74	久拉·日沃茨基	匈牙利	1965.09.04	德布勒森
73.76	久拉·日沃茨基	匈牙利	1968.09.14	布达佩斯
74.52	罗穆亚尔德·克里姆	苏联	1969.06.15	布达佩斯
74.68	阿纳托利·邦达丘克	苏联	1969.09.20	雅典
75.48	阿纳托利·邦达丘克	苏联	1969.10.12	罗夫诺
76.40	瓦尔特·施密特	联邦德国	1971.09.04	拉尔
76.60	赖·泰默尔	民主德国	1974.07.04	莱比锡
76.66	阿·斯皮里多诺夫	苏联	1974.09.11	慕尼黑
76.70	卡尔–汉斯·里姆	联邦德国	1975.05.19	雷林根
77.56	卡尔–汉斯·里姆	联邦德国	1975.05.19	雷林根
78.50	卡尔–汉斯·里姆	联邦德国	1975.05.19	雷林根
79.30	瓦尔特·施密特	联邦德国	1975.08.14	法兰克福
80.14	鲍·扎伊丘克	苏联	1978.07.09	莫斯科
80.32	卡尔–汉斯·里姆	联邦德国	1978.08.06	海登海姆
80.38	尤里·谢迪赫	苏联	1980.05.16	列谢利泽
80.46	尤里·塔姆	苏联	1980.05.16	列谢利泽

续表

成绩/米	创造者	国家（地区）	创造时间（年.月.日）	地点
80.64	尤里・谢迪赫	苏联	1980.05.16	列谢利泽
81.66	谢尔盖・利特维诺夫	苏联	1980.05.24	索契
80.80	尤里・谢迪赫	苏联	1980.07.31	莫斯科
83.98	谢尔盖・利特维诺夫	苏联	1982.06.04	莫斯科
84.14	谢尔盖・利特维诺夫	苏联	1983.06.21	莫斯科
86.54	尤里・谢迪赫	苏联	1984.07.03	科克
86.66	尤里・谢迪赫	苏联	1986.06.02	塔林
86.74	尤里・谢迪赫	苏联	1986.08.30	斯图加特

另外，男子链球历届奥运会冠军及成绩与历届世锦赛冠军及成绩如表 1–2、表 1–3 所示。

表 1–2 男子链球历届奥运会冠军及成绩

成绩/米	运动员	国别	时间（年.月）	地点
78.68	迪尔肖德・扎罗夫	塔吉克斯坦	2016.08	里约热内卢
80.59	克里兹坦帕尔斯	匈牙利	2012.07	伦敦
82.02	普里莫兹	斯洛文尼亚	2008.08	北京
82.91	室伏广治	日本	2004.08	雅典
80.02	斯金蒙齐	波兰	2000.10	悉尼
81.24	巴拉兹・凯斯	匈牙利	1996.07	亚特兰大
82.54	安德烈・阿卜杜瓦利耶夫	乌兹别克斯坦	1992.07	巴塞罗那
84.80	利特维诺夫	苏联	1988.09	韩国汉城
76.08	瓦尔特・施密特	德国	1984.07	洛杉矶
80.80	尤里・谢迪赫	苏联	1980.07	莫斯科
77.52	尤里・谢迪赫	苏联	1976.07	蒙特利尔
75.50	阿纳托利・邦达丘克	苏联	1972.08	慕尼黑
73.36	古拉－兹瓦斯基	匈牙利	1968.10	墨西哥城
69.74	罗・克里姆	苏联	1964.10	东京

续表

成绩/米	运动员	国别	时间（年.月）	地点
67.10	哈罗德・康诺利	美国	1960.08	罗马
63.19	哈罗德・康诺利	美国	1956.11	墨尔本
60.34	约・切尔马克	匈牙利	1952.07	赫尔辛基
56.07	伊・内迈特	匈牙利	1948.07	伦敦
56.49	卡・海因	德国	1936.08	柏林
53.92	帕・瑞安	美国	1932.07	洛杉矶
51.39	帕・瑞安	美国	1928.05	阿姆斯特丹
53.29	弗雷德・图特尔	美国	1924.07	巴黎
57.16	帕・瑞安	美国	1920.04	安特卫普
54.74	迈克格里斯	美国	1912.05	斯德哥尔摩
51.92	费拉纳根	美国	1908.04	伦敦
51.23	费拉纳根	美国	1904.07	圣路易斯
49.73	费拉纳根	美国	1900.05	巴黎

表 1–3　男子链球历届世锦赛冠军及成绩

成绩/米	运动员	国别	时间（年.月.日）	地点
80.50	法杰德克	波兰	2019.10.27	多哈
79.81	法杰德克	波兰	2017.08.13	伦敦
80.88	法杰德克	波兰	2015.08.22	北京
81.97	法杰德克	波兰	2013.08.10	莫斯科
81.24	室伏广治	日本	2011.08.27	大邱
80.84	普里莫兹	斯洛文尼亚	2009.08.15	柏林
83.63	伊万蒂洪	白俄罗斯	2007.08.25	大阪
82.60	德维亚	白俄罗斯	2005.08.06	芬兰
83.00	伊万蒂洪	白俄罗斯	2003.08.23	巴黎
83.38	斯金蒙齐	白俄罗斯	2001.08.03	加拿大
80.24	卡斯滕柯布斯	德国	1999.08.21	塞维利亚
81.78	海因茨魏斯	德国	1997.08.01	希腊

续表

成绩/米	运动员	国别	时间（年.月.日）	地点
81.56	安德烈·阿比瓦利耶	塔吉克斯坦	1995.08.05	瑞典
81.64	安德烈·阿比瓦利耶	塔吉克斯坦	1993.08.13	德国
81.70	尤里·谢迪赫	苏联	1991.08.23	东京
83.06	谢尔盖·利特维诺夫	苏联	1987.08.28	罗马
82.68	谢尔盖·利特维诺夫	苏联	1983.08.07	芬兰

二、世界女子链球运动的发展过程

和其他田径项目相比，女子链球虽然是一个较为年轻的运动项目，但实际上从 20 世纪 80 年代末期开始，罗马尼亚和苏联等欧洲国家就已经率先开展女子链球项目训练和比赛。1993 年国际田联在德国斯图加特第三十九届代表大会上决定把女子链球项目 1993 年以来创造的最好成绩作为世界纪录存入档案。1994 年公布的新的世界纪录中首次增设了女子链球世界纪录和青年世界纪录。女子链球在 2000 年悉尼奥运会时被列为正式比赛项目，波兰运动员卡米拉·斯科利莫夫斯卡以 71.16 米的成绩获得第一名，成为奥运会历史上第一位女子链球比赛的冠军，从世界女子链球运动的 20 年发展历程中可以看出，这个项目开展得虽然较晚，但它的发展速度和运动成绩的提高幅度是惊人的[2]。

女子链球运动是田径运动中继女子三级跳远、女子撑竿跳高之后开展的又一个田赛项目。在 20 世纪 80 年代后期，一些国家已开始进行女子掷链球的训练和比赛，但是正式得到承认的是俄罗斯选手库琴科娃于 1994 年 2 月创造的 66.84 米女子链球世界纪录，1995 年 6 月她又将女子链球的世界纪录提高到 68.16 米。但此后的世界纪录基本上由罗马尼亚选手梅林特垄断，1996 年 5 月梅林特在克罗日将女子链球的世界纪录提高到了 69.42 米，这一纪录保持了将近 2 年。在 1998 年 7 月她又将链球投过了 70 米，创造了 73.14 米的新世界纪录。1999—2000 年，罗马尼亚选手梅林特一人将女子链球的世界纪录 4 次改写，最后定格在 76.07 米[1]。

2006 年 8 月 15 日，俄罗斯运动员莱申科在爱沙尼亚塔林赛上以 77.80 米打破了女子链球的世界纪录，此前的纪录是由她自己保持的 77.41 米。2007 年 5 月 26 日，在索契进行的俄罗斯全国锦标赛上，她又将自己保持的世界纪录提高到 78.67 米。24 岁的莱申科曾是 2005 年赫尔辛基田径世锦赛的铜牌得主和欧洲冠军，这也是她第 4 次打破世界纪录。在这次比赛中，年轻的莱申科状态非常好，第一次出手便投出了新世界纪录，改写了她 2006 年 8 月 15 日在爱沙尼亚塔林创造的 77.80 米的世界纪录。

2009 年 8 月 22 日晚，在柏林进行的世界田径锦标赛女子链球决赛中，赛季世界最好成绩保持者波兰人沃达尔奇克掷出了 77.96 米的成绩，打破了该项目的世界纪录并夺取金牌。上届世锦赛冠军德国人海德勒以 77.12 米的成绩打破了该项目的全国纪录并获得银牌。资格赛中，2007 年世锦赛冠军海德勒以 75.27 米的成绩打破了该项目的世锦赛纪录，显示出了良好的竞技状态；而波兰人沃达尔奇克本赛季曾掷出 77.20 米的世界最好成绩。两人是夺冠热门。决赛中，海德勒第一轮掷出了 75.10 米的成绩，沃达尔奇克以 74.86 米排在第二名。第二轮海德勒掷出了 75.38 米的成绩；而沃达尔奇克在这一轮中发挥超常掷出了 77.96 米的成绩，一举打破了该项目的世界纪录，同时也把她个人的最好成绩提升了 0.24 米。当球落地后场内屏幕上显示 77.96 米的字样时，沃达尔奇克先是一怔，随即尖叫着跳了起来，坐在观众席上的教练也举起双臂为她庆贺，冠军在此刻已经确定。此后的几轮中，海德勒坐拥主场优势，最后一轮投出了 77.12 米的成绩锁定银牌，同时打破了该项目的全国纪录。获得冠军的沃达尔奇克赛后称："第二投投出了新世界纪录之后，我就很肯定别人无法接近这个成绩了。我很高兴即使德国人海德勒在主场观众如此强大的支持下，我依然有能力展示自己的最佳水平。"

2010 年 6 月 7 日，在第九届欧洲田径邀请赛上，名将沃达尔奇克以 78.30 米的成绩将自己保持的世界纪录提高了 34 厘米。2008 赛季之前，沃达尔奇克是一位默默无闻的选手，成绩一直没有突破 70 米大关。但进入 2009 年赛季，沃达尔奇克在链球上的努力得到了爆发式的回报，连续打破女子链球的世界纪录。

2011 年 5 月 21 日，德国名将海德勒在哈雷举行的一个国际田径赛事上改写了女子链球世界纪录，27 岁的海德勒在比赛中掷出了 79.42 米，将波兰选手沃达尔奇克的原世界纪录提高了 1.12 米，同时也将她本人此前在 2009 年柏林世界田径锦标赛上投出的 77.12 米的个人最好成绩提高了 2 米多，这一世界纪录一直保持到 2014 年。

2014 年 8 月 31 日国际田联挑战赛柏林站比赛中，波兰选手沃达尔奇克在女子链球比赛中投掷出 79.58 米的成绩，打破了该项目的世界纪录，将原世界纪录提高了 16 厘米。海德勒则凭借第二投的 75.20 米获得亚军。2015 年 8 月 2 日，在波兰当地举行的一场投掷专项赛中，波兰名将沃达尔奇克以 81.08 米的成绩，打破了自己 2014 年 9 月创造的 79.58 米的世界纪录，成为第一位投进 80

米大关的女子链球选手。

2016 年里约奥运会女子链球决赛中，波兰选手沃达尔奇克先后打破奥运会纪录和世界纪录，并 3 次投出超过 80 米的好成绩，最终以 82.29 米的惊人成绩夺得冠军（表 1–4）。

表 1–4　女子链球历届奥运会冠军及成绩

成绩（米）	运动员	国家和地区	时间（年.月.日）	地点
82.29	沃达尔奇克	波兰	2016.08.05	里约
77.60	沃达尔奇克	波兰	2012.07.27	伦敦
75.20	莫雷诺	古巴	2008.08.08	北京
75.02	库琴科娃	俄罗斯	2004.08.20	希腊
71.16	卡米拉・斯科利莫夫斯卡	波兰	2000.10.01	悉尼

仅仅过了 14 天，31 岁的沃达尔奇克在波兰的卡米拉・斯科利莫夫斯卡纪念赛上再次打破世界纪录。她 5 个有效成绩全部打破赛会纪录，其中第四投达到惊人的 82.98 米，将她在里约奥运会上创造的世界纪录足足提高了 69 厘米，这一纪录保持至今（表 1–5）；而这场比赛的第二名，也是里约奥运会铜牌得主英国的索菲成绩仅为 72.42 米。这场比赛沃达尔奇克投满 6 次，除了最后一投无效，5 个成绩中有 3 个超过 81 米。即便是沃达尔奇克最差的 79.68 米，放在里约奥运会上也是轻松夺冠；当时的亚军是中国名将张文秀，成绩为 76.75 米。

表 1–5　女子链球世界纪录演变情况

时间（年）	成绩（米）	运动员姓名	国家
1994	66.84	库琴科娃	俄罗斯
1995	68.16	库琴科娃	俄罗斯
1996	69.42	梅林特	罗马尼亚
1998	73.14	梅林特	罗马尼亚
1999	76.07	梅林特	罗马尼亚
2000	76.07	梅林特	罗马尼亚
2005	77.06	莱申科	俄罗斯
2006	77.26	卡纳法耶娃	俄罗斯

续表

时间（年）	成绩（米）	运动员姓名	国家
2006	77.41	莱申科	俄罗斯
2006	77.80	莱申科	俄罗斯
2009	77.96	沃达尔奇克	波兰
2010	78.30	沃达尔奇克	波兰
2011	79.42	海德勒	德国
2014	79.58	沃达尔奇克	波兰
2015	81.08	沃达尔奇克	波兰
2016	82.29	沃达尔奇克	波兰
2016	82.98	沃达尔奇克	波兰

根据国际田联网站的最新消息，沃达尔奇克目前占据女子链球历史前 20 个最好成绩，其中有 11 个最好成绩超过 80 米，也是世界上目前为止唯一一个突破 80 米大关的运动员，对女子链球项目的发展具有划时代的意义，相当于男子链球项目中的谢迪赫。女子链球历届世锦赛冠军如表 1–6 所示。

表 1–6　女子链球历届世锦赛冠军

成绩（米）	运动员	国家	时间（年.月.日）	地点
77.54	迪安娜	美国	2019.10.27	多哈
77.90	沃达尔奇克	波兰	2017.08.13	伦敦
80.85	沃达尔奇克	波兰	2015.08.22	北京
78.46	沃达尔奇克	波兰	2013.08.10	莫斯科
77.13	塔提亚娜贝多罗娃	俄罗斯	2011.08.27	大邱
77.96	沃达尔奇克	波兰	2009.08.15	柏林
74.76	贝蒂海德勒	德国	2007.08.25	大阪
73.08	益普莫雷诺	古巴	2005.08.06	芬兰
73.33	益普莫雷诺	古巴	2003.08.23	巴黎
70.65	益普莫雷诺	古巴	2001.08.03	加拿大
75.20	米哈拉梅林特	罗马尼亚	1999.08.21	塞维利亚

第二节　我国链球运动的发展概况

一、我国男子链球运动的发展概况

掷链球在我国开展得较晚，1910 年在上海举行的第一届运动会上进行了掷链球比赛，来自上海南洋公学的选手黄灏获得冠军，成绩是 111 英尺 5 英寸（约 34 米），由于球只有 12 磅（约为 5.44 公斤），以后再未进行过掷链球比赛，因此，1949 年以前我国没有留下掷链球的正式纪录[1]。

新中国成立后，1954 年中央体育学院研究生王宏以 29.92 米的成绩创造了我国第一个链球纪录。1956—1966 年掷链球成绩提高较快，1957 年山东运动员毕鸿福以 50.68 米创造了全国纪录。1983 年解放军运动员李云彪以 62.23 米的成绩创造了全国纪录，此成绩比当时的世界纪录少 7.47 米。到 1996 年，全国参加掷链球训练和比赛的运动员有 20 多人，较新中国成立时的七八人有了较大的增加，但是普及的面仍较小，使其发展受到一定影响。

1967—1972 年，掷链球运动处于停滞状态。1973 年以后，掷链球训练又重新恢复并发展起来。1976 年，解放军运动员纪绍明以 63.96 米的成绩创造了全国纪录。随后纪绍明、胡刚、谢英琪等先后多次创造全国纪录，使我国的链球成绩首次突破 70 米大关。随后解放军运动员谢英琪和黑龙江运动员于光明先后以 71.08 米和 71.32 米的成绩创造全国纪录。1988 年后，江西省的年轻选手毕忠六破全国纪录，链球成绩达到 77.04 米，创造了亚洲纪录（表 1–7）。1976—1990 年，我国虽然又出现过一次链球发展的高峰，但普及程度不够。目前我国只有少数几个省、市及单位开展链球项目的训练，从事训练的人数很少。我国男子链球运动成绩与世界水平相比仍存在较大的差距[2]。

表 1–7　男子链球世界纪录、亚洲纪录及全国纪录情况

纪录类别	成绩（米）	创造时间（年.月.日）	运动员姓名	国家
世界纪录	86.74	1986.08.23	谢迪赫	苏联
亚洲纪录	84.86	2003.06.29	室伏广治	日本
全国纪录	77.04	1989.08.04	毕忠	中国

20 世纪 90 年代至今，我国男子链球出现了严重滑坡的现象，与亚洲的日本和伊朗等国家相比差距逐渐加大，我国男子链球现在的全国冠军成绩在 72 米左右，成绩出现滑坡的原因大致有以下几点。

第一，众所周知，掷链球运动属于典型的速度力量型项目，从器械重量相对于人体重量的角度讲，男子链球中力量占的比例更大，所以其对运动员的基础体能有更高的要求，而且对运动员的速度力量与爆发力都有比较严格的要求。我国掷链球运动员的基础力量不差，但是速度力量和爆发力还需要多加训练，因此在进行训练的时候，应该加强运动员弹跳力以及速度力量的训练，使我国运动员的整体素质得到提高，进而提高成绩。

第二，教练员和运动员对专项技术理解不够深入，对项目的本质特征和规律研究不够深入，甚至现阶段我国有些教科书上对于掷链球技术的描述存在一定的不合理，我国学者对项目的研究和认识也存在一定的问题，造成现阶段训练的方法和手段不能适应男子链球项目的训练需求。

第三，现阶段我国掷链球项目的普及程度不够，根据调查，目前我国开展链球项目的主要省、市或单位有解放军、山东、陕西、辽宁、江西、海南、黑龙江等，我国大部分省、市都没有开展链球项目的训练，所以后备人才方面存在严重的不足，这也是造成我国男子链球成绩出现滑坡的一个主要原因。

二、我国女子链球运动的发展概况

在亚洲国家中，日本在 20 世纪 90 年代初就开展了女子链球项目的训练和比赛，并创造了第一个亚洲纪录。女子链球在我国开展和起步较晚，1997 年 11 月国家体委通知开展女子链球训练和比赛，陕西是我国开展女子链球最早的省份，在国家体委下文开展女子项目之前，1996 年 1 月陕西就开始了女子链球项目的训练。1998 年 4 月在上海举行的全国田径大奖系列赛中首次设置了女子链球项目比赛，并将本次比赛第一名的成绩作为全国纪录，成绩是 56.36 米，是陕西运动员顾原创造的。仅在 2 个月后的全国青年锦标赛上，她便以 61.42 米的成绩打破了日本选手 61.20 米的亚洲纪录，成为我国第一位突破 60 米大关的女子链球运动员。在 1998 年 7 月日本福冈举行的亚洲田径锦标赛上，顾原又以 61.86 米的成绩创造了新的全国和亚洲纪录，并夺得金牌，成为中国第一个女子链球亚洲冠军。她还先后 5 次打破亚洲纪录[2]。

此后在同年举行的田径大奖赛总决赛中，赵巍以 63.20 米的成绩获得女子链球冠军，并刷新了由自己保持的亚洲纪录。继顾原、赵巍之后，重庆姑娘刘瑛慧也不甘示弱，同年在沈阳的比赛中，以 63.75 米的成绩夺冠并创造了新的全国和亚洲女子链球纪录，这一成绩排在 1999 年世界排名的第十二位。2000 年 5 月，赵巍投出 65.70 米的好成绩，创造了新的亚洲纪录。2001 年 5 月，解放军选手张文秀以66.30米的成绩打破了赵巍的女子链球全国和亚洲纪录。2001 年 11 月在广州举行的中华人民共和国第九届全国运动会上，女子链球项目被首次列为全运会正式比赛项目，顾原以 66.97 米的成绩夺得第一个全运会冠军。刘瑛慧首创 68.06 米的全国纪录。我国女子链球运动员顾原在 2002 年 8 月亚洲田径锦标赛中，以 71.10 米的成绩夺冠，创造了新的亚洲纪录。随后我国女子链球进入张文秀的时代，2004 年在广西南宁举行的全国大奖赛上张文秀以 72.37 米的成绩打破了原来的亚洲和全国纪录，2004 年雅典奥运会上以 72.03 米的成绩获得第七名，顾原发挥失常，仅仅以 69.76 米获得第十名，张文秀正式取代顾原成为我国女子链球的领军人物。

2005 年 6 月在长沙举行的第十届全运会预选赛中，张文秀以 73.24 米的成绩再次打破亚洲纪录。2006 年 12 月在多哈举行的亚运会上，她又将亚洲纪录提高至 74.15 米。2007 年 8 月在石家庄举行的全国锦标赛中，她以 74.86 米再一次刷新亚洲和全国纪录。此外，张文秀的大赛名次也越来越高。2005 年赫尔辛基世锦赛中，张文秀以 69.82 米获得第五名。2006 年雅典世界杯上，张文秀以 71.19 米获得第四名。2007 年大阪世锦赛上，张文秀以 74.39 米获得第三名，这也是她首次登上世界大赛的领奖台，当时她仅仅 21 岁。2008 年北京奥运会女子链球预赛中，张文秀第一投就投出 73.36 米的佳绩，直接晋级决赛，这个成绩也排在预赛所有选手中的第二位。决赛张文秀迅速进入状态，凭借第二投 74.32 米的成绩收获了 1 枚宝贵的铜牌，实现了我国女子链球奥运会奖牌的历史性突破。2011 年 6 月在德国的一场比赛中，张文秀又以 75.65 米的成绩打破了亚洲纪录。时隔 4 年张文秀再一次打破亚洲纪录，也标志着她结束了多年的低迷状态。2011 年的大邱世锦赛女子链球预赛中，张文秀以 74.17 米的成绩排在所有选手中的第一位，成功杀入决赛。决赛中的张文秀依然是迅速进入状态，第一投便是75.03米的个人历史排名第二的好成绩，但随后她却未能再提高成绩，先后被2 名选手超过，最终排名第三。时隔 4 年她再次收获 1 枚世锦赛铜牌。2012 年 3 月在成都举行的全国长投项目公开赛中，张文秀新赛季一亮相便以 75.72 米的成绩重新刷新了亚洲和全国纪录。2012 年 5 月俄斯特拉法站的比赛中，张文秀以 76.99 米获得亚军，同时第九次打破了亚洲纪录。2013 年莫斯科世界田径锦标赛中，张文秀以 75.58 米的赛季最好成绩获得个人职业生涯的第三枚世锦赛铜牌。

值得一提的是，在 2014 年 4 月成都举行的长投赛上，陕西运动员王峥以 77.68 米的成绩打破了原来张文秀 76.99 米的亚洲和全国纪录（表 1–8），这一纪录保持至今，王峥也是陕西继顾原之后又一名达到国际水平的运动员，不足的是王峥的技术不够稳定（和个人的技术特点有一定关系），在随后的几年时间内没有进一步提高自己的水平。2015 年 8 月北京田径世锦赛女子链球决赛中，张文秀以 76.33 米的成绩获得亚军，这也是她在世界大赛上获得的最好名次。

表 1–8　女子链球世界纪录、亚洲纪录及全国纪录情况

纪录类别	成绩（米）	创造时间（年.月.日）	运动员姓名	国家
世界纪录	82.98	2016.08.29	沃达尔奇克	波兰
亚洲纪录	77.68	2014.03.29	王峥	中国
全国纪录	77.68	2014.03.29	王峥	中国

2016 年里约奥运会上中国选手张文秀以 76.75 米的个人赛季最好成绩获得银牌，创造了我国奥运会该项目中的最佳成绩，波兰名将沃尔达奇克以破世界纪录的 82.29 米摘得金牌。2017 年伦敦世锦赛中，31 岁的张文秀以 74.53 米的成绩获得第四名。张文秀共参加了 4 届奥运会、9 届世锦赛，获得了 2 枚奥运会银牌和 1 枚铜牌的优异成绩，创造了中国投掷运动员世锦赛的历史。2017 年在天津全国运动会上获得金牌后，张文秀选择了退役，实现了全运会三连冠。

我国另一名选手王峥是继张文秀之后又一名能在国际大赛中争夺奖牌的运动员，但在 2014 年投出 77.68 米的成绩后，2015 年和 2016 年都没有获得太大的突破，甚至没有投出过 75 米以上的成绩。2015 年北京田径世锦赛上，她只以 73.83 米的成绩获得第五名。2016 年里约奥运会上，她更是三投犯规，只名列第十二位。2017 年伦敦世锦赛上，她最终以 76.25 米的成绩获得银牌，这也是她第一次站上世锦赛的领奖台。2019 年多哈世锦赛上，她又以 74.76 米的成绩获得 1 枚铜牌，冠军被美国选手迪安娜以 77.54 米的成绩获得，迪安娜 7 月曾在美国田径赛上掷出 78.24 米的个人最好成绩，并创造新的全美纪录，排名年度世界最佳。

客观分析我国女子链球的情况，在亚洲我们处于绝对领先的地位，水平远远高于其他国家。但在世界大赛中我们缺少绝对稳定的奖牌点，特别是美国选手迪安娜的快速崛起，以及波兰选手（多哈世锦赛第二名）的快速成长，我国女子链球运动员在世界大赛中受到越来越多的威胁。波兰是链球项目的传统强国，男子、女子链球都达到了世界顶级水平。我国选手王峥今年已经 35 岁，东京奥运会后，我国是否还有年轻运动员能快速达到在世界大赛中争夺奖牌的水平，从目前看，还没有这样的人选，我们更需注重后备人才的培养，重新认识和研究项目的训练规律，使得我国该项目早日达到世界顶级水平。

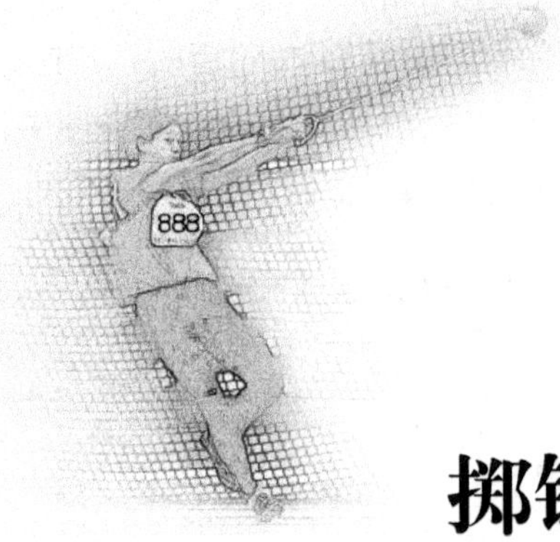

第二章
掷链球技术的发展趋势

掷链球属于典型的速度力量型项目，其核心是速度力量，技术的核心是节奏。掷链球区别于其他投掷项目最大的特点是器械在加速过程中，器械本身就是一个力量体，始终存在离心力。掷链球属于重器械项目，从器械相对人体重量的角度讲，男子、女子链球的项目属性又有一定的区别，男子链球的属性更趋向于力量—速度，而女子链球更趋向于速度—力量，速度占的比例较大。

掷链球是通过人体对器械预摆和旋转来完成加速的，它对速度、力量、协调性等身体素质有着更高的要求，链球项目素有“田径之王”的美称。由于链球运动的技术较为复杂，对运动员协调性、力量等要求很高，所以普及程度相对较低。

掷链球技术由最开始的原地投掷，后来逐渐演变成为侧向投掷和旋转一圈投掷、旋转两圈投掷、旋转三圈投掷等，在现代奥林匹克运动会上，链球选手大部分都采取旋转四圈投掷的方式，在技术结构上包含了握持器械、预摆阶段、旋转阶段和最后用力阶段。通过掷链球技术的演变过程我们不难发现，不论技术怎么变化，都要符合人体运动解剖学、人体运动生物力学的规律，技术的发展逐渐合理，更符合项目的发展特征和规律[2]。

在 20 世纪的 100 年里，掷链球技术的发展大体上经历了以下三个阶段：

第一阶段：脚尖旋转技术阶段（1900—1930 年）；

第二阶段：脚跟脚尖旋转技术阶段（1930—1976 年）；

第三阶段：链球运动高水平发展阶段（1976 年至今）。

第一节　掷链球技术的训练现状

一、加速技术形式

目前不论是男子链球运动员还是女子链球运动员，国际上都采用了四圈旋转加速技术，四圈旋转技术已经成为国际链球的主流技术。但这里不得不提的是现阶段男子链球 86.74 米的世界纪录还是谢迪赫采用三圈旋转技术投出来的。

二、现阶段链球训练的手段和方法不能满足训练的需求

专项技术的训练依靠方法和手段，但现阶段训练方法和手段不能适应技术训练的要求，特别是缺少符合专项技术特征的训练手段，现代运动训练的显著特点是，所有围绕专项的训练方法、手段都必须符合技术结构特征和人体解剖学特征。也就是说，提高成绩和比赛需要什么能力，我们就练什么能力。现阶段掷链球训练中采用的一些训练手段，对提高运动员的专项能力帮助并不大，不但造成了时间的浪费，同时还有可能对提高运动员专项能力起到相反的作用。

三、对运动员训练的科学监控不足

科学合理的运动训练监控是科学化训练的重要一环，是实施训练计划的重要依据。国内外广大学者通过运用某种指标对运动训练过程进行监控，帮助教练员指导训练实践。我国女子链球项目虽然发展水平较高，但对训练过程的监控力度还存在一定的不足，需要科研工作者进一步去更正，进而为运动员改善身体形态、增强身体素质、提高训练效率提供更加科学的依据，从而创造更加优异的运动成绩。

四、专项体能训练方法不足

运动员专项能力的提高需要专项的体能训练，专项体能是指运动员在运动中承受负荷与适应环境变化的能力，是运动员身体形态、身体功能、运动素质和健康水平诸方面专项化的综合体现。对于掷链球运动来说，专项体能训练就是围绕提高专项能力速度—力量进行的一系列训练方法，例如柔韧、速度、灵

敏、平衡、转动能力，以及非平衡状态下的控制身体能力等训练手段。现阶段掷链球训练中缺少根据项目技术特征设计的体能训练方法和手段，这里的专项体能并不是基础体能，是构成掷链球运动能力的一系列专项能力，我国学者在这一方面的研究还存在一定的不足，需要进一步研究项目的规律和特征，设计适合链球项目特点的体能、力量、各项专项能力的训练方法和手段。

五、对项目规律和特征的认识还有一定的局限性

在以往的训练中，教练员对于运动项目规律的认识主要依靠经验，对训练的效果缺少评价；但现阶段随着高科技手段在竞技体育训练中的运用，训练过程更具有科学性、可控制性，对技术和项目的理解有了科学的依据，并根据大数据结果改变训练方法和手段，提高训练的效果。另外，在我国出版的一些著作中，对于掷链球的基本技术的描述存在一定的问题，一些技术中的原理有一定的差错，造成基层教练员对青少年运动员训练产生了一定的偏差，制约了后期的发展和水平的提高。

第二节　掷链球技术的发展趋势

随着现代社会的发展，科技手段越来越多地运用到掷链球训练中，虽然世界男子链球的水平在近 20 年处于停滞的阶段，但随着科技手段的不断介入，一定会有质的飞跃。女子链球已经达到了 82.98 米的水平，随着时间的推进，特别是近几年美国选手的突飞猛进，很快也会迎来一个快速发展的阶段。根据现代链球技术的发展情况，未来一段时间掷链球技术的训练主要围绕以下几个方面进行完善。

一、掷链球技术发展更趋向合理化

目前国际上优秀的男女链球运动员（2019 年多哈世锦赛男子、女子前十二名）采用的都是四圈旋转加速技术，任何一次技术的变革都是在长期实践的基础上完成的，未来一段时间四圈旋转的掷链球技术仍然是国际的主流技术。

二、更注重进旋转技术的训练

进旋转后的第一圈技术越来越受到重视，在掷链球的过程中，第一圈器械的轨迹对后续器械的运行路线起到了决定性的作用，进旋转的节奏快慢也会影

响后续的加速节奏。进旋转技术并不要求过快，但一定要求在预摆结束后，“早放球、早迎球”，使器械在身体右侧的时候就开始第一圈双支撑阶段的加速，不应该使器械运动到体前或者左侧时开始第一圈进旋转。第一圈身体右侧进旋转在一定程度上使器械的轨迹更平稳，不至于着急，为第一圈下肢的转动创造了时间条件，有利于后续器械运行的轨迹路线平稳，而且增加了器械第一圈在双支撑阶段运行的轨迹长度，在一定情况下，双支撑阶段对器械加速轨迹的延长是符合现代掷链球技术发展趋势的。目前我国的教练员和运动员都不太注重这一方面技术的训练，限制了水平的进一步提高。

三、“晚抬、早落”技术逐渐被重视

“晚抬、早落”技术是现代链球技术发展的趋势，“晚抬”主要是指双支撑阶段右脚尽可能晚地离开地面，延长对器械加速的时间和工作距离，因为在每一圈旋转过程中，只有双支撑阶段是对器械加速的有效阶段，所以在一定程度上延长双支撑阶段对器械加速的时间和工作距离是符合链球技术发展要求的。而“早落”主要是指每圈单支撑阶段加快右脚着地的速度和时机，缩短单支撑阶段的时间，从而为下一圈延长双支撑阶段加速创造良好的条件，因为单支撑阶段主要是完成下肢对上肢的超越，这一阶段对器械是不能加速的，在单支撑阶段任何对器械的加速都是不合理的，表明存在上肢主动用力拉球的问题，会进一步减小器械上的离心力，不符合“早落”技术的要求，应该尽可能缩短右腿绕左侧轴转动半径，为右脚快速着地创造条件，所以逐渐缩短单支撑阶段的过渡时间也是现代掷链球技术的发展趋势。

四、训练手段的多样化

当前训练手段和方法要更符合项目的技术特点，更重视训练手段和专项技术的结合。

运动训练过程中除了专项技术，还包括体能、力量、速度等组成专项能力的训练方法和手段，现代高水平运动员的训练安排和20世纪八九十年代有很大区别，现在很少采用单一的一项内容进行一节训练课，采用的多为组合型练习手段进行训练，在一定程度上克服了单一内容的枯燥，更重要的是多个练习手段的组合促进了训练过程中能力之间的转化，例如一些训练课中轻重器械的比例、次数及先后安排都具有不同的训练目的，从而提高训练效果。另外，现阶段训练手段的安排越来越接近专项技术的特点，和专项技术结合得越来越紧密，大大提高了训练的效果。例如，在20世纪八九十年代掷链球训练中会进行大量的深蹲练习，后来发现，在掷链球旋转过程中左侧膝关节主要在 130～180 度之间进行屈伸用力，并没有弯曲到 130 度以下，这一练习手段对发展专项技术和提高专项能力没有太大作用，所以后来的训练中深蹲练习逐渐减少，后改为半蹲练习。

五、越来越重视对旋转节奏的训练，特别是对器械持续加速能力的训练

旋转速度越来越快，这里所说的速度加快主要是指节奏的越来越快，以及加速能力和加速节奏加快。众所周知，投掷球项目的节奏是技术的核心，掷链球项目中三、四圈旋转和最后用力阶段的时间，表现出越来越快的特点。世界优秀运动员整个掷链球加速过程具有明显的节奏特征，例如我国运动员王峥从进旋转到器械出手在 2 秒以内，也是世界上旋转速度最快的女子运动员，但不足的是旋转第四圈和最后用力阶段对器械持续加速能力不强，这是我国女子链球运动员普遍存在的一个问题，造成对器械加速效果降低，这也是影响她们成绩进一步提高的一个主要因素。

六、运动训练监控的科学性

在运动训练实践中，随着训练监控的介入，尤其是对运动员机能监控方面的研究成果大量应用于运动训练实践，大幅度提高了运动训练的针对性和有效性，从而加快了运动训练科学化进程。运动训练监控是依据运动训练的客观规律，借助相关学科的理论与方法，通过对运动训练过程科学、系统的测量、评价与调整，实现对运动训练过程的最佳化控制，从而提高运动训练的科学化水平。我们应该认识到，运动训练监控理论与实践的发展仍然处于初级阶段，运动训练监控的针对性、有效性和科学性还有待进一步提高，诸如对不同运动项目及对不同训练水平的运动员在不同的训练阶段该监控什么，以及如何监控等问题还需要大量的理论与实践研究。使运动训练监控真正对运动训练起到作用，直至取得最佳效果，还有很长的路要走，从事运动训练方面的科研工作者与教练员任重道远。

第三章
掷链球运动的研究现状

通过对以往的文献研究发现，学者对项目的研究在一定程度上和该项目的运动水平有直接关系，理论研究水平和运动成绩之间存在高度的相关性，但我国学者对项目的理论研究和运动成绩相比则存在一定的滞后性，也就是说往往文献的研究只是对已有技术或者训练情况的分析，从中找出和发现问题，缺少一定的前瞻性，不能及时帮助教练员对运动员的训练作出调整，这也是体育文献研究的一个特点。

第一节　国外学者研究现状

链球项目是田径运动中技术最复杂的项目之一。对链球投掷技术的理解，各国都有自己的观点。比较统一并具有代表性的是以欧洲为代表的研究体系和方法，特别是俄罗斯的链球技术研究和训练理论较为全面和系统，实践上也有着明显的效果。十几年来链球成绩不断提高的原因之一是俄罗斯在训练中采用了先进的科学研究方法，使运动员的技术日趋完善和精细，其中，俄罗斯科研人员对掷链球的运动学、动力学及能量转换等都有比较深入的研究，在链球运动史上，俄罗斯、保加利亚、美国等国的研究一直走在世界前列。

比津、威特科夫斯基、巴克里诺夫等发表了一系列关于链球投掷技术的论文，这些论文主要是对以前研究学者所收集的信息以及分析的数据进行总结，这也从侧面促进了链球运动的发展，使这一时期链球成绩达到了历史最高峰[4]。达佩娜认为，在预旋转阶段采用三圈转体的链球运动员，在第一次预摆阶段旋转时链球运行轨迹的最低点与投掷圈中心线的角度为300度，而采用四圈旋转的链球投掷运动员为2100～1500度，无论采用三圈半旋转方式或是四圈旋转方式，第二圈旋转时的链球的运行轨迹的最低点与投掷圈的角度为0度，在运动员转体过程中链球运行轨迹的最低点向左移动，说明链球旋转平面产生偏转[4]。

男子运动员谢尔盖·利特维诺夫的这一指标为650度（科研测试时的指标），而被作为链球技术评定标准的尤里·谢迪赫的这一指标，则比谢尔盖·利特维诺夫低一半，专家认为在运动实践中，在单支撑时（右脚脱离支撑的时机）第一次转体过程中这一指标的最佳值为900度，从影片分析材料上看，我们只能看到投掷动作的最后用力出手阶段，因此可以确定，链球运动员进入转体的时间要早于三维摄像机最终记录的时间。克拉斯诺夫指出，当器械处于运动员面前时，右脚可以略微早一些运动，研究结果表明在单支撑阶段，右脚的动作应当按照最小的、能保证最快落脚支撑的半径的原则来进行。对于双支撑阶段（右脚落地支撑的时机），库兹涅诺夫的研究将右脚落地划分为两种方式：“突击式落地”和“平稳式落地”。所谓“突击式落地”，是将双支撑阶段的时间减少到最少的一种方式，这是对过去投掷技术研究的肯定[5]。

克拉斯诺夫和尼热戈罗多夫指出，将第二种方式定名为“蹬推—内转—挤压式”，要使链球获得最大化加速，就要依靠右腿的积极动作进行，同时臀部（尤其是右侧部分）不承受负荷[4]。关于对链球投掷运动员头部位置的研究，卢特科夫斯基在1977年发表文章指出，把目光停留在自己前面中部略向上的位置，这将有助于链球投掷运动员将躯干保持在旋转轴以内。彼德罗夫和邦达尔丘克进一步巩固了卢特科夫斯基的研究结论，并通过研究指出，如果目光偏右，会导致右臂弯曲，而头部过早转动的后果，是旋转过程中链球旋转半径缩小，运动员失去平衡，左腿伸直[4]。在转体节奏方面，巴尔托夫斯基（1974年）认为，动作节奏中起主导作用的因素是从预摆阶段转入转体的动作和从转体阶段转入最后用力阶段的动作。俄罗斯专家研究认为，为了延长对器械施加作用的轨迹，不要把右脚送到距左脚线15～20厘米的地方，应把链球运行轨迹的最低点移向左脚部位，并将出手点拉长到左肩之后[6]。

国外研究现状可以总结为链球运动员旋转过程中应加长双支撑阶段时间，当然也有学者认为应缩短双支撑阶段时间；旋转过程中要有合理的旋转节奏；旋转过程中保持身体的平衡；加大出手时链球的运行距离。

第二节　国内学者研究现状

我国对掷链球的研究相比其他田径项目起步较晚，一是因为研究对象水平较低，二是科技手段在体育科研中的应用程度较低。现阶段尤其在二维、三维运动技术分析方面，无论是拍摄、解析，还是数据处理，都已进入较为成熟的应用阶段。对于优秀链球运动员运动学特征研究较多，而近几年运动生物力学方面的研究与应用已不仅仅局限于利用运动学对运动技术进行诊断与分析，动力学和肌肉用力特征方面的研究越来越多地受到重视，逐步成为运动生物力学的重要研究领域。现代运动生物力学研究已进入神经肌肉协同控制层面，可以直接评定肌肉是否被激活参与活动，如对肌肉活动的时程长短、肌电活动的强度，以及肌肉间的协调模式的考察。

通过对我国学者多年来对于掷链球项目的研究情况进行梳理，大致分为运动技术诊断与分析、运动训练过程控制，以及青少年训练等。

一、起步阶段（1960—1970 年）

这一段时间学者对掷链球项目的研究比较少，相对也比较简单，主要以论述技术特征和总结训练情况为主，奠定了我国掷链球项目研究的基础。

根据中国知网的数据统计，我国最早开始掷链球研究的学者是石寿曾，他明确提出，我国运动员完善技术应该从两个方面着手，一方面是增加旋转的角速度；另一方面是加大动作的幅度，动作的幅度应当体现为加长旋转半径和加大超越器械的程度。可以看出，研究结论中已经充分体现了掷链球技术发展的趋势和要求[7]。

徐千令又通过对自己 1960—1961 年度的训练进行总结和研究，发现了自己在身体素质、专项技术中存在的一些问题，并根据存在的问题采用了针对性的练习手段，取得了一定的训练效果。在 20 世纪 60 年代我国的运动员就具备了分析和研究技术的能力，对技术的研究较为重视[8]。

二、初始发展阶段（1970—1980 年）

在这 10 年时间中，国外学者对掷链球项目研究较多，得益于掷链球项目的快速发展，而我国学者主要还是以翻译国外学者的研究成果为主，共发表了 6 篇和链球相关的文献，其中有 4 篇是来自国外学者的译文。具有代表性的是崔东振翻译的苏联学者库兹涅佐夫的 3 篇文章，分别论述了运动员没有强度的身体训练则很难取得优异的成绩，在任何专项运动中都有自身特有的肌肉用力特点，运动员其他运动能力和素质的发展都取决于肌力，也就是我们现在训练中所说的专项能力，明确提出了专门性训练手段对于发展专项能力有着重要的作用。也就是说所有训练手段和方法都要符合专项技术的特点和项目的规律，一切以提高专项能力为目的，并进一步对运动员专门力量的训练进行了系统论述，对力量训练中发展专门力量的诸多因素、力学的诸多原理、杠杆机械原理、肌力和质量的关系、力量和速度的关系、肌力和收缩方式的关系，以及肌力和运动技术之间的关系等进行探讨，这也是我国第一位从专项力量的角度论述运动员运动能力的学者[9][10][11]。

张秉孝对法特米尔·巴依拉亚达里的掷链球技术进行了研究，又经过 3 年的训练，巴依拉亚达里的技术得到了完善，成绩也由 58.68 米提高到 67.76 米，他还 3 次刷新了他们国家的纪录[12]。赵鹏首次论述了链球运动员旋转圈数和速度之间的关系，提出了旋转圈数并不是越多越好，但速度应该逐渐提高[13]。高海源也首次论述了掷链球项目的训练手段，研究成果对训练具有重要的意义[14]。

三、上升发展阶段（1980—1990 年）

这 10 年时间中我国学者的研究逐渐增加，文献也呈增长的态势，达到了 42 篇，除了 4 篇译文，其中大部分是我国学者开展的实践研究，特别是运动生物力学手段的发展，学者们逐渐开始重视对我国优秀运动员技术的研究，推动了该项目的发展。

崔东振通过翻译文献发现，将发展速度肌肉力量的手段和其利用率的提高相结合，全部运动员的运动成绩都有了明显的提高，并认为掷链球属于速度力量型项目，对我国掷链球训练的方向具有重要的指导意义[15]。刘宽谟翻译的文献中采用了两台高速摄像机，一台从护笼上方进行俯拍，得出了在低点和高点曲率半径（旋转半径）变大是克服离心力而不失去平衡还能维持较大的链球速度的重要结论，这对掷链球技术训练提供了重要的依据[16]。

这一时期对于掷链球项目的研究，日本学者远远领先于我国学者，这和科技发展水平也有直接的关系。江崇山明确提出减少单支撑阶段时间、增加双支撑阶段时间是提高链球成绩的关键[17]。这一时期苏联运动员的训练就开始重视延长双支撑阶段时间和缩短单支撑阶段时间，也是我们现代掷链球技术“晚抬、早落”的具体体现，只是当时还没有这种提法。

徐千令提出，“掷链球的技术要求动作幅度大，转速快。要求每圈旋转重心移动合理，控制好链球的拉力，方可平稳，才有可能做到每圈逐渐加速。如果旋转每圈重心移动不合理，运动员体重大，力量再大，也会造成失控，或被迫减速进行调整，这是掷链球技术的关键。”[18]这也是现在掷链球技术中要求的“人—球”合一的平衡状态。以上是我国学者翻译国外文献得出的观点和结论。

这一时期我国学者的研究主要有如下几个。徐千令提出我国男子链球成绩突破不了的关键是技术跟不上，还论述了我国男子链球运动员在身体素质、专项能力、技术方面与国外运动员的差距，并有针对性地提出了改进的建议，对当时我国男子链球的训练具有一定的指导意义[19]。同年他还采用 64 帧/秒的摄像机对我国 7 名优秀男子链球运动员的投掷进行正面拍摄，并分析了我国运动员的技术特征和存在的主要问题[20]。这也是我国学者首次采用高速摄像机对运动员的技术进行研究，说明生物力学的技术手段开始在训练中应用，这对掷链球项目的研究具有重要的意义。同年他还对我国当时优秀的链球运动员胡钢的投掷技术进行了系统研究，发现第一圈存在转动速度慢，第二圈身体重心位置上下起伏过大，对器械的加速幅度偏小，但第三圈突然加速，以及对器械加速的幅度过大等现象，在加速节奏上存在一定的问题[21]。在研究中他还首次提出我国运动员每圈链球运行的角度在双支撑阶段小于单支撑阶段，随链球逐圈转速的增加双支撑阶段时间在缩短，单支撑阶段时间在延长，这也符合现代掷链球技术的规律。我国运动员旋转时间逐圈缩短，其中是双支撑时间在缩短，单支撑时间基本不变[22]，这显然是不符合掷链球技术发展趋势的。

我国学者从 1989 年开始利用三维运动学的方法对掷链球技术进行研究，也推动了掷链球训练水平的提高。具有代表性的是吴延禧采用两台高速摄像机对罗军的掷链球技术进行分析，此前并没有人采用过同类方法，将运动员掷链球技术放到三维空间里进行系统分析，可以找到以往两维研究中发现不了的问题[23]，为运动员改进和完善技术提供了建设性的建议，取得了很好的效果，也把新的研究方法引入了掷链球技术的研究中。徐千令分析了我国运动员存在的差距及提出了改进的方向，而且首次在文中提出了掷链球技术发展的趋势是“晚抬、早落”[24]，这对于掷链球项目的研究和训练具有重要的实践意义。尹国邦提出了现代掷链球技术发展速度非常快，在时间节奏上是一圈比一圈时间短，要处理好每一圈单支撑时间和双支撑时间的比例关系，即缩短单支撑时间，延长双支撑时间，明确了双支撑阶段对器械的加速是积极的，必须延长双支撑阶段的时间[25]，这对于运动员的训练具有重要的指导意义。毕鸿福首次提出掷链球运动中“人—链球体系”是现代掷链球技术的核心，阐述了现代掷链球技术更加重视预摆的幅度，要增加第二圈预摆的半径和幅度，旋转过程中“人—链球体系”技术增加了旋转半径和旋转轨迹，对推动掷链球训练和技术的发展具有重要的意义[26]。康利则发现我国运动员在旋转节奏上基本符合掷链球技术的要求，主要存在总时间偏长，特别是个别运动员第三、四圈单支撑时间延长的问题，这是不合理的[27]。张景丰首次对掷链球左侧技术进行了较为系统的研究，分析了左侧轴的形成及重要性[28]，为训练中提高左侧的用力效果提供了理论支撑和参考。

这一时期我国学者也开展了对掷链球运动的训练过程以及青少年训练的研究，说明青少年训练逐步得到了重视，关系到链球运动的可持续发展。赵鹏认为，苏联在掷链球方面成绩较好的主要原因是开展广泛，吸引了更多的青少年从事这一项目的训练，后备人才充足；从小开始培养，注意专项身体素质的练习。30 多年前赵鹏就对科学化训练、运动员退役后去向，以及运动绩效管理提出了自己的见解[29]。张绍英论述了青少年链球运动员训练中应该注意的问题，并根据运动员具体特点安排训练计划，这也是我国学者首次对青少年链球运动员的训练进行研究。他还提出，在技术启蒙阶段用轻器械，增加训练量有利于掌握正确的技术。根据青少年的生理特点，一次技术训练的时间不宜过长，一般不超过 1 小时，在力量训练中，以发展速度力量为主，在专项力量训练时紧密结合技术[30]。张秉孝调查发现，我国在青少年训练及比赛方面还存在一定的问题，特别是当时还没有省、市在体校中开展青少年链球训练，后备人才储备不足，需要进一步在全国推广[31]。吴长松对我国第一个突破 70 米大关的运动员罗军的 10 年训练计划安排进行了梳理，提出了“两抓一结合”的训练指导思想，训练中一抓身体的全面训练，二抓掷链球技术，身体训练和专项要求要紧密结合，这一实践也取得了良好的效果，使罗军专项成绩成功突破 70 米[32]。

这一时期，我国学者梁久学在研究中对女子掷链球的训练进行了论述，他在 1983 年就提出女子可以开展此项目的训练，而我国真正开展女子链球项目是在 1998 年，已是 15 年之后。他从女子运动员的精神品质、力量速度、身体素质，以及身体结构、生理特征等几个方面分别说明了女子也适合开展链球项目的训练，也具备了开展的条件[33]。这也是我国首位学者提到开展女子掷链球项目的训练。

四、稳定发展阶段（1991—2000 年）

通过对文献的梳理发现，这 10 年我国学者对优秀运动员转向技术的研究逐渐增多，和链球相关的文章有 31 篇，其中对优秀运动员技术的研究达到 15 篇，这主要得益于高速摄像机在技术分析中的运用，但我国男子链球的水平在这一段时间出现严重的滑坡。

以我国优秀运动员掷链球技术特征为研究对象的主要有 13 位学者。徐千令提出我国选手还没有完全掌握现代链球“晚抬早落”的技术特征，双支撑阶段与单支撑阶段链球运行角度忽大忽小都是节奏不好的体现，是我国运动员技术中存在的主要问题[34]。吴延禧首次提出建立我国优秀链球运动员投掷技术的基础参数，还提出大幅度、慢节奏的传统技术是影响我国优秀链球运动员旋转速度提高的关键[35]，为我国掷链球项目训练提供了明确的方向和数据支撑。车晓波提出我国男子链球运动员主要存在各圈时间偏长的问题，特别是第四圈，其次是单双支撑时间比例存在一定的不合理，和世界优秀运动员相比，主要存在旋转时间较长、单双支撑时间比例偏低的问题，两者共同构成了球速增量上与国外运动员的差距[36]。

与此同时，这一段时间我国学者在掷链球项目的训练手段、方法以及身体素质方面的研究也有一定程度的增加，共发表了 11 篇文章。赵志诚提出，我国链球运动员和世界优秀链球运动员的差距主要体现在身体训练上，尤其是速度力量和协调能力的训练水平，同时专项能力训练水平与国外相比也存在较大的差距，特别是专项技术的训练[37]。张平凯提出现代掷链球训练中，已经呈现出由一般力量向专项素质发展的趋势，专项素质是决定成绩的关键因素，还首次提出运动员的专项素质是由专项力量和专项速度构成的[38]。我国著名运动员毕忠发现，我国链球运动员各项能力和水平已经接近世界水平，但不足的是专项能力较差[39]。梁志强发现，我国与俄罗斯优秀链球运动员在身体形态（包括身高、体重、克托莱指数、臂展）上存在非常显著的差异，这种差异是造成中国链球运动水平落后的主要原因[40][41]。孙大元首次提出我国男子链球运动员的速度对提高专项成绩起着决定性作用，专项力量是提高专项成绩的基础[42]。孙有平首次提出在我国链球运动员的身体训练中，应该优先发展关联序中关联度最大的专项速度素质，大力提高专项能力[43]，还提出影响我国优秀链球运动员成绩因素的顺序为专项力量、速度力量、基础力量，而我国链球训练中重视基础力量，轻视速度力量[44][45]。艾志兵指出，我国男子链球运动员的身体形态和身体素质已接近世界优秀选手，但在专项能力和旋转速度方面存在明显差距[46]，还指出我国男子链球运动员技术上存在的主要问题，也为今后的发展指明了方向。

从 2000 年开始，随着女子链球项目进入奥运会，我国学者对链球的研究逐渐增多，从文献的发表量也可以看出这一点，2000 年我国学者共发表链球相关的文章 8 篇，呈明显增长的趋势。

五、快速发展阶段（2001—2010 年）

这 10 年是我国链球项目研究快速发展的阶段，女子链球项目也进入奥运会和全运会的大家庭。这一段时间我国学者共发表了和链球相关的文章 83 篇，其中硕士和博士学位论文达到了 15 篇，这和我国女子链球水平较高有直接关系，特别是女子链球运动员顾原、张文秀、赵巍、刘瑛慧都属于世界级的优秀运动员，也是我国田径项目中重点备战奥运会的项目，得到了国家体育总局的高度重视，专门成立了备战奥运会科研攻关团队，所以这一段时间我国学者的研究成果较多，进一步推动了项目的发展和研究水平的提高。

文献大致集中在以下几个方面，首先优秀运动员技术诊断方面的研究文献达到了 38 篇，大部分以女子链球运动员的技术为主，这和我国这个时期女子链球运动水平较高有一定关系，学者的关注度比较高。2005 年有 5 篇硕士学位论文，其中 4 篇为女子链球项目的，1 篇为男子链球项目的，这和我国女子链球运动员在雅典奥运会上取得较好成绩有直接关系，进一步说明了该项目在我国的发展具有很好的前景，特别是女子链球，被我国列入了备战奥运会的重点项目。

其次是对链球运动员训练过程的研究，身体素质方面的论文有 31 篇，论述项目特征和发展趋势的文章有 11 篇，青少年训练和选材方面的文章有 8 篇。

优秀运动员技术诊断方面，孙有平提出我国男子链球运动水平出现滑坡的主要原因是专项运动技术有待提升，其次是运动素质需要进一步提高[47]。刘琴芳研究发现，我国学者对技术结构的认识是一致的，但研究指标不尽相同[48]。陈洁敏研究指出，我国男子链球运动员主要存在旋转总时间长、单支撑时间超过双支撑时间，以及单双支撑时间比例严重不合理等问题[49]。

霍科林是我国首位以女子链球项目为研究对象撰写硕士学位论文的学者，通过对运动员数据的采集和分析，设计了一套链球三维分析系统，在系统中将运动员技术的图像、曲线、数据相结合，将不同运动员放在一起进行对比，还将同一运动员不同成绩下的动作进行对比，为教练员分析运动员的技术提供了可靠的方法，提高了训练过程的科学性和实效性[50]。王新坤发现我国女子链球运动员右脚落地的时机也存在一定的不合理，不符合掷链球“晚抬早落”技术发展的趋势[51]。李靖提出我国男子链球运动员在专项能力上 5 公斤球的投掷能力和国外运动员相比差距较大，对器械的持续加速逐渐减弱，持续加速能量越来越小[6]。刘昌亚提出我国女子链球运动员双支撑阶段时间和器械加速距离逐圈缩短比例过大，强调旋转中双脚支撑阶段的加速用力，强化“晚抬早落”

的技术概念[52]。霍科林在国家体育总局奥运攻关课题的资助下，对我国备战2008年北京奥运会的重点女子链球运动员的技术进行系统研究，这也是我国首位以女子链球为题完成的博士学位论文，研究建立并完善了掷链球运动技术诊断和评价系统，对提高训练的科学化程度具有一定的意义[53]。闫新芳发现，我国女子链球运动员双脚支撑阶段链球运行轨迹偏短，和“晚抬早落”技术不相符[54]。董海军是我国首位对女子链球运动员肌肉用力特征进行研究的学者，他提出了在最后用力过程中单支撑时间不是越短越好，时间过长也不合理[55]。

这一段时间学者对我国链球运动员各项身体素质及训练方法、手段的研究也比较多。张正红发现顾原专项成绩的提高与后抛铅球、高翻杠铃、高抓杠铃、专项投5公斤链球、专项投3 公斤链球关系密切，包括运动员的专项力量、专项能力和专项速度[56]。金永稿首次对链球的项目属性、链球项目的特点、选材的注意事项，以及青少年运动员的训练安排、身体训练应注意的问题、各项身体素质的练习手段等进行了研究[57]。杜艳提出我国男子链球运动员身体素质指标并不是造成成绩差的主要原因，而专项能力和专项技术差，专项能力特别是专项速度存在较大差距，早期训练没有建立起高速度、快节奏的动力性结构模式是我国男子链球落后的根源[58]。钟平建立了我国优秀链球运动员顾原身体素质与专项成绩相关关系的神经网络模型，客观地反映了运动员身体素质训练水平与专项成绩之间的函数关系，准确地掌握了运动员专项成绩的发展趋势[59]。陈智聪提出我国女子链球运动员各项身体素质并不比国外运动员差，存在的主要问题是专项能力有待进一步提高[60]。宋惠娟提出影响我国男子链球成绩发展的主要因素为专项速度和专项能力，应该优先发展和专项好成绩相关性较大的身体素质[61]。刘昌亚提出影响我国男子链球运动员成绩的主要原因为运动员体重不断增加，力量特别是速度力量持续下降，专项能力也严重下降[62]，同时还发现影响我国女子链球运动员专项成绩的身体素质指标依次为3公斤球投掷、立定跳远、抓举、30米跑、立定三级跳、高翻和深蹲，还提出旋转速度和技术是我们的优势能力，而专项能力和专项力量是我们的劣势能力[63]。刘继领首次提出在链球运动员训练中要注重运动调节，根据运动员年龄特点和身体素质发展的敏感期，有针对性地进行运动调节的训练，这对青少年链球运动员训练具有重要的指导意义[64]。唐清玉首次提出掷链球属于典型的体能类项目，要提高我国运动员的专项能力，专项力量和专项速度是训练的关键，男子链球更应该注重专项技术的发展，女子链球在提高专项能力的同时发展专项速度[65]。赵雄的研究成果表明张文秀专项成绩的提高与她的专项能力有直接关系，即与专项能力（5公斤球投掷）、专项速度（3公斤球投掷）以及快速力量（立定跳远、高抓、30

米跑）相关性较大，与深蹲、高翻等力量素质相关性较小[66]。

从2005年开始，我国学者开始对优秀运动员训练过程的控制进行研究，为评价训练过程安排是否合理提供了依据，也为基层教练员安排训练提供了依据。

步润生以多次打破世界女子链球纪录的库琴科娃为研究对象，提出了进一步提高运动成绩不在于增大运动负荷，而在于提高训练效果[67]。张毅以我国优秀女子链球运动员张文秀备战雅典奥运会整个备战期的训练为研究对象，发现训练中专项能力和专项速度的比例存在一定的问题，训练中过多注重专项能力，而对专项速度没有足够的重视[68]。戴兴鸿首次提出女子链球训练手段可分为专项技术类、力量类。技术类包括各种模仿练习和专项投掷能力练习；力量类又分为一般力量和专项力量[69]。郭义军首次提出我国高水平女子链球运动员的竞技能力主要由体能、技能和运动心理能力构成的观点[70]。

六、持续发展阶段（2011—2020年）

这10年我国男子链球运动水平继续呈现下滑的趋势，但我国女子链球的水平已经达到了世界级，先后出现了张文秀、王峥、罗娜等世界级水平的优秀运动员，在亚洲处于绝对的领先位置，同时也带动了我国学者对女子链球的研究，这一段时间我国学者发表的与链球有关的文章达到了61篇，其中对女子链球项目研究的文章有30篇，这和我国女子链球运动水平较高有直接关系，男子链球项目相关研究文章只有6篇。

整体上这段时间的文章主要分为三个方面，对优秀运动员技术诊断的研究文章达到了37篇，对运动员训练过程、力量、竞技能力、各种身体素质的研究文章有11篇，对青少年运动员训练的研究文章有8篇。可以看出这段时间虽然总的文章数量出现了一定程度的下降，但对优秀运动员技术的研究还是呈现上升的趋势。

这一时期对优秀运动员技术特征的研究方面，董海军提出张文秀旋转阶段单支撑时间长于双支撑时间，双支撑时间偏短，旋转加速节奏和加速时机把握得较好，符合现代掷链球的技术要求[71]。罗洪涛首次提出链球旋转速度增量与各圈轨迹中双支撑和单支撑的比值有关，增大链球各圈轨迹中双支撑和单支撑的比值有助于链球旋转速度增量的提高；加大投掷动作的幅度，增大各圈旋转中运动员各运动环节最大值与最小值的差值对链球旋转速度增量的提高具有十分重要的意义[72]。张桃臣提出我国男子链球选手在旋转过程中右腿后留幅度小，左侧下肢压紧效果差，违背了掷链球“晚抬早落”的规律[73]。刘磊磊提出我国男子链球运动员动作连贯性不好，预摆阶段、旋转阶段和最后用力阶段我国选手的球速增量低于国外运动员，影响投掷成绩[74]。李运涛提出我国女子链球在训练中应该改变大幅度、慢节奏的旋转，加强链球训练中有关旋转节奏和速度的练习，尤其要重视和加强预摆与旋转第一圈的衔接[74]。李银坤提出我国优秀女子链球运动员与国外优秀运动员相比在旋转及最后用力技术上差距较大，旋转总时间较长，单支撑阶段长于双支撑阶段，链球运行斜面角变化幅度较小[75]。刘昌亚首次提出我国女子链球运动员掌握的专项技术停留在大幅度、慢节奏的传统技术上，预摆阶段链球运动速度普遍偏低，球速增量呈现随旋转圈数增加而递减的趋势，持续加速能力较弱[76]。张少伟发现我国男子链球运动员在旋转阶段单双支撑时间分配不合理，均呈缩短的趋势，重心移动速度慢；普遍存在第一、四圈加速节奏不合理的问题；预摆阶段普遍存在器械速度偏低的现象[77]。贾谊研究发现，我国女子链球运动员双支撑时间分配不合理；预摆动作不充分，导致旋转第一圈链球速度增量过大，个别运动员出现了速度的负增长，还普遍有“晚抬早落”的特征[78]。董海军研究发现，王峥的技术风格是旋转速度快、加速节奏明显，但对器械控制能力稍差；第三、四圈左膝关节蹬伸幅度较大，肩带肌肉群舒展幅度不够，第三、四圈器械斜面角偏大[79]。张青粉提出我国女子链球运动员预摆时间较长，出手角度平均值为 35.30 度，与世界顶级选手存在一定的差距[80]。董海军发现，张文秀和王峥在第四圈和最后用力阶段存在对器械持续加速能力弱的特点，而且有拉球、撤肩、右腿摆动不积极、着地速度慢的现象[81]。

对运动员训练过程、力量、竞技能力、身体素质的研究方面，王生贵首次提出我国女子链球运动员体重偏大，身体素质尤其是下肢速度力量素质发展水平较低，这是影响我国女子链球专项成绩提高的主要因素[82]。刘瑛慧提出我国优秀女子链球运动员各种力量对运动成绩的影响由大到小依次为专项投掷力量、专项速度力量、专项基础力量[83]。汪洋首次建立了我国女子链球运动员专项能力指标体系及专项能力评价模型，制定了我国女子链球运动员专项能力评价标准及评价方法[84]。冯坤首次提出投掷项目运动员年龄呈现大龄化特征，平均年龄为 28 岁，男性运动员的平均年龄增长速度快于女性，运动员年龄差距整体偏大[85]。郝帅首次提出我国高水平女子链球运动员冬训周期较长，随着夏季比赛场次的增加呈现小周期训练模式[86]。

这一时期我国学者对青少年链球运动员训练的研究较少，王亚岚首次提出青少年时期是打下素质基础和掌握正确技术要领的关键阶段，青少年运动员在初学专项技术时应多以徒手模仿和轻器械旋转为主，注重下肢旋转能力和加速节奏感[87]，同时提出了青少年运动员在预摆结束进旋转时低点太过靠右或太过靠左，训练中应当安排腰腹核心力量练习，建立良好的旋转轴，预防运动员在旋转中前趴或侧倒[88]。王腊梅首次提出要把握好青少年女子运动员的生理特点和身体素质发展规律，在一般身体素质训练中以快速力量和核心力量练习为主；在专项身体素质训练中以专项速度训练为主；在身体素质训练中不能进行过多的负重练习，一般力量和专项力量训练负重也不宜过大，避免过早接触重器械[89]。

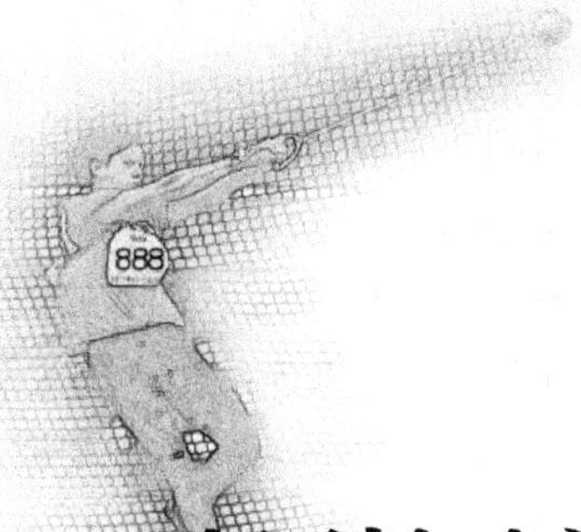

第四章 我国链球运动员的技术及特征

为更好地研究掷链球项目，首先必须重新认识项目的属性，男子链球项目在属性上为力量一速度性项目，从器械重量相对人体重量的角度来说，力量占据更重要的地位，速度次之。而女子项目属于速度一力量性项目，速度在训练中占有重要的地位，而力量次之。所以认识项目的属性对运动员采用不同的训练手段和方法有重要的意义。我国男子链球项目成绩出现停滞不前的主要原因是训练中教练员和运动员对于项目的属性没有很好地认识，对项目训练规律的认识还有待进一步深入，深化现阶段我国男子链球教练员对项目规律的认识是刻不容缓的一件事情，关系到我国男子链球项目能否走出低谷。

掷链球的技术划分为 3 个技术阶段（预摆进旋转阶段、旋转加速阶段、最后用力阶段），10 个技术瞬间（进旋转瞬间、第一圈离地瞬间、第一圈着地瞬间、第二圈离地瞬间、第二圈着地瞬间、第三圈离地瞬间、第三圈着地瞬间、第四圈离地瞬间、第四圈着地瞬间、器械出手瞬间）[81]。

第一节 我国男子链球运动员的技术特征

一、发展现状

掷链球虽然在我国开展比较晚，但发展比较快。曾经培养了毕忠等一批优秀的男子链球运动员，当时在亚洲处于领先地位，毕忠至今还保持着 77.04 米的全国纪录（1989 年创造）。进入 20 世纪，随着项目的发展，我国男子链球的水平大幅滑坡，出现 20 多年停滞不前的局面，而同为亚洲国家的日本发展则很快，室伏广治曾获得 2004 年雅典奥运会的金牌、两届亚运会金牌，最好成绩达到了 84.86 米，在亚洲没有运动员可以和他抗衡。我国男子链球目前的成绩为 71 米，处于低谷阶段，这主要和我国开展该项目的省、市较少，普及程度不够，在青少年的比赛中不设立该项目有关。另外，现阶段男子链球的训练手段和方法没有创新，如何利用现阶段先进的科研设备对我国运动员的技术进行全面诊断和分析，为改进技术和训练提供帮助，这也是科研人员的一项重大任务。

二、运动员情况

本书选取2017年4月参加成都投掷项群赛两场比赛总排名前八的选手的最好成绩，国内该项目上的所有选手都参加了此次比赛，其中辽宁的王士筑是第十二届全运会的金牌得主，最好成绩达到了 75 米以上，最近几年的全国性比赛几乎都获得了冠军，但专项技术不稳定，可提高的幅度较大。江西的万勇是第十三届全运会的银牌获得者，最好成绩为 74.02 米，专项技术稳定，技术特征明显，可提高的空间也比较大。陕西的齐大凯获得过两届全运会的铜牌，专项技术稳定。单长成和赵义海是两位老将，曾获得济南全运会的银牌。郭昆是近几年涌现出的青年选手，最好成绩也达到了 68 米以上。姜河和龚世贤是两位后起之秀，专项技术还不够稳定，而且也是所有选手中唯独两位采用三圈的选手，四圈的专项技术还没有形成，可提高的空间较大。以上八名选手在该项目上形成了老、中、青三代运动员交叉的梯队模式，基本代表了现阶段我国该项目的最高水平（表 4–1）。

表 4–1 我国男子链球运动员基本情况

姓名	单位	出生年月	身高（厘米）	体重（千克）	最好成绩（米）	研究成绩（米）	最好名次
王士筑	辽宁	1989.02	179	90	75.20	71.75	全运会冠军
万　勇	江西	1987.07	181	97	74.02	70.54	全运会亚军
齐大凯	陕西	1987.05	183	117	74.19	68.98	全运会亚军
郭　昆	解放军	1993.02	182	98	68.28	66.87	全国冠军
单长成	黑龙江	1988.12	180	95	67.89	65.83	全运会亚军
赵义海	山东	1985.03	183	90	70.66	64.58	全运会亚军
姜　河	江苏	1998.07	185	109	64.02	64.02	全国季军
龚世贤	江西	1996.08	181	90	66.89	63.55	锦标赛亚军

三、我国男子链球选手加速节奏的特征分析

掷链球技术中旋转的本质是下肢对上肢完成超越的过程。加速节奏主要体现为右脚“晚抬早落”，这也是女子链球技术未来发展的趋势，目的是缩短单支撑时间、延长双支撑时间。对器械加速的时间、长度、速度是影响整个运行效果的三要素，三者之间存在紧密的联系，在一定范围内，缩短旋转时间、增加器械双支撑阶段用力距离和提高旋转速度可以提升运动成绩。

在旋转中各技术阶段的时间长短体现了节奏的变化，根据现代掷链球技术（“晚抬早落”）的要求，在时间和节奏变化上主要是指逐圈时间缩短和延长双支撑器械用力的时间，并缩短单支撑转换过渡的时间。八名选手旋转时间分配如图 4–1 所示。

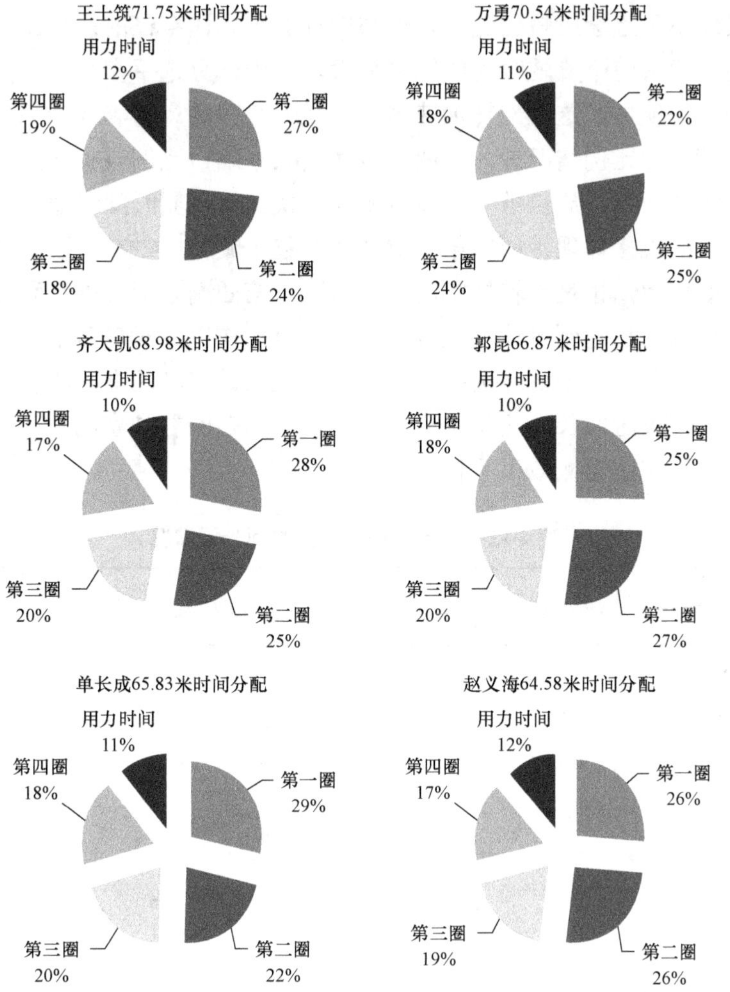

图 4–1　八名选手旋转时间分配

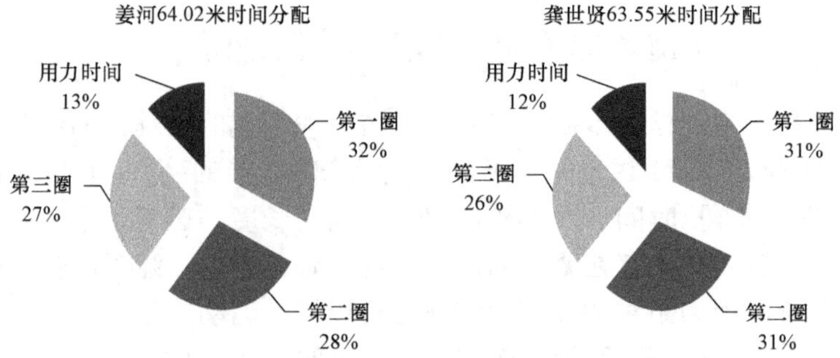

图 4-1 八名选手旋转时间分配（续）

由表 4-2 和表 4-3 可知，我国男子链球选手整体旋转时间偏长，虽然各圈时间也表现出了逐渐缩短的趋势，但与国外选手相比存在的差距比较大，第一圈进旋转时间占整个旋转时间的比例最大，其中部分选手存在第二圈时间比第一圈时间长的现象，这在旋转加速节奏上是不合理的。随着旋转每圈时间逐渐缩短，从缩短的比例情况看，前两圈时间较长，缩短比例较小。第二圈主要还是起到过渡的效果，旋转节奏并没有明显加快。第三圈时间缩短比例较大，也是节奏加快的直接体现，所以第三圈技术在整个旋转中占有重要的地位，起到节奏变化的作用，也是旋转技术的直接体现。第四圈是衔接旋转和最后用力阶段的关键一圈，也起到身体形成良好用力姿势的作用，对最后用力技术的好坏有直接影响。我国男子链球选手存在问题最大的是在第四圈，所有选手单支撑时间都比双支撑时间长，这是不合理的，表明第四圈右脚着地存在不积极的现象，整个下肢超越器械效果不佳。

表 4-2 旋转过程中每圈时间分配情况 （单位：秒）

姓名	第一圈	百分比（%）	第二圈	百分比（%）	第三圈	百分比（%）	第四圈	百分比（%）	用力时间	百分比（%）	总时间
王士筑	0.641	27	0.576	24	0.468	19	0.451	18	0.284	12	2.420
万　勇	0.593	22	0.668	25	0.634	24	0.476	18	0.276	11	2.647
齐大凯	0.743	28	0.660	25	0.526	20	0.467	17	0.259	10	2.665
郭　昆	0.726	25	0.776	27	0.585	20	0.501	18	0.275	10	2.863
单长成	0.701	29	0.535	22	0.492	20	0.451	18	0.267	11	2.455
赵义海	0.718	26	0.710	26	0.526	19	0.468	17	0.317	12	2.739
姜　河	0.643	32	0.588	28	0.526	27	–	–	0.250	13	2.007
龚世贤	0.634	31	0.618	31	0.526	26	–	–	0.281	12	2.059

表 4–3　旋转过程中每圈双单支撑时间分配情况　（单位：秒）

姓名	第一圈		第二圈		第三圈		第四圈		总双	百分比（%）	总单	百分比（%）	双单比值
	双支撑	单支撑	双支撑	单支撑	双支撑	单支撑	双支撑	单支撑					
王士筑	0.334	0.309	0.318	0.258	0.226	0.242	0.209	0.242	1.087	51	1.052	49	1.033
万　勇	0.301	0.292	0.409	0.259	0.267	0.267	0.217	0.259	1.191	53	1.077	47	1.106
齐大凯	0.426	0.317	0.376	0.284	0.267	0.259	0.225	0.242	1.294	52	1.102	48	1.174
郭　昆	0.267	0.359	0.407	0.369	0.318	0.267	0.250	0.251	1.242	50	1.246	50	0.997
单长成	0.376	0.325	0.259	0.276	0.250	0.242	0.201	0.250	1.086	50	1.093	50	0.994
赵义海	0.418	0.300	0.426	0.284	0.267	0.259	0.225	0.243	1.336	55	1.086	45	1.230
姜　河	0.284	0.359	0.267	0.321	0.267	0.259	—	—	0.818	47	0.939	53	0.871
龚世贤	0.350	0.284	0.393	0.225	0.301	0.225	—	—	1.034	59	0.734	41	1.408

王士筑第一圈旋转时间短，主要体现在单支撑阶段，说明身体重心在左侧支撑轴上的过渡速度快，而且第二圈时间的缩短比例较大，说明他从第二圈就开始了加速，而且第三、四圈用时是所有选手中最短的，第三圈时间缩短比例也比较大，加速节奏明显，第四圈只缩短了 0.017 秒，而且主要以缩短双支撑时间为主，单支撑时间和第三圈相同，这说明他第四圈对器械加速的时间缩短，并不是加快单支撑过渡阶段完成加速的，这是需要改进的地方。

万勇整体节奏较差，特别是第二圈时间比第一圈长，第一圈进旋转速度较快，单支撑转换时间是所有选手中最短的（0.292 秒），第二圈时间延长主要体现在双支撑用力时间的延长上，而单支撑时间进一步缩短，这符合现代掷链球技术“晚抬早落”的要求，不足的是第三圈存在单支撑时间延长的问题，和掷链球技术“早落”的要求不相符。存在问题较大的是第四圈，虽然时间整体上是缩短的，但单支撑时间比双支撑时间长，这是不合理的，双支撑用力时间缩短幅度也比较大，和“晚抬”技术要求相违背。这也说明第四圈单支撑阶段存在右脚着地不积极的现象，造成右脚着地瞬间器械位置更靠近体前，也就是训练中常说的用力前掐不住球，造成下肢对器械超越的幅度减小，不利于延长最后用力阶段对器械的加速距离和良好身体姿势的形成。

齐大凯整体技术合理，总的双支撑时间比单支撑时间长，各圈时间也呈现出逐圈缩短的趋势，不足的是第一圈时间过长（占总时间的 28%，见图 4–1），最后用力时间偏短。从时间分配看，第一圈时间偏长的原因主要集中在双支撑阶段，说明进旋转速度慢、不积极，和预摆阶段器械上球体速度偏慢有直接关系，不利于重心在单支撑阶段快速通过左侧转动轴。另外，第四圈单支撑时间比双支撑时间长 0.017 秒，存在双支撑时间短、单支撑时间长的问题，不符合现代掷链球技术“晚抬早落”的要求。

郭昆总的旋转用时是所有选手中最长的，同时整体节奏上存在一定的问题，技术不太合理，总的单支撑时间比双支撑时间长，比例为 0.997。邦达丘克对世界优秀链球运动员的研究结果表明，双支撑和单支撑时间比例小于 1，说明技术上不合理，特别是第二圈总的时间比第一圈长，第三圈整体时间缩短比例较大，而且最后用力的时间也比较短。另外，第一圈单支撑时间长于双支撑时间也是不合理的，是由转换过渡的时间太长、右脚着地速度慢造成的。第四圈也存在单支撑时间比双支撑时间长的问题，同时双支撑时间缩短过长，说明第四圈对器械做功的时间短，在一定程度上影响对器械持续加速的能力，最后用力阶段对器械加速效果较差。

单长成虽然总的时间比较短，节奏快，但总的双支撑时间也比单支撑时间短，技术上也存在一定的不合理。第一圈旋转时间偏长，主要为双支撑阶段时间长，说明进旋转的速度还有待进一步提高。第二圈整体时间缩短比例较大，从时间分配上看，第二圈主要缩短的是双支撑对器械加速的时间，在一定程度上影响了对器械加速的效果。第三圈时间缩短比例也比较小，加速的节奏不明显，第四圈也存在单支撑时间比双支撑时间长、右脚着地不积极的问题，对最后用力姿势形成不利，造成他最后用力的时间偏短，对器械持续加速的能力有待进一步提高。

赵义海的整体用力时间也比较长，总的双支撑时间比单支撑时间长，整体技术是合理的，但在各圈时间上也存在第一、二圈节奏偏慢的缺点，第一圈时间长主要是预摆进旋转速度慢造成的，同时第二圈双支撑用力时间比第一圈长，在速度保持一定的情况下是合理的。第三、四圈加速节奏较前两圈明显，但也存在第四圈单支撑时间比双支撑时间长的现象，这一点是不合理的。

姜河采用的是三圈旋转技术，在一定程度上要求预摆进旋转速度快于四圈选手，器械上的速度更快，第二、三圈的加速节奏更明显。从时间来看，他总的双支撑时间比单支撑时间短，双单支撑时间比例只有 0.871，说明旋转技术存在不合理现象。其中每圈的单支撑时间都比双支撑时间长，这是最大的问题，说明整个旋转过程中对器械加速的距离较短，和现代掷链球技术“晚抬”的要求不相符。单支撑时间长说明右脚离地后腾空时间过长，右侧身体不能快速围绕左侧轴转动，右脚着地不积极，和掷链球技术“早落”的要求相违背，造成最后用力的时间只有 0.250 秒，是所有选手中最短的，影响了用力效果。

龚世贤也采用三圈旋转技术，但整体技术节奏是合理的，双单支撑时间比例达到 1.408，双支撑加速时间远远长于单支撑时间，唯一技术上的不足是第一圈双支撑时间偏长，第二圈加速的节奏效果较差，第三圈加速节奏效果较好，特别是单支撑转换速度是所有选手中最快的，说明右脚着地积极，为最后用力前身体姿势的形成创造了条件，这也是他最后用力时间能达到 0.281 秒的原因。

四、我国男子链球选手身体重心、器械加速特征分析

（一）我国男子链球选手器械速度贡献率特征分析

人体旋转过程中逐渐对器械形成加速，每圈器械速度的贡献率反映了选手对器械的加速能力，每圈对器械的加速时机主要在双支撑阶段，如果出现在单支撑阶段就说明加速存在不合理。最后用力阶段器械的出手速度是各圈球体速度的叠加，所以随着旋转圈数的增加，对器械加速的难度就增大，也反映了运动员对器械持续加速的能力，优秀运动员后续对器械加速的能力较强，特别是最后用力阶段，加速效果更明显[90]。

研究表明，世界优秀链球运动员预摆阶段器械速度的贡献率能达到 50%以上[91]，由表 4–4 和图 4–2 可知，我国选手在预摆阶段只有齐大凯球速贡献率达到了 50%，说明我国选手普遍存在预摆阶段对器械加速效果差的问题，虽然有利于下肢更好地进入旋转，但通过降低起始速度来获得增量是得不偿失的，

表 4–4　旋转过程中各圈器械最大速度及各圈速度增量和贡献率情况

（单位：米/秒）

姓名	预摆	百分比（%）	第一圈	增量	百分比（%）	第二圈	增量	百分比（%）	第三圈	增量	百分比（%）	第四圈	增量	百分比（%）	用力增量	百分比（%）
王士筑	11.96	44	14.46	2.50	9	19.72	5.26	19	22.42	2.70	10	24.37	1.95	7	3.07	11
万　勇	12.04	44	14.37	2.33	9	19.23	4.86	18	21.60	2.37	9	23.53	1.93	7	3.57	13
齐大凯	12.29	50	14.39	2.10	8	18.42	4.03	16	22.03	3.60	15	23.76	1.73	7	1.07	4
郭　昆	11.70	43	15.88	4.18	16	17.59	1.71	6	20.03	4.44	16	23.64	3.61	13	1.71	6
单长成	11.52	47	16.23	4.71	19	20.12	3.89	16	23.15	3.03	12	24.11	0.96	4	0.63	2
赵义海	12.77	49	13.40	0.63	2	18.11	4.71	18	20.84	2.73	11	22.99	2.15	8	3.11	12
姜　河	11.18	43	15.74	4.56	18	20.93	5.19	20	23.08	2.15	8	—	—	—	2.90	11
龚世贤	11.71	45	15.31	3.60	15	19.91	4.60	19	21.77	1.86	8	—	—	—	2.21	9

从另一个角度则说明我国男子选手对器械的控制能力较国外选手差，这也是专项成绩落后的一个主要原因。郭昆和姜河等选手预摆阶段球速贡献率只有43%，王士筑和万勇也只有44%（图4–2），在训练中应通过提高自身的专项能力，增加对器械控制的效果，从而提高预摆阶段球体速度。

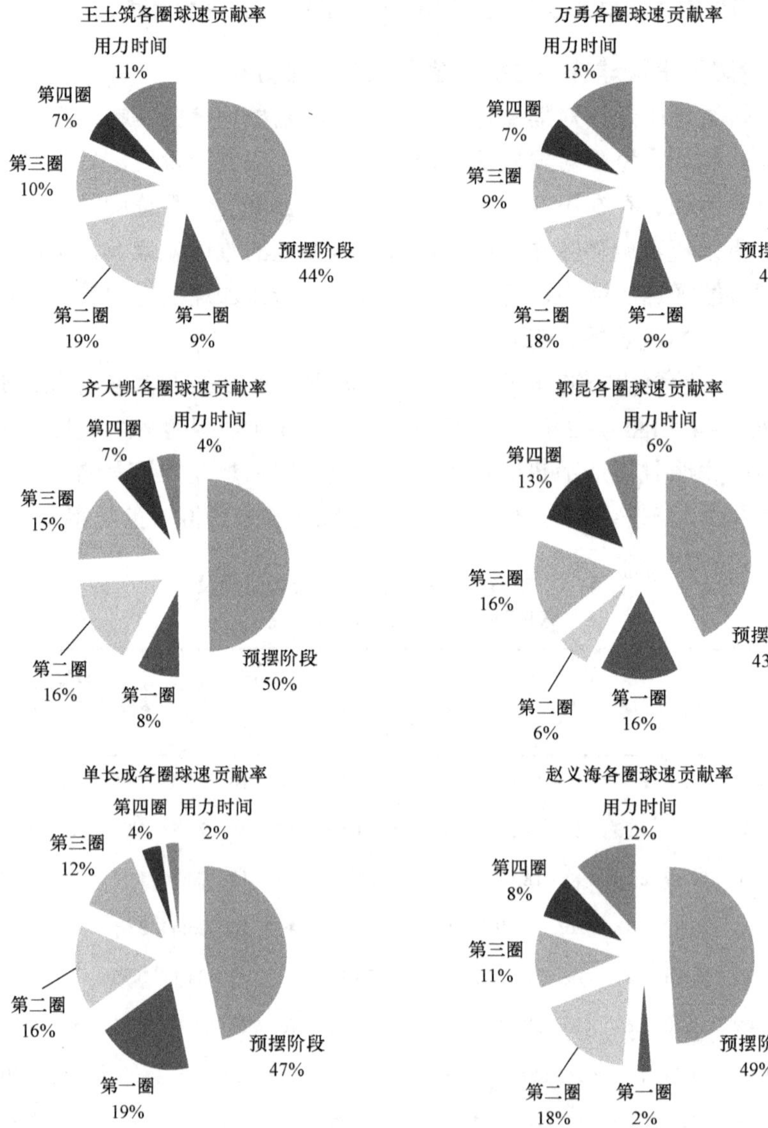

图4–2　八名选手器械速度每圈贡献率

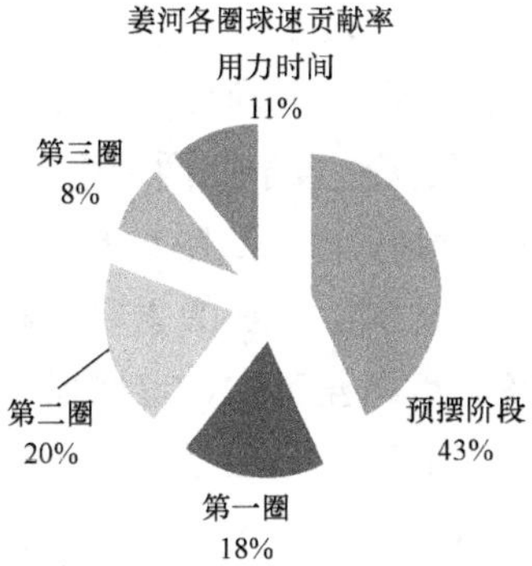

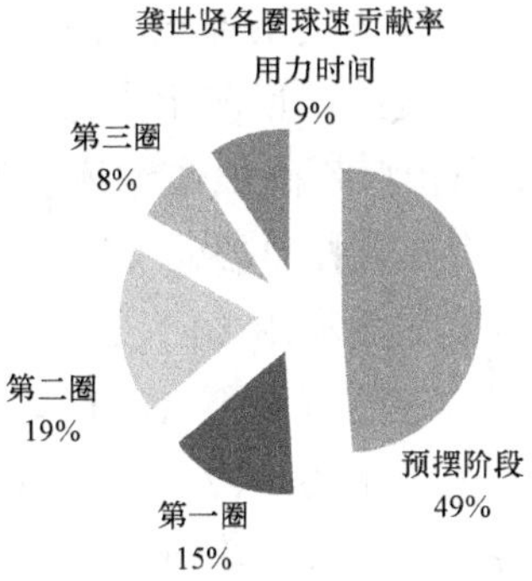

图 4-2　八名选手器械速度每圈贡献率（续）

从个人对器械加速的特点来看，王士筑各圈球速贡献率分别为第二圈>第三圈>第一圈>第四圈和最后用力阶段，而且也存在预摆阶段球体起始速度较慢的特点，说明他第二、三圈对器械加速明显，但旋转的后续阶段，第四圈和最后用力阶段对器械的加速效果较差，也说明他对器械持续加速的能力有待进一步提高。万勇虽然预摆阶段起始速度不快，但和其他选手相比，最后用力阶段对器械加速的效果较好，速度贡献率也是所有选手中最大的，各圈加速比例分别为第二圈>第三圈>第一圈>第四圈和最后用力阶段，表现出的加速特征和王士筑大致相同。齐大凯的预摆起始阶段球体速度较快，也是预摆阶段所占比例最大的，和其他选手相比，虽然各圈加速比例也是第二圈>第三圈>第一圈>第四圈和最后用力阶段，但他第三圈的加速效果较好，说明增加了第三圈对器械的加速，但第四圈和最后用力阶段加速效果较差，速度贡献率只有 7.4%，需要进一步提高对器械持续加速的能力，特别是用力阶段的效果。他的这一问题和第四圈单支撑阶段右脚着地速度慢有直接关系，在一定程度上减弱了下肢对上肢和器械的超越效果，用力前的身体姿势较差，造成用力幅度减小。郭昆主要存在预摆阶段起始速度较慢的问题，各圈加速比例分别为第三圈>第一圈和第四圈>第二圈和最后用力阶段，不难发现，他的第二圈和最后用力阶段加速比例小，第三、四圈加速幅度较大，第四圈加速效果较好。单长成预摆阶段球速比较慢，贡献率为第一圈>第二圈>第三圈>第四圈>最后用力阶段，表现出了逐圈加速比例降低的趋势，第四圈和最后用力阶段分别只有 0.96%和 0.63%，这是所有选手中最小的，说明他在旋转过程中对器械持续加速的能力有待进一步提高。赵义海预摆阶段器械速度最快，各圈贡献率为第二圈>最后用力阶段>第三圈>第四圈>第一圈，可以看出，他主要存在第三、四圈加速效果差的问题，旋转节奏有待进一步提高，最后用力阶段加速效果较好，但第一圈速度贡献率太低，整体加速效果不理想，特别是用力阶段获得了较快的出手速度，但并没有获得较高的成绩，说明用力方向上存在一定的问题。姜河和龚世贤作为三圈选手，更要求预摆阶段加快球体速度，在技术上预摆相当于四圈选手的第一圈，两名选手都存在预摆阶段器械速度偏慢的现象，姜河第一、二圈对器械加速效果较明显，但第三圈和用力阶段效果差一些，而他技术上存在的主要问题是用力阶段对器械加速的方向不合理，每圈中器械高低点相差过大，造成器械出手角度不合理，是由用力阶段器械在水平和垂直方向上速度分配不合理造成的。龚世贤虽然各圈球速贡献率低，但器械出手瞬间用力方向相对合理，这也是他在每圈加速效果和出手速度不理想的状态下也能获得较好成绩的原因。

我国男子选手对器械的速度贡献率方面普遍存在预摆阶段器械速度慢的现象，第四圈和最后用力阶段对器械加速效果差，说明我国选手对器械持续加速和保持的能力有待进一步提高，特别是用力阶段，用力方向的合理性也有待改进。

（二）我国男子链球选手重心速度、器械速度变化特征分析

旋转过程中人体加速领先于器械的加速，人体加速主要有两个峰值，第一个为双支撑阶段，完成下肢拧转过程中左侧轴向投掷方向的转动动作，主要以水平向前的加速为主；第二个为器械运行到高点后，以右侧身体为主绕左侧支撑轴的转动动作，以转动加速为主。而对器械形成直接加速的只有双支撑用力阶段，单支撑阶段主要完成人体向投掷方向的移动和下肢对上肢的超越，所以器械的速度峰值出现在单支撑阶段是不合理的，必然存在上肢提前用力从高点向下拉球加速的问题。旋转过程中器械的速度变化反映了运动员加速能力的合理性，特别是加速的时机反映了单双支撑阶段人体及器械节奏的合理性。器械加速节奏主要通过加速的时机和时间长短来判断，在一定程度上受到人体重心加速效果和自身加速能力（专项速度能力）的影响。选手旋转过程中重心速度及器械速度情况如表 4-5 所示。

表 4-5 旋转过程中重心速度及器械速度情况 （单位：米/秒）

姓名	速度	开始	第一圈		第二圈		第三圈		第四圈		出手速度
			R↑	R↓	R↑	R↓	R↑	R↓	R↑	R↓	
王士筑	重心速度	1.76	0.95	1.50	1.32	1.79	1.31	2.09	1.68	2.28	0.50
	器械速度	11.76	14.00	14.30	18.53	19.05	21.97	19.93	24.37	21.00	27.44
万　勇	重心速度	0.17	0.37	0.90	0.67	1.69	1.16	2.00	0.98	1.62	1.15
	器械速度	12.04	14.08	14.29	18.78	18.58	21.36	20.71	23.44	21.31	27.10

续表

姓名	速度	开始	第一圈		第二圈		第三圈		第四圈		出手速度
			R↑	R↓	R↑	R↓	R↑	R↓	R↑	R↓	
齐大凯	重心速度	0.88	0.34	1.06	0.36	1.53	0.16	1.67	0.53	1.77	0.96
	链球速度	12.29	14.26	14.22	18.36	18.35	20.86	20.82	22.60	22.45	24.83
郭　昆	重心速度	0.65	0.75	0.77	0.48	0.69	0.72	1.46	0.88	1.51	1.11
	器械速度	11.70	12.83	13.17	14.28	15.88	17.61	18.89	19.36	21.72	25.36
单长成	重心速度	0.93	0.58	1.45	0.86	1.95	0.30	1.91	0.75	1.71	0.99
	器械速度	11.52	14.81	15.66	17.05	18.12	18.81	20.66	20.11	20.77	24.74
赵义海	重心速度	0.65	0.76	0.95	0.43	1.86	1.17	1.80	0.94	2.05	1.27
	器械速度	12.77	12.79	13.18	16.39	16.74	20.53	18.27	22.15	19.34	26.01
姜　河	重心速度	0.69	0.26	1.83	1.01	1.76	0.66	1.99	—	—	0.97
	器械速度	11.18	15.29	15.61	19.11	19.23	22.62	20.73	—	—	25.98
龚世贤	重心速度	0.66	0.80	1.46	0.59	2.09	0.36	2.45	—	—	1.05
	器械速度	11.71	14.17	14.39	18.85	18.30	20.50	19.66	—	—	23.99

从第一圈重心和器械加速情况看，我国选手右脚着地瞬间的速度都比离地瞬间快，其中重心在单支撑阶段加速的幅度较大，在右脚着地前完成快速转动动作。右脚离地瞬间王士筑、龚世贤、郭昆等选手重心速度较快，说明下肢向投掷方向的拧转更积极，重心向左腿移动速度快。姜河、万勇和齐大凯等选手，第一圈左脚拧转幅度较低，重心向左腿移动不积极，不利于重心快速通过左侧支撑轴进入转动。离地瞬间齐大凯、单长成、姜河等选手向投掷方向的三角加速效果明显，器械速度较快（表 4–5）。从着地瞬间看，王士筑、单长成、姜河、龚世贤等选手右侧身体转动速度快，推动了右脚的快速着地和右侧身体的转动，有利于增加下肢超越效果。但万勇、郭昆等选手单支撑阶段存在右侧身体转动效果差的现象，在一定程度上影响了右脚着地的速度，除齐大凯第一圈右脚着地瞬间器械速度比离地瞬间慢以外，其他选手单支撑阶段器械速度都出现了不同程度的上升，表明普遍存在第一圈单支撑阶段对器械加速的现象，这在技术原理上是不合理的。

第二圈选手们身体重心和器械速度都有不同程度的升高，但在离地瞬间效果并不明显，甚至有些选手出现了下降现象，其中王士筑、姜河两人在离地瞬间下肢扭转的幅度较大，左脚拧转效果好。郭昆、赵义海、龚世贤三名选手出现了比第一圈重心速度下降的现象，说明三名选手下肢拧转效果较差，不利于重心向投掷方向移动加速。选手们器械速度在离地瞬间上升幅度较大，说明都注意了向高点方向的三角加速，万勇虽然身体重心加速效果不好，但对器械的加速幅度还是比较好的，而且第二圈着地瞬间器械速度也比离地瞬间慢，这是合理的。齐大凯和龚世贤第二圈单支撑阶段器械速度也比较合理。其他选手都存在着地瞬间器械速度快于离地瞬间的现象，说明也有单支撑阶段拉球加速的问题，特别是王士筑、郭昆、单长成这一现象较为明显，对延长第三圈双支撑用力时间不利。

第三圈选手们右脚离地瞬间器械速度增幅较大，但也有部分选手右脚离地瞬间重心的速度偏慢，左脚向投掷方向的拧转幅度小，也就是我们训练中所说的左脚转动不到位，例如齐大凯、郭昆、单长成、赵义海、龚世贤等选手都存在这一问题，在一定程度上增加了身体重心通过左侧轴转动难度，对后续单支撑阶段快速过渡不利。右脚着地瞬间的重心速度也反映了这一点，王士筑和万勇等选手单支撑阶段右脚着地过程中身体转动速度较快，能快速完成着地。王士筑、万勇、齐大凯、赵义海、姜河等选手右脚离地瞬间的器械速度比着地瞬间快，在一定程度上说明这一圈单支撑阶段没有对器械进行加速，在技术上是合理的。

第四圈是旋转的最后一圈，对最后用力效果有直接影响，右脚离地瞬间王士筑拧转动作最积极，也有利于单支撑阶段重心向左侧轴上的过渡，他在加速节奏和时机上安排较为合理，重心在整个单支撑阶段的加速效果是最好的，特别是在着地前达到了 2.28 米/秒（表 4–5），说明身体的转动速度较快。齐大凯右脚离地瞬间左脚的拧转效果较差，左脚转动的幅度也比较小，对推动身体重心向左侧轴移动不利，整个单支撑阶段整个右侧身体转动的效果不好，存在这一问题的还有万勇和郭昆，右脚着地速度都比较慢，第四圈身体转动加速的效果较差。

选手重心速度及器械速度曲线如图 4–3～图 4–18 所示。

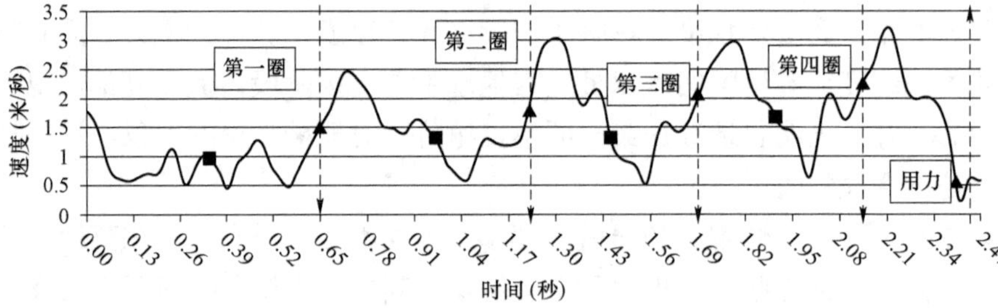

图 4–3　王士筑重心速度曲线

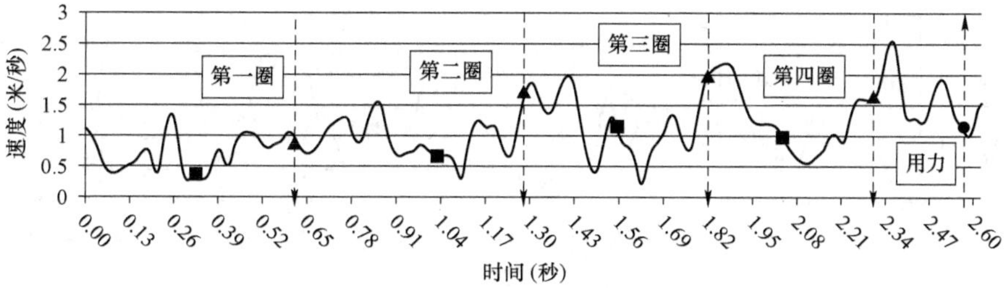

图 4-4　万勇重心速度曲线

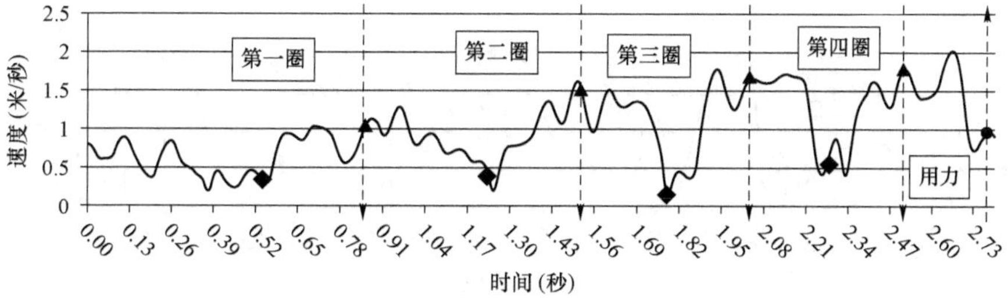

图 4-5　齐大凯重心速度曲线

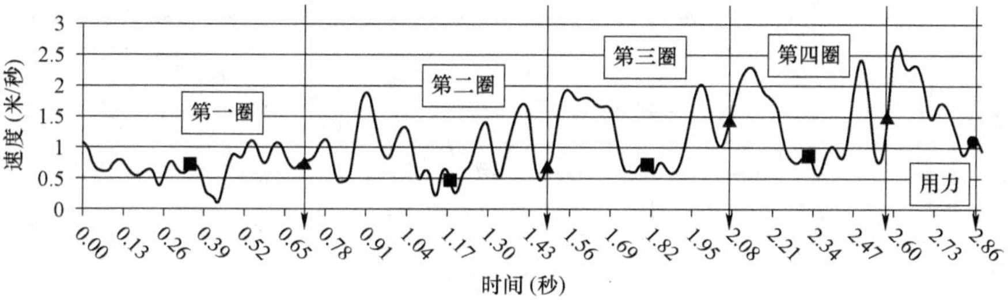

图 4-6　郭昆重心速度曲线

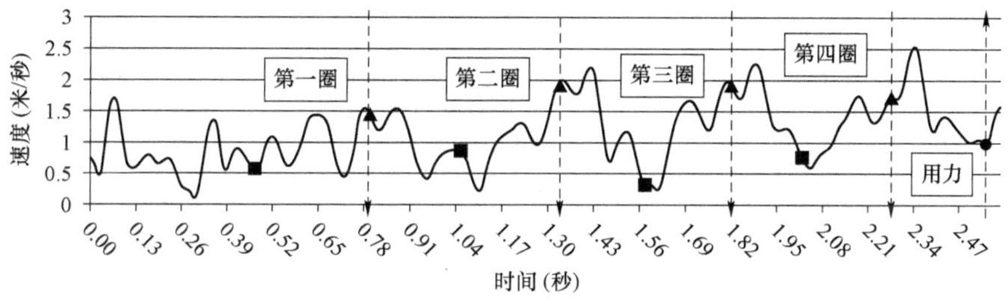

图 4-7　单长成重心速度曲线

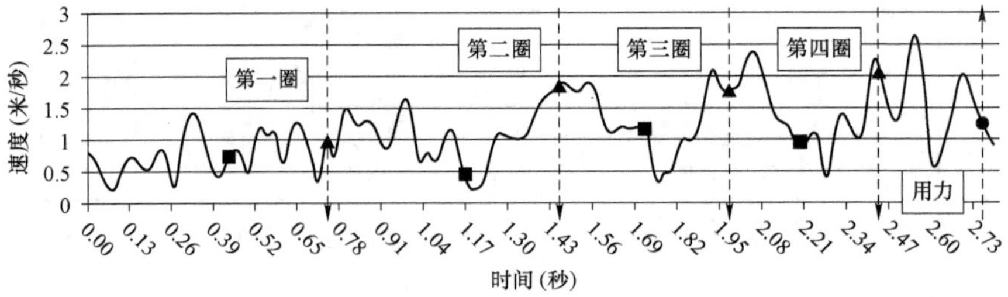

图 4-8　赵义海重心速度曲线

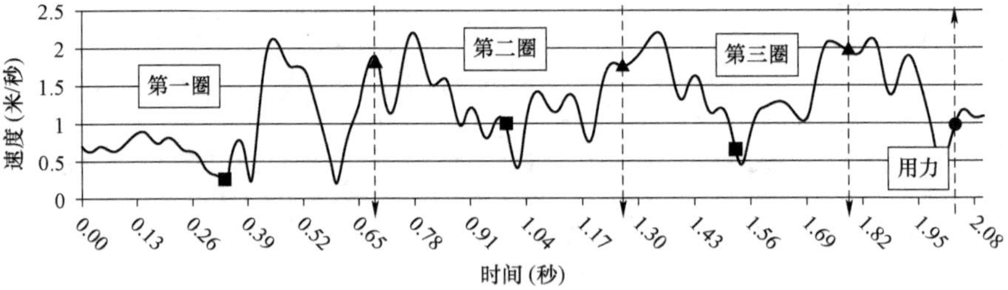

图 4-9　姜河重心速度曲线

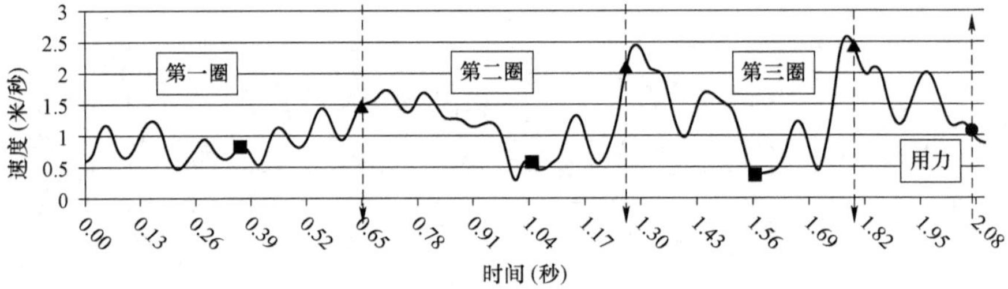

图 4-10　龚世贤重心速度曲线

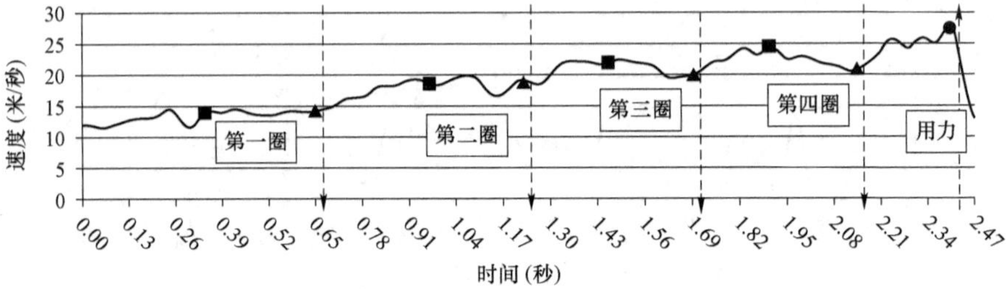

图 4-11　王士筑器械速度曲线

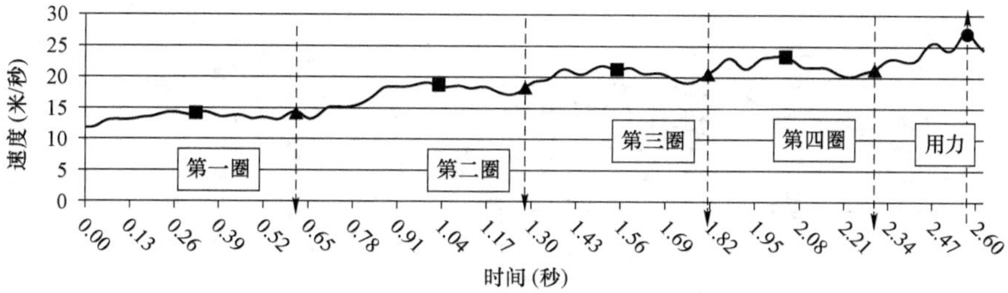

图 4-12　万勇器械速度曲线

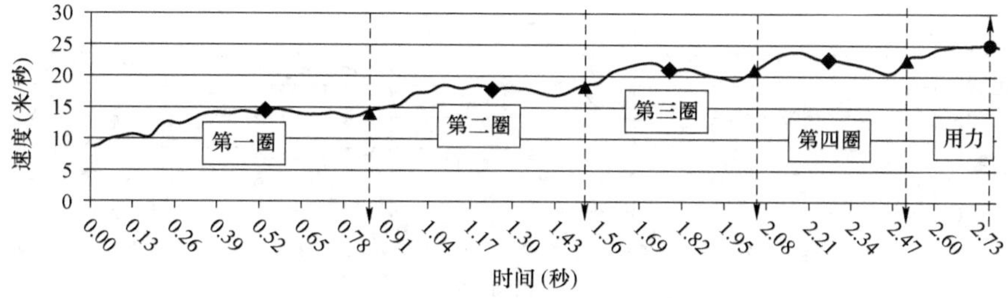

图 4-13　齐大凯器械速度曲线

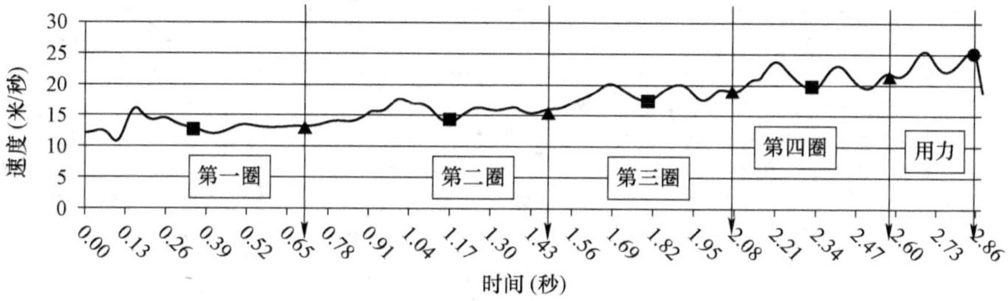

图 4-14　郭昆器械速度曲线

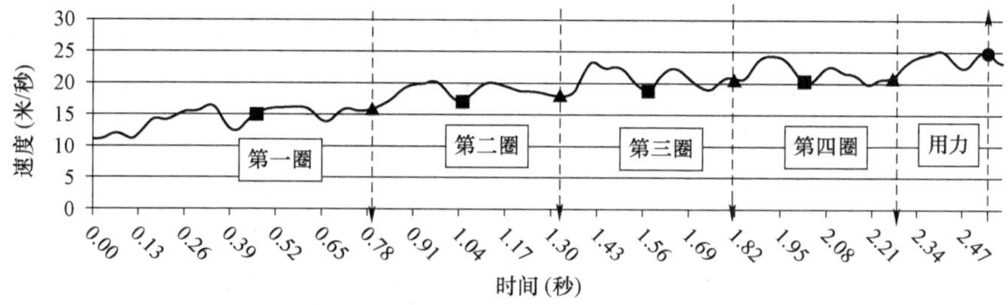

图 4-15　单长成器械速度曲线

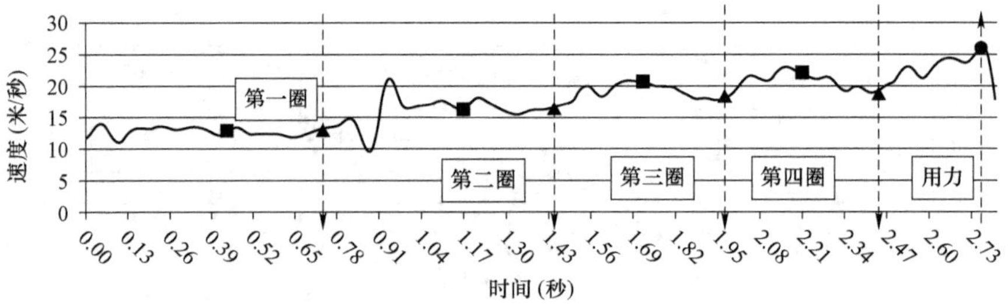

图 4–16　赵义海器械速度曲线

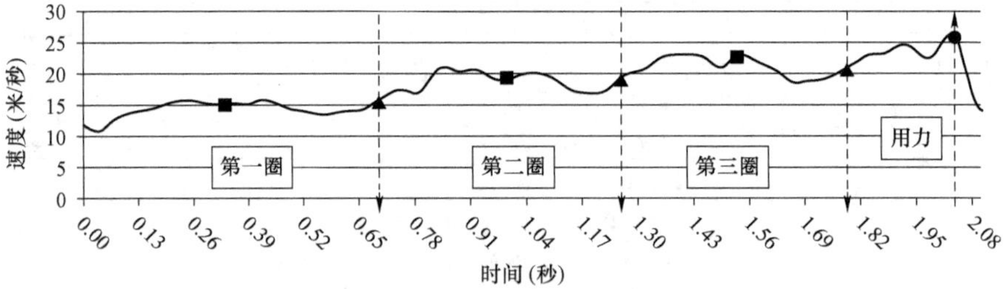

图 4–17　姜河器械速度曲线

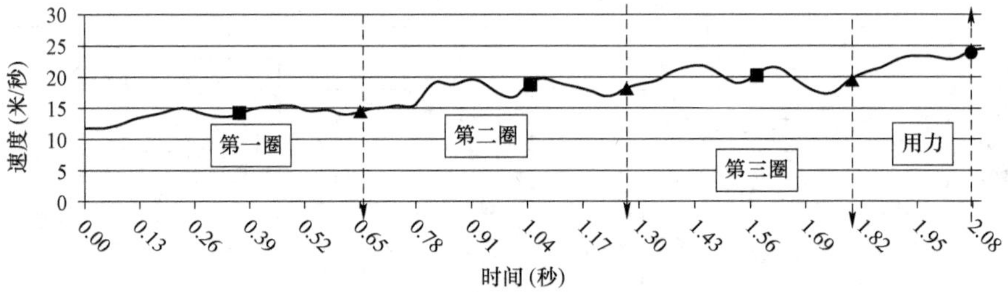

图 4–18　龚世贤器械速度曲线

从身体重心加速的曲线看，王士筑对身体重心的加速主要集中在每圈的双支撑阶段，加速效果较为明显（图 4–11），这和他的技术特点有直接关系，从解析的技术录像中我们可以看出，他双支撑加速阶段身体向后倾斜较为严重，左肩领先加速，同时存在回撤的现象，造成器械在 0～90 度的位置向身体方向转移，这也是他身体加速不合理的地方。从器械的加速变化看，第二、三圈右脚着地后并没有及时对器械形成加速，存在右腿蹬转慢的现象，加速时机较晚。第四圈加速虽然快，但存在加速轨迹偏短的现象。对器械每圈加速的时机基本都出现在双支撑阶段，这一点是合理的，不足的是双支撑阶段对器械加速的轨迹逐圈缩短。

万勇双支撑阶段对身体重心的加速幅度较小，第二、三圈重心加速的峰值主要集中在单支撑右脚着地过程中（图 4–12），说明他身体转动较为积极，特别是以右髋为核心的右侧身体。但在第四圈双支撑阶段也出现了身体加速幅度较大的现象，在第三圈右脚着地后身体重心速度开始急速上升，说明也出现了身体向后拉球的现象，造成左侧轴向后倾斜，对延长用力轨迹不利。万勇对器械加速也主要集中在双支撑阶段，加速的时机是合理的，但不足的是每圈单支撑阶段右脚着地前器械速度都出现了上升的趋势，这是不合理的，说明有从高点向下拉球的现象，特别是第二、三圈较为明显。

齐大凯身体重心的速度峰值都出现在每圈的单支撑阶段，双支撑阶段重心并没有急速加速，说明单支撑阶段向投掷方向身体移动效果较好，不足的是第四圈身体重心的加速幅度降下来了，双支撑用力阶段上肢肩带肌肉群放松效果较好，器械向外的离心力较大，上肢向后倾斜的幅度较小。器械的加速阶段也都在双支撑阶段，加速时机是合理的，单支撑阶段器械速度并没有出现上升的趋势（图 4–13），说明单支撑阶段没有向下拉球加速现象，这一点是合理的，存在的主要问题是最后用力阶段器械加速效果较差。

郭昆身体重心的加速主要有两个阶段，身体重心的峰值速度逐圈呈现上升的趋势，其中第二圈双支撑阶段的峰值比单支撑阶段大，第三、四圈单支撑阶段的加速幅度比双支撑阶段大（图 4–14），表明他第三、四圈单支撑阶段右脚着地前身体的转动速度较快，右脚着地积极。器械加速的时机虽然都在双支撑阶段，但在右脚离地后器械速度都出现了小幅上升，这是不合理的，说明上肢有加速用力现象，因为单支撑阶段人体没有用力加速的条件，任何器械速度的增加都是不合理的。

单长成身体重心的加速也主要在第三、四圈，第二圈双支撑阶段上肢没有用力，第三、四圈双支撑阶段存在上肢拉球现象，加速的幅度比单支撑阶段大（图 4–15），重心速度峰值较大，说明他第三、四圈向投掷方向移动的速度较慢，特别是第四圈单支撑阶段加速效果较差，右脚着地不积极，对最后用力的效果影响较大。从器械的加速情况看，每圈的速度峰值都出现在双支撑阶段，加速时机是合理的，但单支撑阶段也存在加速现象，这是不合理的，和郭昆一样存在同样的技术问题。

赵义海每圈身体重心加速的时机主要在单支撑阶段，双支撑阶段重心也有加速，但幅度较小，说明用力阶段上肢较为放松，没有出现拉球加速现象。单支撑阶段重心的加速峰值都在右脚着地前或者着地瞬间，说明整个右侧身体的转动比较积极，有利于右脚的快速着地。从器械的加速情况看，单支撑阶段器械速度也没有出现上升，呈现持续下降，有利于右侧下肢完成超越动作，器械速度峰值都在双支撑阶段，时机是合理的，但加速效果并不好，和自身的专项能力较低有关。

姜河双支撑用力阶段重心有一定程度的加速，而且第二、三圈的峰值出现在双支撑阶段，和上肢后仰幅度大有关系，不利于器械向外舒展，除第一圈单支撑阶段加速明显外，第二、三圈单支撑阶段重心的加速有待进一步提高，特别是右脚着地过程中的转动效果。器械的加速峰值时机都在双支撑阶段，这是合理的，但在单支撑阶段右脚着地前器械速度都出现了上升现象，这是不合理的，说明有从高点向下拉球的现象。

龚世贤身体重心每圈加速较为相似，峰值速度都出现在单支撑阶段右脚着地前，而双支撑阶段加速现象并不明显，说明他双支撑阶段身体加速较为合理，没有多余的拉球动作，单支撑阶段右脚着地过程中右髋转动积极；但从器械的加速情况看，虽然峰值都在双支撑阶段，但右脚离地前器械速度都有小幅下降，说明三角加速效果不好，向高点的抡摆不积极，单支撑右脚着地前器械速度有上升现象，说明也存在向下拉球的现象，这是不合理的。

（三）我国男子链球选手身体主要环节加速特征分析

身体主要环节的加速构成了运动过程中人体的加速，对于身体主要环节加速情况的研究有利于更好地分析身体重心加速是否合理。通过长期链球项目的训练和对专项技术进行研究发现，掷链球旋转中每一圈的双支撑阶段都是下肢推动身体对器械加速的过程，所以双支撑阶段下肢加速领先于上肢，上肢领先于器械。下肢的加速主要是以两髋为横轴扭转，而上肢的加速主要是以两肩为横轴转动。其中左髋作为支撑轴的核心，在转动中主要起到控制右髋和下肢转动半径的作用；右髋作为下肢转动轴的核心，主要起到推动身体（双支撑阶段）和超越肩横轴（单支撑阶段）的作用。优秀运动员旋转中左右髋处于力量链的平衡状态，右髋围绕左髋平衡转动，否则就会出现力量链之间的衔接断裂。上肢主要是以左肩为转动轴的加速状态，左肩的加速直接反映了左侧轴的位置，同时也是反映旋转过程中是否放松和器械位置的重要技术指标。上下肢主要环节的加速时机对专项技术的结构和节奏有重要的影响，是反映上下肢加速合理性的重要指标[90]。单支撑是下肢对上肢完成超越和取得合理身体姿势的过程，对下一圈双支撑阶段技术有直接影响。从人体各环节加速效果的角度对技术变化特征进行研究（表 4-6～表 4-9），从而探索我国男子链球运动员旋转加速技术的合理性，发现掷链球项目的本质和特征，这对认识项目的规律和指导训练实践具有重要的意义。

表 4-6　旋转过程中身体重心加速时机情况

姓名	第一圈		第二圈		第三圈		第四圈	
	峰值（米/秒）	时机（秒）	峰值（米/秒）	时机（秒）	峰值（米/秒）	时机（秒）	峰值（米/秒）	时机（秒）
王士筑	1.29	0.134	2.48	–0.233	3.04	–0.150	3.00	–0.117
万　勇	1.34	–0.075	1.69	0.258	2.02	0.267	2.20	–0.167
齐大凯	1.04	–0.159	1.62	0.267	1.78	0.150	1.73	–0.125
郭　昆	1.11	0.167	1.88	–0.258	2.01	0.175	2.41	0.167
单长成	1.54	0.309	1.95	0.276	2.21	–0.158	2.29	–0.142
赵义海	1.40	–0.117	1.86	0.284	2.10	0.209	2.38	–0.150
姜　河	2.13	0.117	2.20	–0.217	2.20	–0.184	—	—
龚世贤	1.46	0.284	2.09	0.225	2.56	0.217	—	—

注：“ – ”代表右脚离地前，也就是双支撑阶段。

表 4-7　旋转过程中器械加速时机情况

姓名	第一圈		第二圈		第三圈		第四圈	
	峰值（米/秒）	时机（秒）	峰值（米/秒）	时机（秒）	峰值（米/秒）	时机（秒）	峰值（米/秒）	时机（秒）
王士筑	14.46	–0.100	19.76	0.108	22.41	0.042	24.37	0.000
万　勇	14.37	–0.067	19.23	–0.003	21.87	–0.050	23.53	–0.008
齐大凯	14.49	0.033	18.41	–0.142	22.03	–0.059	23.72	–0.084
郭　昆	15.96	–0.176	17.55	–0.158	20.01	–0.117	23.64	–0.108
单长成	16.04	0.125	20.12	–0.083	23.15	–0.158	24.12	–0.109
赵义海	13.51	–0.209	21.20	–0.225	20.84	–0.042	22.99	–0.041
姜　河	15.79	–0.083	20.93	–0.134	23.08	–0.142	—	—
龚世贤	15.43	0.109	19.91	0.033	21.78	–0.134	—	—

注：“ – ”代表右脚离地前，也就是双支撑阶段。

表 4-8　旋转过程中左肩加速及时机情况

姓名	第一圈		第二圈		第三圈		第四圈	
	峰值（米/秒）	时机（秒）	峰值（米/秒）	时机（秒）	峰值（米/秒）	时机（秒）	峰值（米/秒）	时机（秒）
王士筑	4.16	0.067	5.07	–0.215	5.67	–0.110	6.02	–0.075
万　勇	4.51	0.066	4.95	0.226	5.08	–0.058	5.35	–0.192
齐大凯	2.62	0.192	3.30	–0.050	4.55	–0.010	5.01	–0.084
郭　昆	4.95	0.192	4.34	0.293	4.45	0.267	5.54	–0.066
单长成	4.17	0.058	4.58	–0.075	5.63	0.226	5.41	0.250
赵义海	3.80	0.050	5.60	0.167	5.77	0.175	5.84	–0.075
姜　河	5.44	0.259	6.40	0.000	5.93	0.242	—	—
龚世贤	3.82	0.276	5.44	0.225	4.88	0.190	—	—

注：“ – ”代表右脚离地前，也就是双支撑阶段。

表 4–9 旋转过程中右髋加速及时机情况

姓名	第一圈		第二圈		第三圈		第四圈	
	峰值（米/秒）	时机（秒）	峰值（米/秒）	时机（秒）	峰值（米/秒）	时机（秒）	峰值（米/秒）	时机（秒）
王士筑	4.79	–0.108	4.23	0.150	4.73	–0.184	5.72	0.150
万　勇	5.37	–0.075	5.93	–0.075	3.79	–0.067	4.32	0.218
齐大凯	4.34	0.192	4.02	0.175	4.86	0.150	3.62	0.242
郭　昆	6.24	–0.075	5.99	–0.091	5.27	–0.067	5.48	0.159
单长成	5.44	–0.134	4.36	0.167	4.71	0.142	4.84	0.158
赵义海	7.40	–0.109	5.95	–0.125	6.09	0.259	5.68	–0.066
姜　河	7.05	0.100	5.91	–0.075	6.10	–0.092	–	–
龚世贤	3.47	0.192	4.34	–0.017	4.85	0.092	–	–

注：“ – ”代表右脚离地前，也就是双支撑阶段。

从第一圈身体重心的速度峰值和时机看，万勇、齐大凯、赵义海三名选手的峰值出现在双支撑阶段（表 4–6），虽然加速效果并不明显，但峰值的时机不合理；其他选手重心的加速时机都在单支撑阶段，加速的时机是合理的。器械速度峰值应该出现在双支撑阶段，但齐大凯、单长成、龚世贤三名选手的器械速度峰值出现在单支撑阶段（表 4–7），加速时机不合理，存在上肢拉球现象；而其他选手第一圈对器械的加速时机是合理的，都集中在双支撑阶段。从左肩的峰值情况看，所有选手的峰值时机都在单支撑阶段，加速时机是合理的，只是王士筑、万勇、单长成、赵义海四名选手加速早于其他几名选手。从下肢右髋的峰值看，齐大凯、姜河、龚世贤三名选手右髋的加速时机在单支撑阶段（表 4–8），注意了右髋的转动效果，增加了右侧下肢第一圈对上肢的超越幅度；其他选手右髋的加速时机则出现在双支撑阶段，注意了右髋在拧转阶段的转动效果。

第二圈身体重心的速度峰值出现在双支撑阶段的只有王士筑、郭昆、姜河三名选手（表 4–6），说明用力过程中上肢向后拉球，造成器械向身体方向转移，身体后倾幅度增大，破坏了器械形成的运行轨迹，减小了球体上的离心力。第二圈我国大部分选手器械加速时机是合理的，在双支撑阶段，其中只有王士筑和龚世贤两名选手器械的加速时机在单支撑阶段，说明两名选手存在高点瞬间向下拉球加速的现象，这是不合理的，不利于下肢着地瞬间增加对器械的超越幅度。左肩的速度峰值在第二圈有不同程度的增加，其中王士筑、齐大凯和单长成三名选手的峰值出现在双支撑阶段，说明这几名选手用力中左肩存在回撤的现象，造成左肩领先加速用力，同时三名选手右髋的速度峰值都出现在单支撑阶段，器械在向高点运动过程中右腿抬腿较为积极；其他选手左肩的速度峰值都在单支撑阶段，右髋峰值都出现在双支撑阶段。

第三圈所有选手的身体重心速度峰值都比第二圈有了一定幅度的提高，其中王士筑、单长成和姜河三名选手重心的速度峰值出现在双支撑阶段，说明他们用力过程中上体向后倾斜幅度过大，存在向后拉球加速的现象，这是不合理的；其他选手重心的峰值都在单支撑过渡阶段，加速时机是合理的。第三圈器械加速峰值只有王士筑一人是出现在单支撑阶段，加速时机不合理，存在向下拉球加速的现象；其他选手的器械加速峰值都出现在双支撑阶段，对器械的加速时机合理。王士筑、齐大凯和万勇三名选手的左肩速度峰值出现在双支撑阶段，存在左肩领先加速的现象，同时也出现一定的回撤，造成力量的转移，加速时机不合理。右髋第三圈的峰值也有不同程度的增加，其中王士筑、万勇、郭昆、姜河等选手的峰值时机出现在双支撑用力阶段，说明用力过程中这几名选手右腿蹬转较为积极，有利于右侧下肢向左侧支撑轴推动身体重心转移；其他选手的加速时机都出现在单支撑阶段。

第四圈是最后用力前对身体加速的最后一个阶段，要求身体重心尽快加速完成下肢对上肢的超越，特别是单支撑阶段，我国大部分选手第四圈重心速度峰值增幅比较小，甚至有的出现降低的现象，例如齐大凯，说明第四圈身体重心向投掷方向的加速效果较差。只有郭昆一人峰值出现在单支撑阶段（表 4–6），其他选手都出现在双支撑阶段，说明上肢在第四圈参与用力程度较大。大部分选手器械在第四圈的峰值都出现在双支撑阶段，只有王士筑一人出现在单支撑阶段，这是不合理的。左肩的峰值第四圈出现了较大幅度的增加，说明上肢在用力过程中参与程度增加，而且加速时机除赵义海外都出现在双支撑阶段，左肩在双支撑阶段用力幅度过大，造成上肢领先的现象，这也是不合理的。虽然部分选手右髋的速度峰值都有不同程度的增加，但增幅较小，普遍存在右侧加速效果差的现象。齐大凯右髋的速度峰值出现了下降，说明他下肢用力不积极，特别是右髋，加速效果差，第四圈下肢用力不积极，对上肢和器械的超越幅度不够，在一定程度上影响了最后用力的效果。

选手身体环节速度曲线如图 4–19～图 4–26 所示。

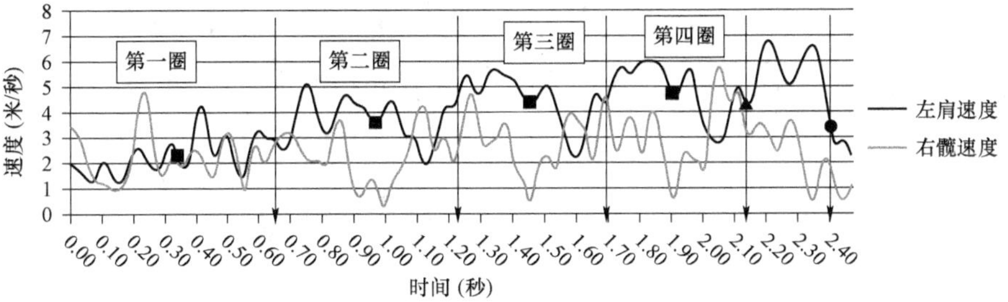

图 4–19　王士筑身体环节速度曲线图

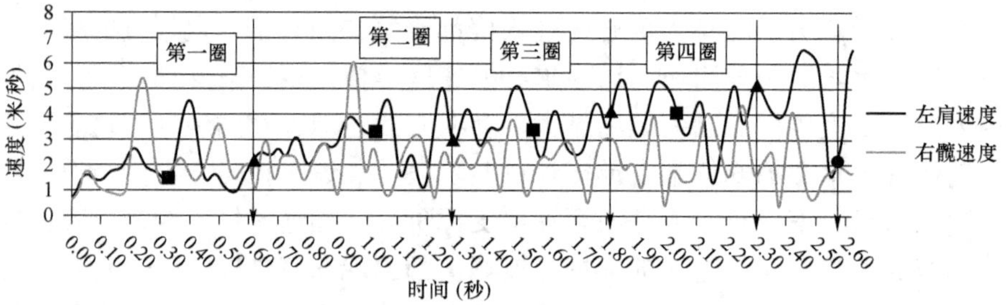

图 4-20　万勇身体环节速度曲线图

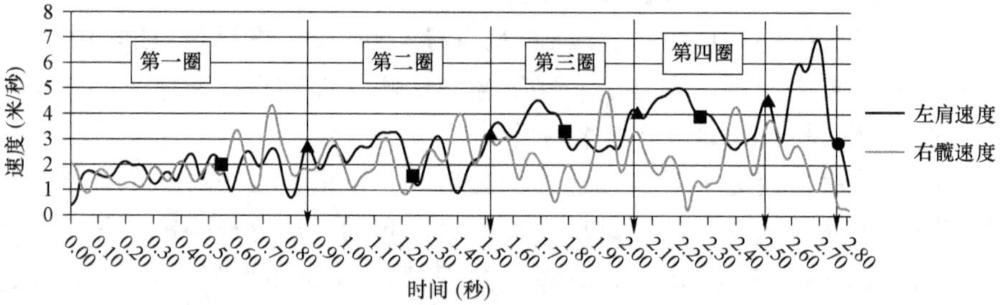

图 4-21　齐大凯身体环节速度曲线图

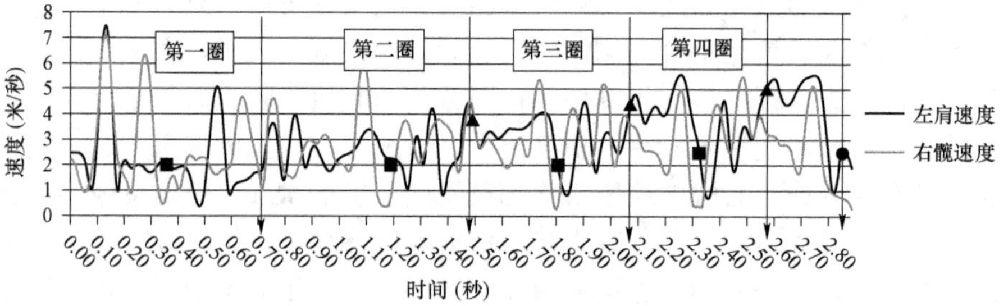

图 4-22　郭昆身体环节速度曲线图

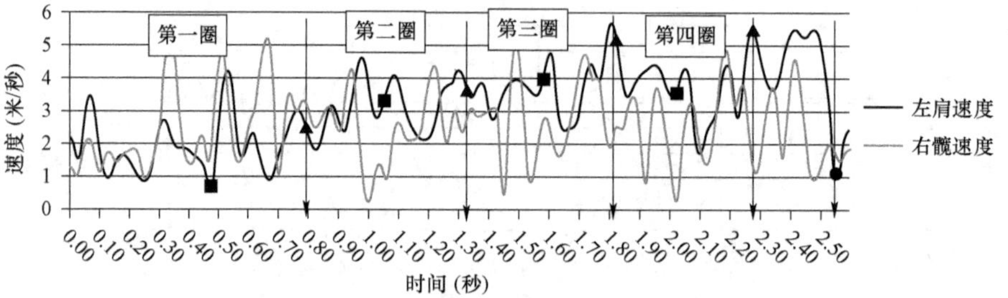

图 4-23　单长成身体环节速度曲线图

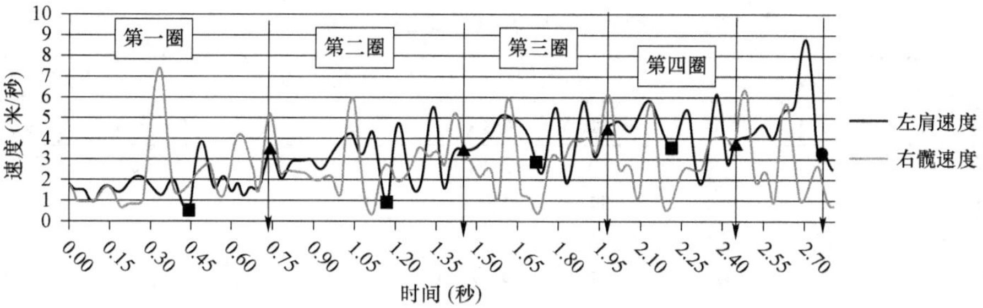

图 4-24　赵义海身体环节速度曲线图

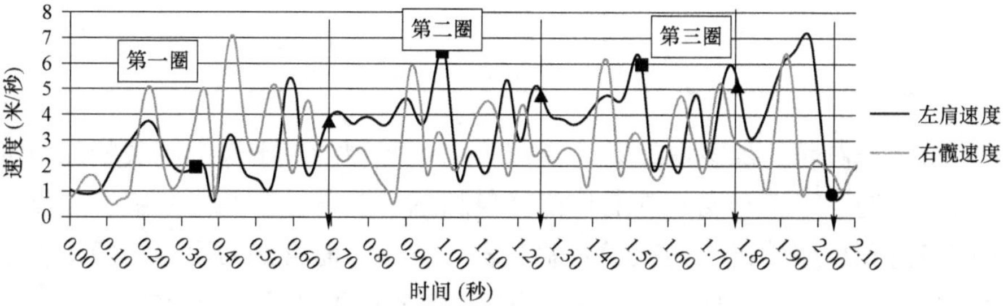

图 4-25　姜河身体环节速度曲线图

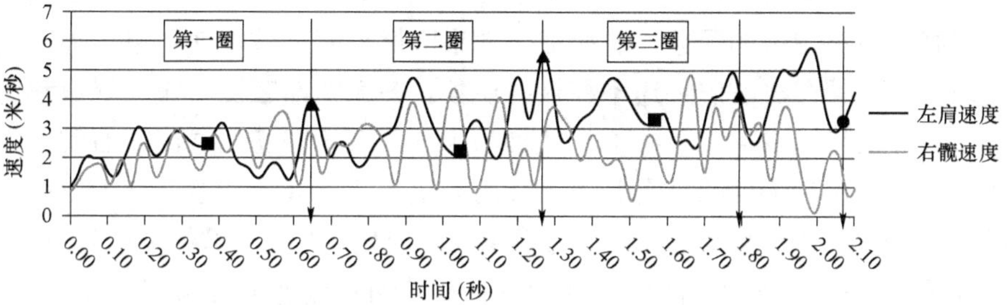

图 4-26　龚世贤身体环节速度曲线图

选手旋转过程中左肩及右髋着地瞬间速度情况如表 4-10 及表 4-11 所示。

表 4-10　旋转过程中左肩着地离地瞬间速度情况　（单位：米/秒）

姓名	第一圈		第二圈		第三圈		第四圈	
	离地	着地	离地	着地	离地	着地	离地	着地
王士筑	2.26	2.88	3.62	4.52	4.35	4.44	4.79	4.27
万　勇	1.50	2.16	3.30	2.98	3.35	4.13	4.59	5.11
齐大凯	1.97	2.74	1.58	3.29	3.29	4.18	3.91	4.54
郭　昆	2.04	1.96	2.01	3.95	1.92	4.45	2.51	4.97
单长成	0.74	2.48	3.30	3.64	3.92	5.16	3.58	5.41
赵义海	0.53	3.52	1.01	3.48	2.78	4.46	2.64	3.77
姜　河	1.89	3.76	6.42	4.76	5.91	5.11	—	—
龚世贤	2.46	3.79	2.18	5.44	3.36	4.18	—	—

表 4-11 旋转过程中右髋着地离地瞬间速度情况 （单位：米/秒）

姓名	第一圈		第二圈		第三圈		第四圈	
	离地	着地	离地	着地	离地	着地	离地	着地
王士筑	2.00	2.69	1.20	2.39	0.58	4.53	0.68	3.17
万　勇	1.38	1.36	2.54	1.92	1.32	3.02	1.62	1.54
齐大凯	1.61	1.84	1.03	3.21	2.95	3.27	1.38	3.62
郭　昆	0.76	1.01	0.41	4.12	0.50	3.53	0.41	3.21
单长成	1.43	3.22	1.02	2.78	2.63	2.48	0.21	1.66
赵义海	1.75	3.12	2.75	3.40	5.48	6.09	0.66	4.04
姜　河	3.59	2.80	3.22	2.58	2.92	2.90	—	—
龚世贤	2.15	2.70	3.75	2.76	2.38	3.49	—	—

从左肩和右髋的加速曲线看，由图 4-19 可知，王士筑上下肢的加速存在严重的不协调，除第一圈右髋的速度峰值超越了左肩外，第二、三、四圈左肩的速度峰值和加速效果明显高于右髋（表 4-10），而且最后用力阶段也存在上肢用力效果大于下肢的现象，这是合理的，主要是下肢用力效果差。万勇第一、二圈右髋加速效果较好，左肩的多余用力也能很好地控制，但第三、四圈也出现了下肢用力不积极的现象，右髋加速效果降低，而上肢加速效果增加，包括最后用力阶段都存在右髋加速不积极的现象。齐大凯前三圈右髋的峰值都比左肩高（表 4-11），左肩也没有多余地参与用力，但第四圈明显出现右髋用力不积极的现象，左肩加速幅度上升，上肢用力幅度比下肢大，这在技术上是不合理的，而且最后用力也存在下肢用力不积极的现象，下肢的蹬伸幅度有待提高。郭昆左肩和右髋加速配合的协调性较好，前三圈右髋速度峰值明显比左肩高，说明下肢加速积极，第四圈虽然左肩的加速领先于右髋，但两者之间相差并不大，而且单支撑阶段右髋加速也较为明显，最后用力中右髋参与用力的效果明显高于其他选手。单长成主要存在第三、四圈右髋参与程度低的问题，前两圈右髋的加速效果较为明显，最后用力中也存在下肢用力不积极的问题。赵义海前三圈右髋速度峰值明显高于左肩，整个下肢的用力较为积极，但第四圈和最后用力阶段也出现了下肢用力效果比上肢低的问题，这是不合理的，在旋转的后续阶段，随着器械速度的增加，更要求提高下肢的速度，形成对器械超越的姿势和效果，右髋的加速不但没有增加反而出现了下降，这是不合理的。姜河在前两圈虽然右髋加速较为积极，但加速的时机出现在双支撑阶段，反而在单支撑阶段需要完成下肢超越的过程中右髋加速出现了下降，这是不合理的，但用力阶段右侧下肢用力还是比较积极的。龚世贤在前两圈右髋加速还比较积极，但第三圈和用力阶段右侧下肢的加速效果不理想，左肩的速度峰值高于右髋，

说明上肢参与用力多于下肢，这也是不合理的。

五、运动员器械运行特征分析

器械的运行轨迹是影响技术的又一个主要参数，和时间节奏、速度变化共同构成三要素。旋转过程中对器械加速的轨迹主要集中在双支撑用力阶段，和器械加速特征与用力特征相符，延长双支撑阶段对器械的加速距离，缩短单支撑阶段器械的运行距离，也是现代掷链球技术“晚抬早落”的直接体现。所以双支撑阶段是对器械做功的有效阶段，而单支撑阶段只是过渡转换的阶段，完成下肢对上肢的超越，单支撑阶段技术的好坏对下一阶段双支撑做功效果有着直接的影响。

（一）器械运行长度特征分析

旋转过程中器械运行长度除受身高和臂展等不能改变的因素影响外，还受到技术合理性的影响，在一定程度上通过完善技术来增加双支撑阶段对器械加速的距离和用力时间，缩短单支撑阶段器械的运行距离，这是符合现代掷链球的发展趋势和要求的。

由表 4–12 可知，我国男子选手普遍存在器械运行长度偏短的现象，研究表明世界优秀男子链球运动员器械运行长度能达到 43～44 米，随着旋转表现出逐圈增加的趋势，最后用力的加速距离能达到 6～6.5 米。通过对比不难发现，我国选手不但器械整体轨迹和最后用力阶段长度偏短，每圈的器械轨迹也呈现出不规律现象。

从逐圈的轨迹看，我国选手主要表现出第一、四圈轨迹较短的特征，其中王士筑的器械轨迹严重偏短，四圈长度由大到小排序分别为第二圈、第四圈、第一圈和第三圈，其中最后用力阶段用力距离是所有选手中最长的，不足的是各圈加速距离偏短。从各阶段的轨迹长度看，他在技术上存在的主要问题是每圈双支撑加速距离偏短，每圈双支撑阶段的器械加速长度分别为 4.01 米、4.57 米、3.71 米、3.68 米，总的长度只有 15.97 米，是所有四圈选手中最短的（表 4–12），一定程度上说明他旋转过程中上肢拉球加速现象较为严重，肩带肌肉群存在过度用力的现象，而且表现出第三、四圈逐圈缩短的趋势，和现代掷链球技术“晚抬”要求严重不相符，四圈单支撑阶段轨迹变化不大，主要是第三、四圈单支撑阶段轨迹比双支撑阶段距离长，而且表现出了延长的趋势，和现代掷链球技术“早落”的要求不相符，所以王士筑虽然成绩较好，但技术上存在的问题较大，双支撑加速距离缩短表明右脚离地时机过早，单支撑轨迹延长说明右脚着地时机延后，速度减慢，存在持续加速能力减弱和距离分配不合理现象。

表 4-12 旋转过程中器械运行轨迹情况 （单位：米）

姓名	第一圈		第二圈		第三圈		第四圈		总双	总单	用力阶段	总长度
	双支撑	单支撑	双支撑	单支撑	双支撑	单支撑	双支撑	单支撑				
王士筑	4.01	3.76	4.57	3.94	3.71	3.83	3.68	4.16	15.97	15.46		
	7.76		**8.51**		**7.54**		**7.84**				**5.80**	**37.45**
万　勇	3.71	3.65	5.30	3.98	4.46	4.58	4.19	4.51	17.66	16.72		
	7.36		**9.27**		**9.04**		**8.70**				**5.64**	**40.01**
齐大凯	4.05	4.02	5.33	4.51	4.77	4.61	4.33	4.54	18.48	17.68		
	8.07		**9.85**		**9.38**		**8.87**				**5.41**	**41.57**
郭　昆	3.43	3.94	5.36	4.35	4.74	4.36	4.51	4.70	18.04	17.35		
	7.37		**9.71**		**9.10**		**9.16**				**5.70**	**41.04**
单长成	4.60	4.54	4.32	4.66	4.63	4.49	4.01	4.59	17.56	18.28		
	9.10		**8.98**		**9.12**		**8.60**				**5.34**	**41.15**
赵义海	4.75	3.43	5.44	4.30	4.39	4.27	4.09	3.96	18.67	15.96		
	8.18		**9.73**		**8.66**		**8.04**				**5.72**	**40.34**
姜　河	3.88	4.67	5.02	4.39	4.98	4.96	—	—	13.88	14.02		
	8.54		**9.41**		**9.87**		—				**5.16**	**32.99**
龚世贤	4.28	3.88	5.37	3.86	5.21	3.96	—	—	14.86	11.70		
	8.15		**9.23**		**9.17**		—				**5.19**	**31.74**

万勇的器械整体轨迹也不长，四圈的轨迹长度也呈现出先延长、后缩短的趋势，其中第二圈器械轨迹最长，第三、四圈逐渐缩短，整体上双支撑阶段轨迹比单支撑长。从各圈的轨迹特征看，第一圈存在双支撑阶段距离短的现象，说明进旋转过程中没有“早迎球、早放球”，进旋转时机过晚，这是不合理的，第二圈双支撑阶段轨迹较长，但第三圈单支撑阶段轨迹长度延长较为严重。第四圈双支撑阶段距离缩短较为严重，而且单支撑阶段轨迹长度比双支撑阶段长，这是不合理的，说明第四圈右脚双支撑阶段离地时机过早，而在单支撑阶段右脚落地不及时，一定程度上和现代掷链球“晚抬早落”的要求不相符，这是他需要改进的地方。

齐大凯整个器械运行的长度是所有选手中最长的，在一定程度上也说明他整个旋转过程中上肢较为放松，这一点优于其他选手。整个双支撑阶段轨迹要比单支撑阶段长，四圈大体上也表现出了第二圈最长，第三、四圈缩短的趋势，而且最后用力阶段的距离并不长，说明在第三、四圈和最后用力阶段也存在拉球现象，第三、四圈双支撑阶段的器械轨迹能清楚地反映这一问题，第三圈双支撑阶段器械运行轨迹比第二圈突然缩短，第四圈进一步缩短，主要是原因是第三、四圈器械低点的左移，造成高点位置向右移，也就是我们在训练中经常说的旋转中扛肩加速，造成第三、四圈双支撑加速距离缩短，而且也存在第四圈单支撑阶段轨迹长于双支撑阶段。造成这种现象的主要原因是第三、四圈右脚着地速度较慢，从第三圈开始由于器械加速用力时机延后，高点位置后移，第四圈右脚着地速度减慢，造成最后用力阶段对器械用力距离缩短，这是他技术中存在的主要问题。

郭昆的四圈器械整体轨迹长度分布为第一圈最短，随后各圈有延长的趋势，而且最后用力阶段器械轨迹也比较长，总的双支撑阶段器械轨迹长度比单支撑阶段长，整体加速距离分配是合理的。存在的主要问题是，第一圈双支撑阶段器械轨迹长度严重偏短，只有 3.43 米，说明进旋转时机晚，没有做出“早迎球、早放球”的动作，第三、四圈双支撑阶段器械轨迹有缩短的趋势，但幅度并不大，说明第三、四圈上肢较为舒展，并没有出现大幅度拉球的现象，这也是他最后用力阶段对器械加速距离长的原因。

单长成的器械整体加速轨迹较长，但存在总的双支撑阶段器械轨迹比单支撑阶段短的现象，说明整体上对器械加速的轨迹存在一定的不合理。从各圈轨迹长度分配情况看，第一圈轨迹是所有选手中最长的，预摆进旋转和用力的时机比较早，“迎球、放球”动作较为充分，第二圈加速过程中主要存在双支撑阶段轨迹过短的现象，单支撑阶段轨迹长于双支撑阶段，和右脚采用脚后跟的着地方式有关，影响了着地的速度，造成对器械加速距离缩短。第四圈出现双支撑阶段轨迹缩短较为严重的现象，从技术解析中可以清楚地看出，第四圈右脚离地瞬间器械的位置还没有达到 90 度，左脚的脚尖位置在 90 度方向，说明右脚离地过早，左脚转动不到位，这也是第四圈单支撑阶段轨迹长的原因，最后用力的效果也会受到影响。

赵义海的器械整体轨迹较短，其中第三、四圈缩短幅度较大，总的双支撑阶段轨迹长度远远比单支撑阶段长，最后用力阶段的距离也比较长。他的特点是每圈的单支撑阶段器械轨迹都比较短，说明他每圈右脚着地是比较积极的，单支撑阶段右髋转动速度较快，右脚着地瞬间下肢超越器械的效果较好，也就是训练中强调的能掐住球。主要问题为第三、四圈整体加速轨迹偏短，双支撑阶段虽然长于单支撑阶段，但还是存在偏短的现象，器械在 0～90 度的位置向外放的程度较低，有向身体方向转移的现象，造成器械的离心力减小，对器械的加速效果较差，这也是他技术中存在的主要问题。

姜河采用的是三圈技术，各圈轨迹长度呈现逐圈延长的趋势，但不足的是总的双支撑阶段器械轨迹比单支撑阶段短，对器械的加速距离存在一定的不合理，最后用力阶段对器械加速的距离也比较短。其中问题较大的是第一圈双支撑阶段器械轨迹较短，进旋转和用力的时机过晚，“迎球、放球”动作不充分，特别是单支撑阶段器械轨迹比双支撑阶段长，存在一定的不合理，而且第三圈单支撑阶段器械轨迹增长幅度较大，说明右脚离地后着地不够积极，对最后用力阶段超越器械效果不利。

龚世贤也是采用三圈投掷技术，整体上总的双支撑阶段器械轨迹比单支撑阶段长，加速距离上是合理的。从各圈轨迹长度上看，第一圈双支撑阶段加速距离较长，单支撑阶段长度较短，说明进旋转和用力时机较早，第二、三圈双支撑阶段器械轨迹延长幅度较大，而单支撑阶段变化幅度较小，并没有出现大幅延长的现象，说明第二、三圈单支撑阶段右脚着地积极，为延长下一圈双支撑阶段对器械加速距离创造了有利的条件，这也是他双支撑阶段加速距离较长的原因。

（二）器械轨迹运行斜面角分析

在旋转过程中每圈器械低点位置和高点位置连线在水平面所形成的夹角为器械斜面角，反映了每圈器械的位置，高低点的位置是相对的，低点位置越低，高点位置相应就越高，低点位置向左后移，高点位置就相应地向右后移[91]。

由表 4–13 可知，随着旋转我国选手器械斜面角呈逐渐增加的趋势，通过研究不难发现，我国选手第一、二圈对器械控制得较好，而第三、四圈器械斜面角则偏大。

表 4–13　旋转过程中器械斜面角情况　（单位：度）

姓名	第一圈	第二圈	第三圈	第四圈
王士筑	23	30	36	41
万　勇	34	37	39	40
齐大凯	21	29	36	43
郭　昆	27	32	35	39
单长成	20	29	36	38
赵义海	23	29	35	40
姜　河	34	41	43	—
龚世贤	34	41	44	—

从个人的情况看，王士筑第一、二圈对器械位置控制得较好，但第三、四圈出现左肩撤肩、领先转动的现象，造成高点位置升高和向右后移，进而造成双支撑阶段对器械做功距离和时间缩短，这也是他技术中存在的一个主要问题。万勇起始阶段器械的位置就比较高，特别是在体前低点位置，整个双支撑阶段

两脚之间的拧转动作不够积极，造成左肩领先动作的出现，而且单支撑阶段右脚着地前滞空时间过长，虽然右髋转动积极，但右脚着地阶段前伸不够积极，着地速度慢。由于斜面角的增大，单支撑阶段向投掷方向的水平速度减慢，身体向前运动不够积极。齐大凯虽然第一、二圈对器械控制得较好，但从第三圈开始，也出现了斜面角上升幅度过大的现象，特别是第四圈达到了 43 度（表 4–13），说明他左肩回撤用力现象较为严重，影响了第三、四圈身体重心向投掷方向移动的速度，不能使右脚及时着地，在一定程度上影响了水平加速的效果，而且增加了器械垂直方向的运动幅度，进一步影响最后用力阶段器械在各方向的运动速度和出手角度。郭昆整体对器械控制得较好，而且器械进旋转的位置较高，不足的是第四圈也出现了器械位置上升幅度较大的现象，和我国选手后续加速能力普遍较弱有直接关系，第四圈双支撑阶段用力距离和时间缩短，造成身体多余肌肉群参与了用力，特别是左肩回撤，增加了器械高点的位置和上体后仰的幅度，影响了水平运动的效果。

单长成起始阶段器械位置控制得较低，但第二圈上升幅度过大，从技术解析录像可以看出，他在第二圈左肩就开始发力，造成上体向后倾斜的幅度增大，反而在第三、四圈上体后仰幅度减小，和他第四圈左脚转动不到位有直接关系，左脚在双支撑阶段拧转幅度过小，也影响了向投掷方向的加速效果。赵义海在第三、四圈对器械的加速效果也不理想，特别是第三圈右脚着地位置偏前和两脚着地距离缩短，在一定程度上造成第四圈双支撑阶段用力距离和时间缩短，这也是他第四圈对器械用力效果差的原因。姜河和龚世贤两名选手从第一圈就开始对器械大幅度加速，不但器械在低点位置降低，在高点位置也随之升高，第一圈都存在重心没完全经过左侧转动轴的现象，右髋在进旋转后的第一圈存在走捷径问题，左侧膝关节压紧的效果较差，蹬伸幅度过大，造成器械在高点位置升高，特别是在第三圈分别达到了 43 度和 44 度，这和双支撑阶段左侧蹬伸幅度过大有直接关系。

六、运动员旋转过程中左膝关节角度分析

左侧膝关节的角度为左大腿和小腿之间形成的夹角，主要反映了左侧转动轴旋转过程中下肢蹬伸情况，左膝关节的角度变化会影响旋转过程中身体重心的高度和位置，在旋转过程中双支撑用力阶段左膝关节角度随着拧转会出现一定幅度的增加，右脚离地瞬间左膝关节和髋关节的角度特征对判断技术的合理性有重要作用[9]。右脚着地瞬间左膝关节的角度反映了左侧下肢的压紧情况。

选手旋转过程中左膝关节角度变化曲线如图 4–27～图 4–34 所示。

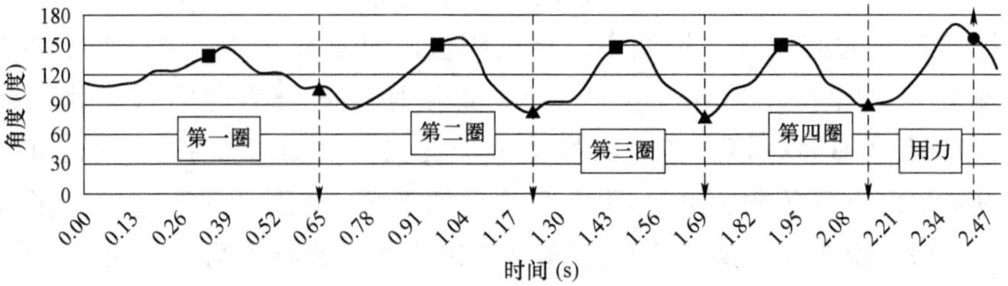

图 4-27 王士筑左膝关节角度变化曲线图

注：■表示每圈的右脚离地瞬间，▲表示每圈的右脚着地瞬间，●表示器械出手瞬间。

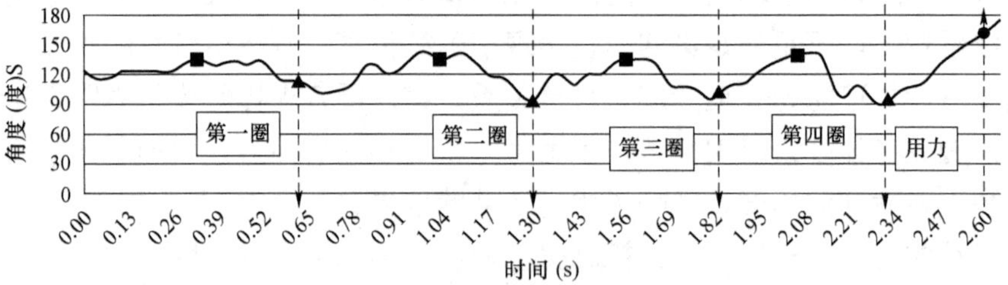

图 4-28 万勇左膝关节角度变化曲线图

注：■表示每圈的右脚离地瞬间，▲表示每圈的右脚着地瞬间，●表示器械出手瞬间。

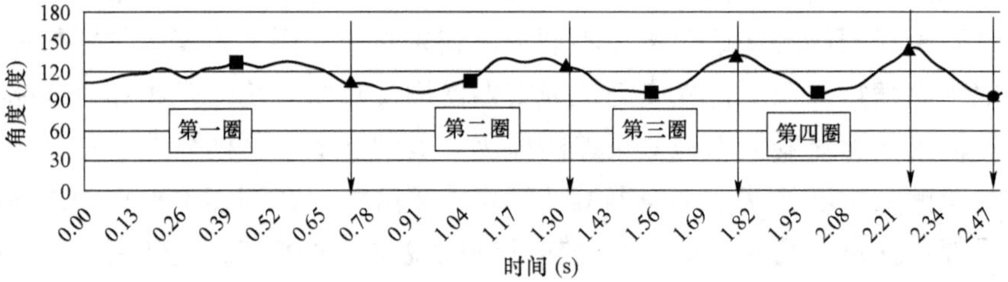

图 4-29 齐大凯左膝关节角度变化曲线图

注：■表示每圈的右脚离地瞬间，▲表示每圈的右脚着地瞬间，●表示器械出手瞬间。

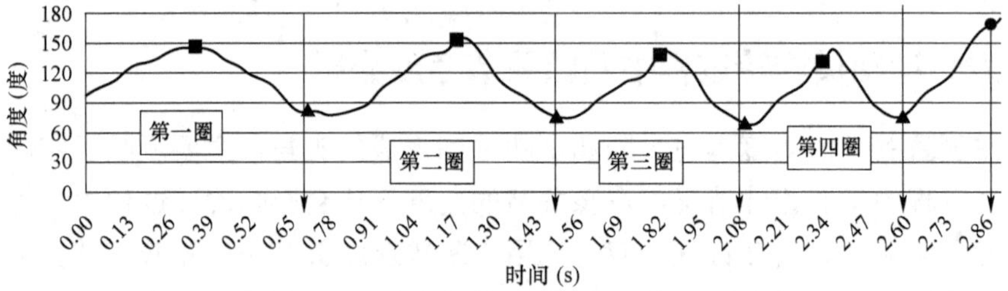

图 4-30 郭昆左膝关节角度变化曲线图

注：■表示每圈的右脚离地瞬间，▲表示每圈的右脚着地瞬间，●表示器械出手瞬间。

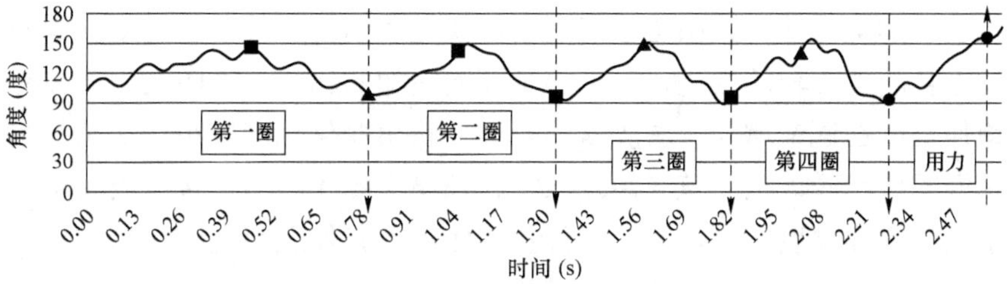

图 4-31　单长成左膝关节角度变化曲线图

注：■表示每圈的右脚离地瞬间，▲表示每圈的右脚着地瞬间，●表示器械出手瞬间。

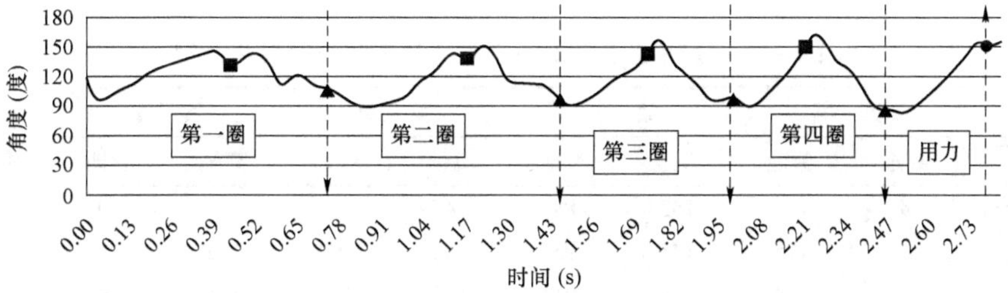

图 4-32　赵义海左膝关节角度变化曲线图

注：■表示每圈的右脚离地瞬间，▲表示每圈的右脚着地瞬间，●表示器械出手瞬间。

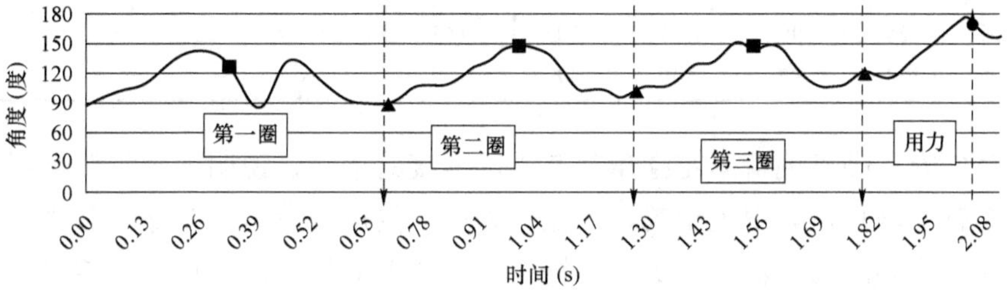

图 4-33　姜河左膝关节角度变化曲线图

注：■表示每圈的右脚离地瞬间，▲表示每圈的右脚着地瞬间，●表示器械出手瞬间。

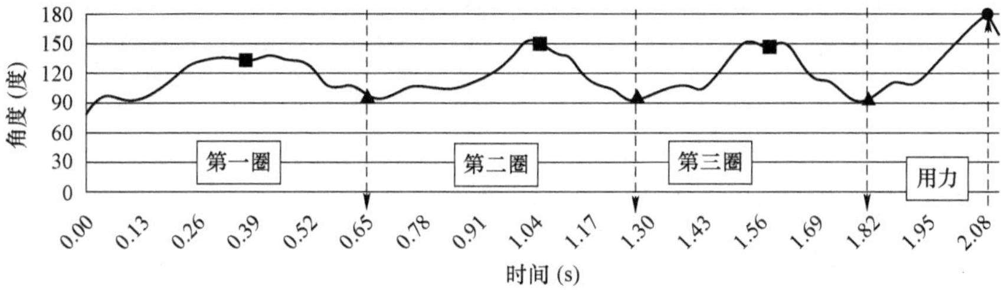

图 4-34　龚世贤左膝关节角度变化曲线图

注：■表示每圈的右脚离地瞬间，▲表示每圈的右脚着地瞬间，●表示器械出手瞬间。

由表 4–14 可知，我国选手每圈右脚离地瞬间左膝关节的角度都比着地瞬间大，而且随着旋转的推进，呈现出了逐圈增加的趋势，说明左侧下肢在用力阶段蹬伸幅度在逐渐增加，右脚着地瞬间左膝角变化幅度较小。从第一圈右脚离地瞬间的情况看，王士筑（图 4–27）、郭昆（图 4–30）、单长成（图 4–31）等选手左腿蹬伸幅度较大，重心的位置比较高，其他选手左腿压紧效果较好，有利于重心向左腿移动。着地瞬间万勇（图 4–28）、王士筑（图 4–27）、赵义海（图 4–32）等选手左腿膝关节弯曲幅度小，重心的位置偏高，相比郭昆、姜河等选手左侧下肢单支撑阶段转动过程中压紧效果较好。

表 4–14　旋转过程中主要技术环节左膝角度变化情况　　（单位：度）

姓名	第一圈		第二圈		第三圈		第四圈		最后用力
	离地	着地	离地	着地	离地	着地	离地	着地	
王士筑	140	110	152	84	147	79	152	90	156
万　勇	135	115	135	95	134	102	141	93	163
齐大凯	131	104	132	100	138	102	145	99	167
郭　昆	145	84	152	78	137	71	132	77	172
单长成	147	101	143	97	150	94	142	95	157
赵义海	132	108	138	98	143	97	151	88	153
姜　河	125	90	147	103	147	121	—	—	177
龚世贤	133	97	150	96	148	95	—	—	176

第二圈右脚离地瞬间左膝角都有不同程度的增加，说明下肢蹬伸的幅度较第一圈有所增加，其中王士筑、郭昆、姜河、龚世贤等选手左膝角度过大，不但增加了重心的高度，同时造成器械在 0～90 度的位置向身体方向转移，一定程度上缩短了器械运行的轨迹，对身体重心通过左侧轴转动不利；其他选手左腿蹬伸幅度较小，有利于身体重心通过左侧轴的转动和器械向外舒展。第二圈右脚着地瞬间左膝关节角度都有不同程度的减小，其中齐大凯、姜河等选手左腿的压紧效果较差，重心保持较高的位置，右脚着地过程中身体重心有向右腿甩的现象，没能完全压到左侧轴上，增加了下一圈双支撑阶段身体重心向左腿移动的难度。

第三圈右脚离地瞬间左腿蹬伸的幅度和第二圈相差不大，其中王士筑、单长成、姜河、龚世贤等选手左膝伸展幅度较大，齐大凯、赵义海、单长成左腿蹬伸幅度比第二圈有所增加，其他选手都出现了一定幅度的减小。右脚着地瞬间万勇和姜河两名选手左膝角出现了增幅较大的现象，特别是姜河达到了 19 度，右脚着地瞬间重心位置没在两腿之间，完全移动到了右腿，这是不合理的；

而其他选手都有不同程度的减小，特别是王士筑和郭昆，说明右脚着地瞬间重心位置较低，下肢压紧效果较好。

第四圈是衔接旋转和最后用力动作的最后一圈，右脚离地瞬间左膝角有蹬伸幅度增加的趋势，其中王士筑和赵义海左腿蹬伸幅度较大，和下肢双支撑阶段用力幅度过大有直接关系，存在用力过程中上体向后倾斜的问题，造成重心位置升高和器械向身体方向转移。郭昆等选手左侧轴压紧效果较好，上体向前倾斜幅度较大，有利于器械向外舒展。第四圈右脚着地瞬间左侧轴的压紧效果直接影响身体的用力姿势和最后用力阶段下肢蹬伸的幅度。

从器械出手瞬间左腿膝关节的角度看，我国选手左腿蹬伸幅度偏小，只有郭昆、姜河、龚世贤等选手左腿伸展幅度较大，王士筑和赵义海等选手左腿最大蹬伸角度偏小，从技术解析录像看，王士筑在最后用力阶段向上蹬伸幅度较小，主要靠上肢完成用力，向前用力的效果较好，而向上鞭打的幅度较小，特别是向上伸展的幅度，下面的器械速度情况也可以反映这一问题。

七、器械出手瞬间参数分析

器械的出手参数情况反映了最后用力阶段对器械的加速用力效果，也是整个旋转加速效果的直接体现[92]。研究结果表明，影响最后成绩的因素主要有器械的出手角度、出手速度、出手高度等参数，其中器械出手速度和成绩的相关性达到 0.98。

从器械出手参数看，我国选手普遍存在出手角度偏大的问题，和第四圈器械运行的斜面角较大有直接关系（表 4–15），最后用力从原理上讲是第四圈旋转的继续，研究结果表明，世界优秀男子链球运动员出手角度为 38～41 度，而齐大凯、赵义海、姜河和龚世贤四名选手出手角度达到了 45 度左右，和他们器械在垂直方向的速度角度和水平速度偏慢有关，也就是说最后用力阶段速度的分配不合理，垂直方向用力幅度大，水平方向用力幅度小。相反，王士筑、万勇虽然获得较大的器械出手速度，但在垂直方向的用力幅度小，水平方向的用力幅度大，膝关节的蹬伸幅度也反映了这一问题，缺少整个身体向上鞭打的幅度，造成器械过早出手和出手位置较低，最后用力的效果并不好。

表 4–15　器械出手瞬间的参数情况

姓名	出手角度（度）	出手速度（米/秒）	水平速度（米/秒）	垂直速度（米/秒）
王士筑	42	27.44	20.47	18.27
万　勇	42	27.10	20.18	18.09

续表

姓名	出手角度（度）	出手速度（米/秒）	水平速度（米/秒）	垂直速度（米/秒）
齐大凯	44	24.83	16.69	17.55
郭　昆	41	25.35	19.06	16.71
单长成	42	24.83	18.43	16.67
赵义海	45	26.01	18.43	18.35
姜　河	45	25.98	18.39	18.34
龚世贤	46	23.99	16.65	17.27

八、主要结论

（1）我国选手单支撑阶段的时间呈缩短的趋势，不足的是第二、三、四圈单支撑的时间相同，第一圈双支撑的时间偏长，开始阶段对器械的加速能力弱，第二圈对器械的加速较慢，第三圈单支撑的时间长，整体旋转的速度慢。

（2）我国选手普遍存在第一圈和第四圈旋转加速节奏差的现象，加速时机把握得不好，四圈中第二圈和第三圈加速节奏较好。

（3）我国选手旋转阶段重心移动速度慢，特别是各圈右脚离地瞬间，前倾程度不够，右腿蹬伸不积极，着地不积极，只有王士筑旋转中各圈重心移动速度较快，右腿蹬伸和着地较积极。

（4）我国选手预摆阶段普遍存在器械速度偏慢的现象，第二圈对器械的加速过快，而第三圈和第四圈对器械的加速能力较弱，特别是在最后用力阶段对器械的加速能力较弱，也反映出选手们持续对器械加速的能力弱。

（5）我国选手旋转过程中，右脚着地瞬间第二圈上下肢扭紧幅度较大，但普遍存在第四圈右脚着地瞬间扭紧效果差的现象，缓冲阶段右侧上体提前向左侧转动，手臂有提前对器械加速的现象。

（6）我国选手旋转过程中各圈的扇面角呈逐圈增加的趋势，增幅最大的是第二圈和第三圈。我国选手在旋转过程中右脚离地瞬间右腿后留程度小，左侧下肢压紧效果差，右脚着地瞬间右腿伸展不积极、幅度小，违背了掷链球“晚抬早落”的技术要求。

（7）我国选手器械出手瞬间普遍存在右侧下肢蹬伸不充分的现象，上肢向上伸展的幅度小，右侧用力不积极。左侧下肢伸展幅度相对比较充分，幅度大，左侧用力情况好于右侧。

第二节　男子链球运动员投掷过程肌电学特征

一、齐大凯掷链球过程中肌肉用力原始肌电图特征分析

原始肌电图是由电极直接采集到的、没有经过处理的肌电信号变化。原始肌电图包含有基本的肌电活动信息，利用它可以直接评定肌肉是否被激活参与活动，还可以得到肌肉活动的时程长短、肌电活动的强度，以及肌肉间的协调模式等信息[93][94]。

齐大凯第一圈双支撑阶段第一次试投右侧肌肉的激活顺序为腓肠肌、股二头肌、竖脊肌、背阔肌，其中股二头肌整个双支撑阶段比较活跃，背阔肌放电水平比较低（图 4–35），说明他右脚蹬转的时机早，蹬伸的幅度大。左侧肌肉的激活顺序为背阔肌、竖脊肌、股二头肌、腓肠肌，双支撑开始阶段上肢移动领先下肢，这也是造成他左侧下肢压紧效果差的主要原因。第二次试投双支撑阶段右侧肌肉的激活顺序为背阔肌、竖脊肌、腓肠肌和股二头肌（图 4–36），其中股二头肌和竖脊肌放电水平较高，但主要集中在双支撑阶段的后半段，蹬伸右腿使上肢在髋关节处伸展，促使重心向左腿移动。而左侧肌肉中除竖脊肌激活较多外，其他几块肌肉放电水平都比较低，激活顺序为竖脊肌、股二头肌、背阔肌，腓肠肌几乎没有放电。

从第一次试投单支撑阶段肌肉的放电情况看，右侧肌肉激活顺序为腓肠肌、背阔肌、竖脊肌、股二头肌（图 4–35），其中股二头肌在单支撑阶段放电水平比较低，主要以右侧上肢转动用力为主。左侧肌肉的激活顺序为股二头肌、腓肠肌、背阔肌、竖脊肌，但除股二头肌放电水平较高外，其他几块肌肉放电水平都比较低。第二次试投单支撑阶段右侧肌肉激活顺序为股二头肌、竖脊肌、背阔肌、腓肠肌，右侧上肢的主要肌肉放电水平比较高（图 4–36），说明他右侧转动幅度大，速度快。左侧肌肉的激活顺序为背阔肌、竖脊肌、股二头肌、腓肠肌，其中股二头肌和背阔肌放电水平高，整个左腿在髋关节处伸展幅度大，造成上肢抬起幅度增加。

第二圈双支撑阶段，齐大凯第一次试投右侧肌肉放电水平要比左侧肌肉高，右侧肌肉的激活顺序为腓肠肌、竖脊肌、股二头肌、背阔肌（图 4–35），其中股二头肌最为活跃，上肢在髋关节处伸展幅度较大，右腿蹬伸积极。左侧肌肉激活顺序为股二头肌、竖脊肌、背阔肌、腓肠肌。第二次试投双支撑阶段右侧

肌肉都比较活跃，激活顺序为背阔肌、竖脊肌、股二头肌、腓肠肌。左侧肌肉激活顺序为股二头肌、竖脊肌、背阔肌、腓肠肌（图 4–36），其中背阔肌和竖脊肌放电水平高，腓肠肌不活跃。

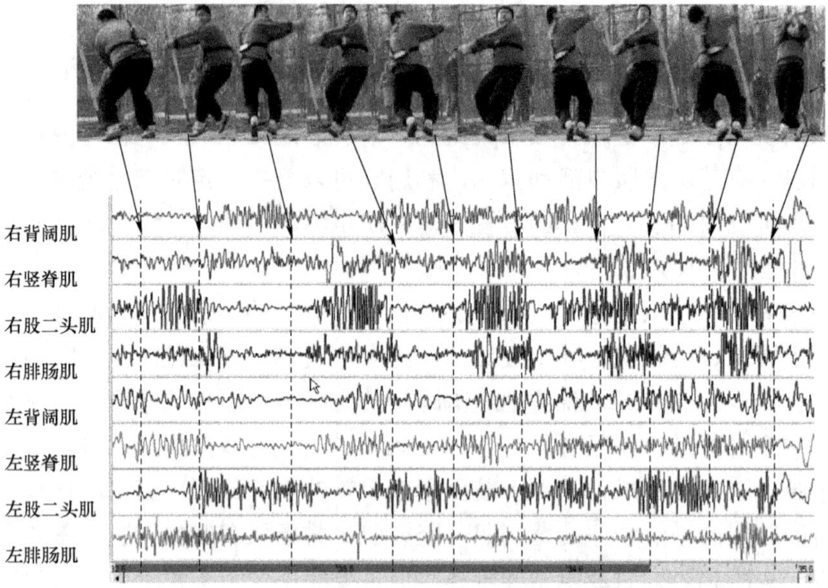

图 4–35 齐大凯第一次试投原始肌电图

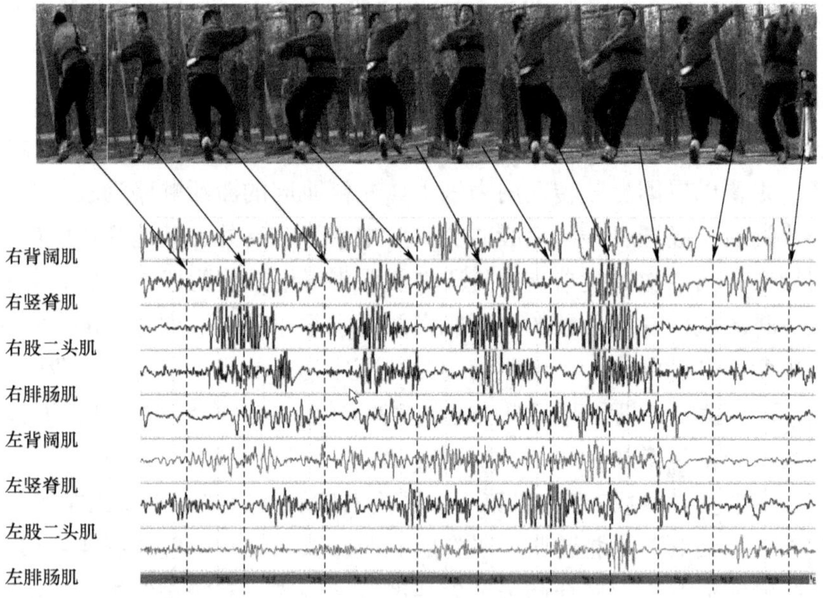

图 4–36 齐大凯第二次试投原始肌电图

第一次试投单支撑阶段右侧肌肉激活顺序为背阔肌、竖脊肌、腓肠肌、股二头肌，其中背阔肌和竖脊肌放电水平高，整个右侧上肢在单支撑阶段转动幅度大。左侧肌肉激活顺序为股二头肌、竖脊肌、背阔肌、腓肠肌，其中股二头肌放电水平高，左侧上肢在髋关节处伸展幅度大。第二次试投单支撑阶段右侧肌肉激活顺序为背阔肌、竖脊肌、股二头肌、腓肠肌，其中背阔肌和股二头肌放电水平高（图 4–36），上肢扭转幅度大。左侧肌肉激活顺序为竖脊肌、股二头肌、背阔肌、腓肠肌，其中竖脊肌、股二头肌和背阔肌协同用力程度高，而腓肠肌放电水平低，时机晚。

第三圈双支撑阶段，齐大凯第一次试投右侧肌肉激活顺序为背阔肌、股二头肌、竖脊肌、腓肠肌，其中股二头肌和竖脊肌放电水平较高。整个右侧上肢和髋关节转动幅度大，用力积极。左侧肌肉激活顺序为竖脊肌、股二头肌、背阔肌、腓肠肌，其中竖脊肌放电水平高，左侧上肢前倾幅度大。第二次试投双支撑阶段右侧肌肉放电水平明显比左侧肌肉高，激活顺序为股二头肌、背阔肌、竖脊肌、腓肠肌。左侧肌肉激活顺序为背阔肌、竖脊肌、股二头肌，其中股二头肌放电水平最高，而腓肠肌几乎没有放电。第三圈单支撑阶段第一次试投右侧肌肉激活顺序为背阔肌、竖脊肌、股二头肌、腓肠肌，其中股二头肌放电水平较高。左侧肌肉激活顺序为股二头肌、背阔肌、竖脊肌和腓肠肌，其中股二头肌放电水平较高，腓肠肌没有被激活。第二次试投单支撑阶段两侧肌肉放电水平都比较高，右侧肌肉激活顺序为背阔肌、股二头肌、竖脊肌、腓肠肌。左侧肌肉激活顺序为股二头肌、背阔肌、腓肠肌、竖脊肌，其中股二头肌放电水平较高。

第四圈双支撑阶段，齐大凯第一次试投右侧肌肉激活顺序为股二头肌、竖脊肌、腓肠肌、背阔肌，其中股二头肌、竖脊肌、腓肠肌三块肌肉放电水平较高，但背阔肌放电水平较低，表明右腿在髋关节处转动积极，用力效果较好。左侧肌肉激活顺序为竖脊肌、背阔肌、股二头肌、腓肠肌，其中背阔肌较为活跃。第二次试投双支撑阶段右侧肌肉放电水平明显比左侧肌肉高，激活顺序为股二头肌、竖脊肌、腓肠肌、背阔肌。左侧肌肉激活顺序为腓肠肌、股二头肌、竖脊肌、背阔肌，腓肠肌激活时机早，说明左腿在踝关节处蹬伸早。第一次试投单支撑阶段右侧肌肉放电水平较低，激活顺序为股二头肌、腓肠肌、背阔肌、竖脊肌。左侧肌肉放电水平较高，特别是股二头肌和背阔肌，说明左腿在髋关节处伸展幅度大，上肢转动的幅度也比较大，激活的顺序为股二头肌、背阔肌、竖脊肌、腓肠肌。第二次试投右侧肌肉激活顺序为背阔肌、竖脊肌、腓肠肌、股二头肌，其中背阔肌和竖脊肌放电水平高（图 4–36），时机早，说明右侧上肢发力过早。左侧肌肉激活顺序为背阔肌、股二头肌、竖脊肌、腓肠肌，腓肠肌没有被激活，左脚蹬伸不积极，而其他三块肌肉在右脚着地前几乎都没有放电。

最后用力阶段齐大凯第一次试投右侧肌肉放电水平较高，特别是竖脊肌、股二头肌和腓肠肌，说明整个右腿蹬伸积极，上肢在髋关节处伸展幅度大，用力效果好，激活顺序为股二头肌、背阔肌、竖脊肌、腓肠肌。左侧肌肉中股二头肌、背阔肌放电水平高，说明左腿在髋关节处伸展充分，腓肠肌在器械出手前放电水平增加，右脚完成向上的蹬伸动作，激活顺序为股二头肌、背阔肌、竖脊肌、腓肠肌。第二次试投两侧肌肉放电水平都比较低，右侧肌肉中除背阔肌和竖脊肌较为活跃外，腓肠肌和股二头肌几乎没有放电，说明用力动作主要靠上肢伸展来完成，右腿蹬伸效果差。左侧肌肉放电水平更低，股二头肌和腓肠肌虽然有积分，但效果不好，而背阔肌和竖脊肌几乎没有被激活，说明左腿的蹬伸效果差，左侧上肢在用力中伸展幅度小，激活顺序为腓肠肌和股二头肌。

二、齐大凯掷链球过程中肌肉用力 iEMG 特征分析

均方根值 RMS（root mean square）也称作有效值，用来描述一段时间内肌电的平均变化特征，指此段时间内所有振幅的均方根值。其大小决定于肌电幅值的变化，一般认为与运动单位募集和兴奋节律的同步化有关，它的计算方法是先平方，再平均，然后开方[95]。

（一）齐大凯掷链球第一圈肌肉用力 iEMG 特征分析

表面积分肌电图（iEMG）是指一定时间内肌肉中参与活动的运动单位的放电总量，肌电图上的肌电变化曲线与时间横轴所包绕面积的积分，即在时间不变的前提下，其值的大小在一定程度上反映了参加工作的运动单位的数量多少和每个运动单位的放电大小，表示一段时间内肌肉活动强弱[96]。

齐大凯两次试投股肉用力 RMS 肌电图如图 4-37～图 4-40 所示。

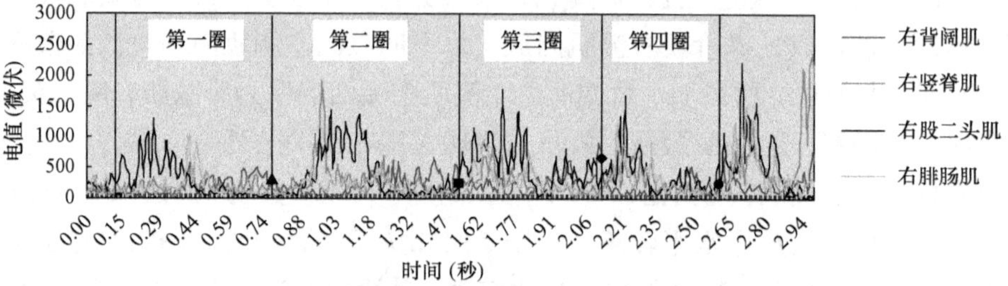

图 4-37 齐大凯第一次试投右侧肌肉用力 RMS 肌电图

注：▲表示第一圈右脚着地瞬间，■表示第二圈右脚着地瞬间，◆表示第三圈右脚着地瞬间，●表示第四圈右脚着地瞬间，△器械出手瞬间。

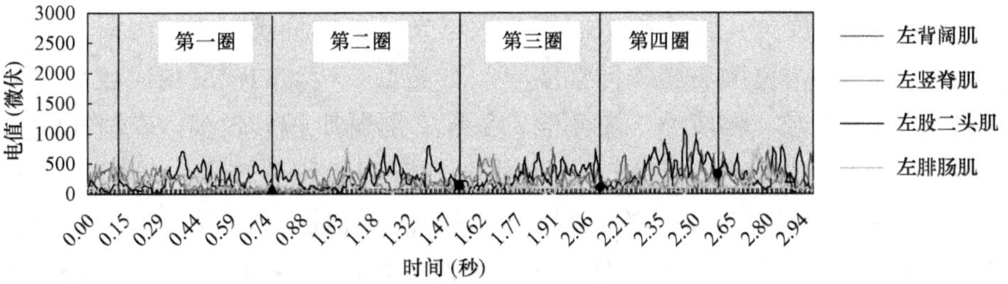

图 4–38　齐大凯第一次试投左侧肌肉用力 RMS 肌电图

注：▲表示第一圈右脚着地瞬间，■表示第二圈右脚着地瞬间，◆表示第三圈右脚着地瞬间，●表示第四圈右脚着地瞬间，△器械出手瞬间。

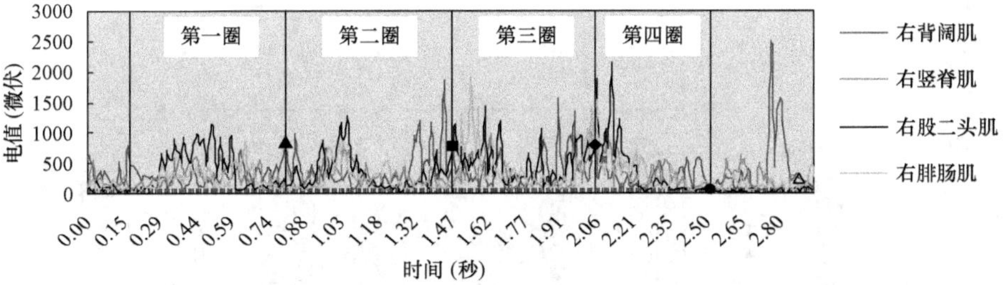

图 4–39　齐大凯第二次试投右侧肌肉用力 RMS 肌电图

注：▲表示第一圈右脚着地瞬间，■表示第二圈右脚着地瞬间，◆表示第三圈右脚着地瞬间，●表示第四圈右脚着地瞬间，△器械出手瞬间。

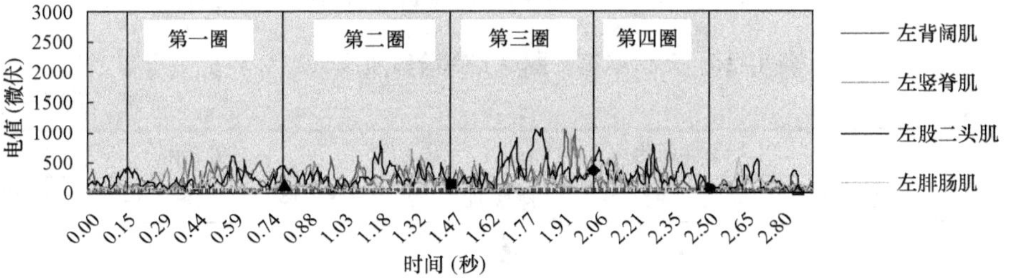

图 4–40　齐大凯第二次试投左侧肌肉用力 RMS 肌电图

注：▲表示第一圈右脚着地瞬间，■表示第二圈右脚着地瞬间，◆表示第三圈右脚着地瞬间，●表示第四圈右脚着地瞬间，△器械出手瞬间。

从图 4–41 可知，齐大凯两次试投相比，第一次试投两侧肌肉积分水平明显比第二次试投低，从第一圈双支撑阶段两侧肌肉的积分水平看，第一次试投右侧肌肉积分水平比第二次试投低，特别是股二头肌积分相差较大（表 4–16），第一次试投股二头肌积分主要在双支撑开始阶段，放电时机早，右腿在髋关节处转动积极（图 4–37、图 4–39），用力效果好。第二次试投股二头肌积分面积最大，主要集中在双支撑阶段的后半段，放电时机晚（图 4–38、图 4–40），右髋转动虽然幅度大，但不积极。第一次试投双支撑阶段右侧肌肉积分面积都比第二次试投小，说明右腿蹬伸幅度小，右侧上肢转动的幅度也比较小，重心向左腿移动速度慢、幅度小。左侧股二头肌、腓肠肌积分较多，左腿在髋关节处伸展幅度大，左脚蹬伸积极，而竖脊肌和背阔肌积分较少，说明上肢前倾幅度小，进一步表明他第一次试投双支撑阶段对器械加速效果差，器械对人体造成的离心作用也比较小。第二次试投双支撑阶段右侧肌肉积分都比较高，整个上肢转动幅度大，右腿蹬伸幅度大，身体重心能充分地向左腿过渡，而左侧肌肉中背阔肌和竖脊肌积分较高（表 4–17），说明左侧上肢前倾幅度大，对器械加速明显，器械对人体的离心力也比较大，第二次试投第一圈对器械加速明显。

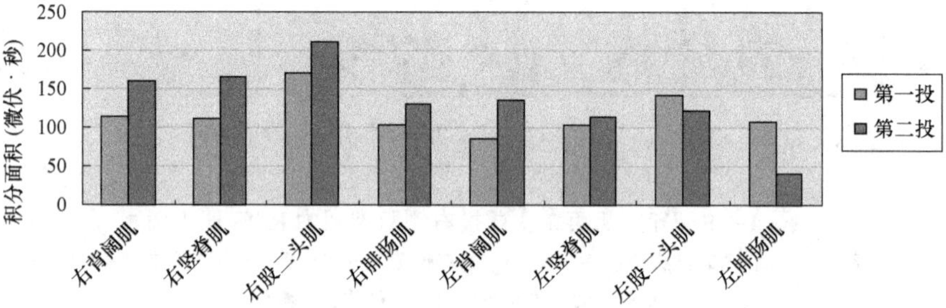

图 4–41　齐大凯第一圈两次试投肌肉用力积分肌电图

表 4–16　齐大凯第一圈单支撑阶段肌肉 iEMG 特征

（单位：微伏・秒）

	右侧肌肉				左侧肌肉			
	背阔肌	竖脊肌	股二头肌	腓肠肌	背阔肌	竖脊肌	股二头肌	腓肠肌
第一投	30	53	145	54	56	81	58	69
第二投	64	70	96	48	35	51	42	13

表 4–17　齐大凯第一圈双支撑阶段肌肉 iEMG 特征

（单位：微伏・秒）

	右侧肌肉				左侧肌肉			
	背阔肌	竖脊肌	股二头肌	腓肠肌	背阔肌	竖脊肌	股二头肌	腓肠肌
第一投	84	58	25	50	30	22	84	39
第二投	96	97	115	82	101	63	79	29

单支撑阶段第一次试投右侧肌肉中股二头肌和腓肠肌积分面积较大（表 4–16），

而背阔肌和竖脊肌积分面积较小，说明右侧上肢在右脚离地后转动速度比较慢，而右腿在髋关节处收拉和伸展幅度大，有利于右脚快速着地。左侧肌肉单支撑阶段积分面积都比较大，其中背阔肌、腓肠肌、竖脊肌积分效果较好（图 4–38、图 4–40），说明他左侧上肢运动积极，倾斜幅度大，对器械控制得较好，左腿转动积极，速度快，整个左侧轴转动效果好。第二次试投右侧的竖脊肌、背阔肌积分面积较大（图 4–41），说明右侧上肢转动幅度大，速度快，股二头肌和腓肠肌积分面积较小，右腿前伸幅度小，不利于右脚快速着地。左侧肌肉积分面积都比较小，特别是背阔肌和腓肠肌，左腿转动幅度小，过多依靠右侧转动来完成，左侧上肢对器械的控制能力较差，前倾幅度小，左腿转动速度也比较慢，不利于快速进入双支撑阶段。

（二）齐大凯掷链球第二圈肌肉用力 iEMG 特征分析

第二圈第一次试投右侧的竖脊肌、股二头肌积分面积较大，从双支撑阶段看，第一次试投右侧肌肉中竖脊肌和腓肠肌积分较多，而且集中在右脚离地前（表 4–18），说明右脚蹬伸积极，同时右侧上肢前倾幅度大，但转动幅度小，髋关节伸展幅度也比较小，不利于重心快速向左侧移动。左侧肌肉中股二头肌积分面积最大，左髋转动积极。上肢肌肉积分面积都比较小，上肢参与用力的幅度小。第二次试投右背阔肌和股二头肌积分面积较大，说明右侧上肢转动幅度大，髋关节用力效果好。左侧背阔肌和竖脊肌积分面积大，上体前倾幅度大，转动用力的幅度也比较大，但左腿髋关节处伸展幅度小。

单支撑阶段第一次试投背阔肌、股二头肌积分面积大（图 4–42），而且主要集中在右脚离地后，说明他右侧上肢前倾幅度大，髋关节伸展幅度大，符合掷链球右脚“晚抬早落”的技术要求，但右侧上肢转动速度较慢。左侧肌肉中竖脊肌和腓肠肌积分面积大，左脚蹬转积极，用力效果好，上肢对器械的控制也比较好。第二次试投单支撑阶段右侧肌肉积分面积都比较大，特别是背阔肌（表 4–19），整个右侧上肢转动的速度快，左侧的股二头肌积分明显，髋关节伸展幅度大，有利于右脚快速着地。

表 4–18　齐大凯第二圈双支撑阶段肌肉 iEMG 特征

（单位：微伏·秒）

	右侧肌肉				左侧肌肉			
	背阔肌	竖脊肌	股二头肌	腓肠肌	背阔肌	竖脊肌	股二头肌	腓肠肌
第一投	91	53	32	51	42	43	96	27
第二投	120	49	53	39	55	73	76	30

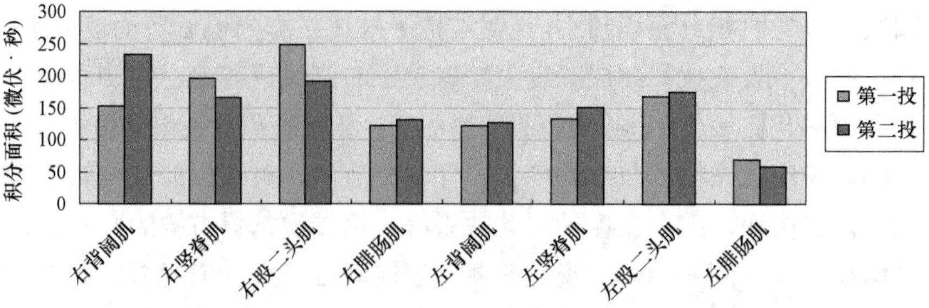

图 4–42 齐大凯第二圈两次试投肌肉用力积分肌电图

表 4–19 齐大凯第二圈单支撑阶段肌肉 iEMG 特征

（单位：微伏·秒）

	右侧肌肉				左侧肌肉			
	背阔肌	竖脊肌	股二头肌	腓肠肌	背阔肌	竖脊肌	股二头肌	腓肠肌
第一投	61	142	215	80	71	91	71	42
第二投	113	116	138	93	71	78	98	28

（三）齐大凯掷链球第三圈肌肉用力 iEMG 特征分析

第三圈第二次试投两侧肌肉积分面积要比第一次试投多，第一次试投右侧的股二头肌积分面积最大（表 4–20、表 4–21）。双支撑阶段第一次试投右侧肌肉中股二头肌积分面积比第二次试投大，其他几块肌肉积分面积都比第二次试投小，第二次试投右侧的背阔肌和竖脊肌积分效果好，说明齐大凯第一次试投右侧上肢转动幅度小，前倾幅度小，右髋关节转动幅度大，右腿蹬伸幅度比较小。相反第二次试投右腿蹬伸幅度大，上肢对器械加速效果明显。两次试投左侧肌肉积分面积相差不大，第一次试投左脚蹬伸幅度小，第二次试投蹬伸幅度大，而且第一次试投上肢前倾幅度没有第二次试投大。

表 4–20 齐大凯第三圈双支撑阶段肌肉 iEMG 特征

（单位：微伏·秒）

	右侧肌肉				左侧肌肉			
	背阔肌	竖脊肌	股二头肌	腓肠肌	背阔肌	竖脊肌	股二头肌	腓肠肌
第一投	83	45	112	58	85	68	114	23
第二投	130	66	110	76	93	85	115	30

表 4–21 齐大凯第三圈单支撑阶段肌肉 iEMG 特征

（单位：微伏·秒）

	右侧肌肉				左侧肌肉			
	背阔肌	竖脊肌	股二头肌	腓肠肌	背阔肌	竖脊肌	股二头肌	腓肠肌
第一投	46	79	161	82	52	65	36	26
第二投	84	97	138	142	75	60	83	13

单支撑阶段第一次试投右侧的背阔肌和腓肠肌积分面积比第二次试投小（图4-43），但股二头肌积分面积要明显比第二次试投大，说明第一次试投右髋转动幅度大，右脚着地的位置比较近，上肢对器械的控制不如第二次试投好。相反第二次试投右脚着地的位置较远，上肢转动幅度大，对器械控制能力较强。第一次试投左侧肌肉中腓肠肌和竖脊肌积分面积比第二次试投大，但股二头肌两次试投积分面积相差较大，说明第一次试投左脚蹬伸积极，转动速度快，上体前倾幅度大，左腿在髋关节处伸展和转动的幅度小，相比第二次试投左脚蹬伸幅度小，但上肢转动幅度大。

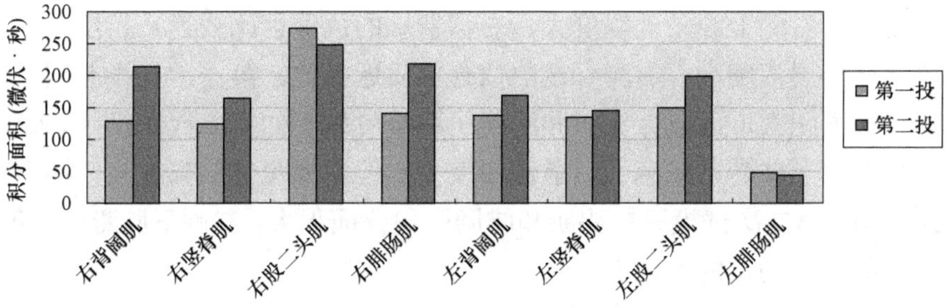

图4-43　齐大凯第三圈两次试投肌肉用力积分肌电图

（四）齐大凯掷链球第四圈肌肉用力iEMG特征分析

第四圈双支撑阶段第一次试投背阔肌和竖脊肌积分面积都比第二次试投小，而股二头肌和腓肠肌比第二次试投大（表4-22、表4-23），说明用力过程中第二次试投上肢肌肉用力的幅度大，转动的速度快、幅度大，但下肢蹬伸幅度小。相反第一次试投上肢肌肉用力效果差，但下肢肌肉用力效果好，右腿蹬伸幅度大，有利于重心向左腿移动。第一次试投左侧肌肉比第二次试投积分面积大，特别是背阔肌和股二头肌积分效果好，放电明显，说明第一次试投左侧上肢前倾幅度大，对器械加速效果较好，左脚蹬伸积极。相反第二次试投左侧肌肉用力效果较差，特别是腓肠肌和股二头肌，说明左脚蹬伸不积极，用力幅度小，髋关节转动的幅度也比较小。

表4-22　齐大凯第四圈双支撑阶段肌肉iEMG特征

（单位：微伏·秒）

	右侧肌肉				左侧肌肉			
	背阔肌	竖脊肌	股二头肌	腓肠肌	背阔肌	竖脊肌	股二头肌	腓肠肌
第一投	45	33	46	39	86	58	126	24
第二投	71	52	19	30	59	41	65	9

表 4-23　齐大凯第四圈单支撑阶段肌肉 iEMG 特征

（单位：微伏·秒）

	右侧肌肉				左侧肌肉			
	背阔肌	竖脊肌	股二头肌	腓肠肌	背阔肌	竖脊肌	股二头肌	腓肠肌
第一投	31	86	109	85	54	40	52	20
第二投	54	84	130	94	43	39	71	45

单支撑阶段两次试投右侧股二头肌积分面积都比较大，第二次试投背阔肌、股二头肌、腓肠肌积分面积较大（图 4-44），说明他右侧髋关节伸展幅度大，转动速度快，右侧上肢转动幅度大，右脚着地的位置也比较远。相反第一次试投右侧下肢伸展幅度小，右脚着地的位置更靠近身体。第一次试投左侧肌肉中背阔肌积分面积大，而股二头肌和腓肠肌积分效果不如第二次试投好，说明第一次试投左侧上肢转动幅度大，前倾幅度大，但左腿蹬伸的幅度小，不利于右脚快速着地。第二次试投股二头肌和腓肠肌积分面积大，左侧下肢蹬转幅度大，有利于右脚着地动作的完成。

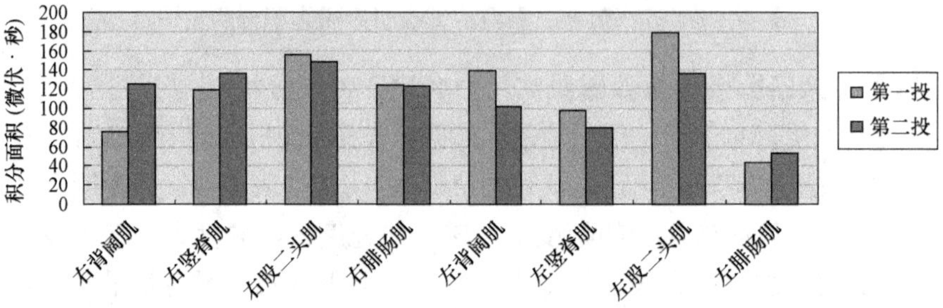

图 4-44　齐大凯第四圈两次试投肌肉用力积分肌电图

（五）齐大凯掷链球最后用力阶段肌肉用力 iEMG 特征分析

最后用力阶段第一次试投两侧肌肉用力效果都比较好，从右侧肌肉的积分看，第一次试投背阔肌积分面积不如第二次试投，但竖脊肌、股二头肌和腓肠肌的积分面积远远大于第二次试投（表 4-24），特别是第二次试投右侧的股二头肌几乎没有被激活（图 4-38、图 4-40），表明第一次试投上肢向上伸展的幅度大，右腿蹬伸幅度大，用力积极，蹬伸的效果也好。但第二次试投右侧上体过多向左侧转动，造成背阔肌放电异常，右腿蹬伸用力的效果比较差。第一次试投左侧肌肉积分面积都比第二次试投大（图 4-45），特别是左侧背阔肌、竖脊肌和股二头肌，第一次试投不仅整个下肢肌肉用力效果好，而且从放电时机看（图 4-37、图 4-39），第一次试投左侧四块肌肉之间协调用力的程度也比较高，下肢的蹬伸幅度大，上肢伸展充分。相反第二次试投下肢用力效果差，上肢伸展的幅度也比较小，第二次试投最后用力技术存在严重的不合理。

表 4-24　齐大凯最后用力阶段肌肉 iEMG 特征

（单位：微伏·秒）

	右侧肌肉				左侧肌肉			
	背阔肌	竖脊肌	股二头肌	腓肠肌	背阔肌	竖脊肌	股二头肌	腓肠肌
第一投	52	117	180	134	89	64	91	64
第二投	146	72	12	40	23	22	62	48

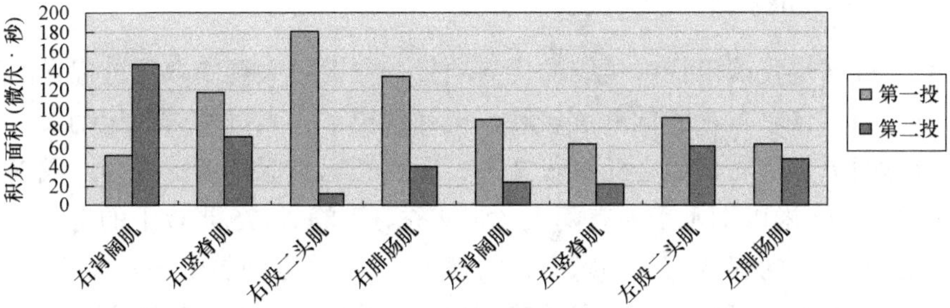

图 4-45　齐大凯最后用力阶段两次试投肌肉用力积分肌电图

三、主要结论

（1）齐大凯旋转过程中第一圈双支撑阶段存在右腿蹬转速度慢，右侧下肢肌肉放电水平低的特点，左侧上肢前倾幅度小，对器械控制能力较差。单支撑阶段右侧上肢转动慢，但右脚着地积极，左腿蹬转积极，肌肉放电水平高。

（2）齐大凯旋转过程中第二圈双支撑阶段右侧上肢转动幅度大，降低了右侧下肢的用力效果，左侧肌肉用力效果差，但左侧下肢肌肉用力效果好。单支撑阶段右腿转动速度快，伸展幅度大，着地积极，右侧上肢肌肉用力效果明显，左侧肌肉积分水平高。

（3）齐大凯旋转过程中第三圈双支撑阶段右侧肌肉积分水平都不高，上肢主要肌肉用力效果差，肌肉之间的协调程度较高，左脚蹬伸幅度小，左侧肌肉之间的协调程度差。单支撑阶段右腿伸展幅度大，下肢肌肉放电水平高，但肌肉用力效果较差，左腿蹬伸幅度小，转动速度慢。

（4）齐大凯旋转过程中第四圈双支撑阶段右侧肌肉之间的协调程度差，放电水平也比较低，参与用力的程度小，左侧下肢肌肉用力效果好。单支撑阶段右侧下肢肌肉用力效果好，伸展幅度大，但上肢对器械的控制能力差，主要肌肉积分水平低，用力效果差。

（5）齐大凯最后用力阶段右侧肌肉参与用力的程度较大，但左侧肌肉用力的程度小，特别是左侧上肢向投掷方向鞭打的幅度小，肌肉积分水平较低，训练中要适当提高左侧向投掷方向鞭打用力的幅度，增加左腿蹬伸用力的效果。

第三节　我国女子链球运动员投掷技术的运动学研究

一、项目情况

女子链球是我国田径中传统的优势项目，在国际大赛中取得过优异的运动成绩[11]。虽然该项目在我国开展较晚，但涌现出了一大批优秀的运动员，如世界杯冠军顾原、两届奥运会亚军张文秀、现亚洲纪录保持者王峥等，我国在该项目上达到 77 米以上水平的有两人（张文秀、王峥），75 米以上的有一人（顾原），72 米以上的有两人（刘颖慧、刘婷婷）。现役运动员中最好成绩达到 68 米以上的有 6 人，可以看出，我国在该项目上具有一定的优势和良好的后备人才储备。对我国现阶段优秀女子链球运动员的投掷技术进行研究，有利于推动女子链球项目，进一步保持优势。链球的旋转加速过程是下肢逐渐超越上肢形成扭转加速，在下肢加速的前提下完成对器械的加速，对加速过程中人体关键环节的研究，有利于进一步发现人体加速的合理性，探索链球项目加速的本质，对丰富和发展掷链球技术理论具有重要的参考价值，为教练员提供有效的训练手段，对运动员完善技术、提高运动成绩具有重要的实践意义。

本书的研究对象为 2016 年 4 月 1 日至 10 日在成都举行的两场投掷项群赛的前八名选手。其中张文秀参加了四届世锦赛、三届奥运会，获得过两届奥运会亚军、一届奥运会季军，在该项目上保持绝对优势。王峥是继张文秀之后又一位优秀选手，运动成绩逐年提高，2012 年最好成绩突破了 72 米，2013 年突破了 74 米，2014 年以 77.68 米的成绩打破了张文秀保持的亚洲和全国纪录，是现阶段我国该项目的领军人才。刘婷婷的最好成绩虽然也突破了 72 米，但在国内主要比赛中没有表现出来，在该项目上也具有一定的实力。燕妮、宗丹和李雨茂是近两年涌现出的优秀青年选手。以上八名选手是我国在该项目上最优秀的选手，代表了我国的最高水平。

以上八名选手中，有达到世界级水平（成绩都达到了 77 米以上）的张文秀和王峥，中坚力量刘婷婷（最好成绩也达到了 72 米）、罗娜、王璐，以及优秀的青年选手燕妮、李雨茂和宗丹，形成了老、中、青三个梯队的人才体系（表 4–25），而且拥有良好的后备人才储备。通过研究发现我国选手存在的主要问题可以为完善技术提供参考。研究的对象为 2016 年 4 月 1—10 日在成都犀浦举行的两场长投赛前八名选手，我国该项目上的优秀选手都参加了比赛，代表了现阶段我国的最高水平。

表 4–25 我国优秀女子链球运动员的基本情况

姓名	代表队	出生年月	身高	体重	最好成绩	研究成绩
王峥	陕西	1987.12	174	105	77.68	74.50
张文秀	解放军	1986.03	182	102	77.33	74.23
刘婷婷	辽宁	1990.01	173	90	72.40	69.33
燕妮	解放军	1993.02	174	80	68.22	67.73
罗娜	黑龙江	1993.10	175	77	69.81	67.41
王璐	黑龙江	1991.12	177	73	69.39	64.37
李雨茂	四川	1993.03	175	102	63.43	63.43
宗丹	安徽	1995.01	176	80	63.28	63.28

二、掷链球运动中身体关键环节的运动基础理论

掷链球的旋转本质是人体对器械不断形成超越和加速的过程，人体由大关节和不同环节组成，运动过程中主要身体环节的加速效果反映了人体的运动效果。通过对链球项目的专项技术进行研究发现，掷链球旋转中每一圈的双支撑阶段都是下肢带动器械加速的过程，所以双支撑阶段才是对器械加速的有效阶段，每一圈的单支撑阶段是下肢加速运动完成对上肢和器械超越的过程，下肢主要环节（髋、膝）的加速效果反映了超越器械的效果，对下一圈双支撑阶段有直接的影响。通过长期对优秀运动员的训练跟踪观察，发现下肢主要环节是以右髋为核心的围绕左侧支撑轴转动的效果，左右髋之间的连线构成了髋横轴，在旋转过程中处于力量链的平衡状态，右髋围绕左髋平衡转动，否则就会出现力量链之间的衔接断裂。上肢主要环节是以左肩为转动轴的加速状态，左右肩关节形成了肩横轴，不但反映了左肩的位置，同时也是反映旋转过程中是否放松和器械位置的重要技术指标。上下肢主要环节的加速时机对专项技术的结构和节奏有重要的影响，是反映上下肢加速合理性的重要指标[2]。从人体各环节加速效果的角度对形成的技术变化的特征进行研究，探索我国女子掷链球旋转加速技术的合理性，发现项目的本质和特征，这对认识项目的规律和指导训练

实践具有重要的意义。

三、我国女子链球选手加速节奏特征分析

女子链球训练中速度力量是核心，加速节奏是本质，加速节奏主要体现在每圈旋转时间的缩短比例上。在一定范围内缩短每圈单支撑时间，延长双支撑用力时间是技术的核心，也是衡量旋转技术好坏的重要标准[81]。研究表明，现世界纪录（82.98 米）保持者波兰的沃尔达奇克投掷出 78 米成绩时四圈时间分别为 0.650 秒、0.568 秒、0.502 秒、0.451 秒，最后用力时间为 0.251 秒，总的投掷用时为 2.422 秒。沃尔达奇克和我国选手第一圈右脚离地瞬间左侧轴位置图及第四圈器械高点瞬间右膝位置图如图 4-46 及图 4-47 所示。

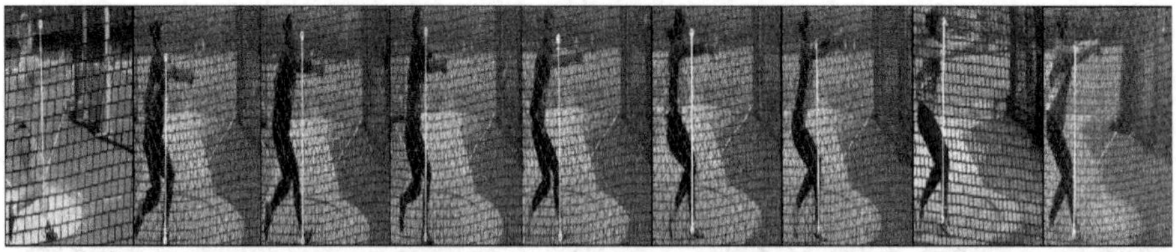

图 4-46　沃尔达奇克和我国选手第一圈右脚离地瞬间左侧轴位置图

图 4-47　沃尔达奇克和我国选手第四圈器械高点瞬间右膝位置图

和世界优秀运动员相比，我国选手在旋转节奏上普遍存在第一圈进旋转不积极，第三、四圈加速节奏不明显的特点，特别是第四圈对器械持续加速的能力有待进一步提高，第四圈单支撑阶段普遍存在右髋转动不积极的现象，图 4-47 中第四圈器械高点位置瞬间右腿膝关节的位置可以反映出这一问题，和世界优秀运动员相比，右侧整个髋、膝关节超越幅度偏小，而且我国部分选手右膝关节折叠现象非常严重，增加了右侧下肢的转动半径，进一步造成右脚着地速度减慢，不利于最后用力前良好的用力姿势的形成。也就是说右脚着地瞬间下肢对上肢和器械超越的幅度偏小，也是造成最后用力时间偏短的一个主要原因。另外，我国选手在最后用力阶段对器械加速时间短还和用力过程身体

鞭打幅度小有关。和世界优秀选手相比，我国链球选手的优势是旋转速度快、身体灵活程度高，专项技术相差并不大，差距主要是专项素质和专项能力，特别是对链球持续加速的能力有待进一步提高，集中体现在第四圈和最后用力阶段。

四、个人技术特点分析

王峥掷链球旋转时间只有 2.21 秒，她也是迄今为止世界上旋转速度最快的运动员（图 4–46），这是她技术的最大优点。然而她在节奏上存在第四圈加速不清晰的问题，第三、四圈时间差只有 0.001 秒。训练中应该适当降低进旋转速度，提高第三、四圈加速的节奏。另外，王峥总的双支撑时间比单支撑时间长，整体上技术是合理的，但第四圈单支撑时间反而比第三圈延长了 0.021 秒，表明第四圈身体重心向投掷方向移动的速度降低了，造成这一问题的主要原因是右腿第四圈上腿不积极（图 4–47），右脚着地速度慢，影响了右脚在着地瞬间（最后用力前）下肢的超越效果，在旋转节奏上应该通过提高脚下反应速度增加第四圈的旋转节奏。旋转过程中每圈时间分配情况及每圈双单支撑时间分配情况如表 4–26 及表 4–27 所示。

表 4–26　旋转过程中每圈时间分配情况　（单位：秒）

姓名	第一圈	百分比（%）	第二圈	百分比（%）	第三圈	百分比（%）	第四圈	百分比（%）	用力时间	百分比（%）	总时间
王　峥	0.610	28	0.501	23	0.451	20	0.450	20	0.201	9	2.210
张文秀	0.667	31	0.584	27	0.460	21	0.467	22	0.234	11	2.412
刘婷婷	0.643	26	0.634	25	0.510	21	0.467	19	0.234	9	2.488
燕　妮	0.651	27	0.560	23	0.509	21	0.451	19	0.219	9	2.390
罗　娜	0.627	26	0.567	24	0.485	20	0.451	19	0.267	11	2.397
王　璐	0.627	25	0.593	24	0.501	20	0.475	19	0.276	11	2.472
李雨茂	0.677	28	0.618	26	0.517	22	0.511	21	0.169	7	2.401
宗　丹	0.618	25	0.618	25	0.476	20	0.501	21	0.219	9	2.432

张文秀虽然是世界级优秀选手，但加速节奏上也存在一定问题，第一圈旋转时间偏长（表 4–26），和进旋转方式及左腿膝关节伸展幅度偏大有关（图 4–46），增加了身体重心向左腿移动的难度。第四圈旋转时间比第三圈旋转时间长在技术上是不合理的，最后用力时间也比较长。总的双支撑时间比单支撑时间短（比值小于 1，表 4–27）也说明技术上存在一定的不合理性，主要问题集中在第三、四圈，两圈的单支撑时间都比双支撑时间长，表明第三、四

圈右脚离地后右腿上腿不积极，右小腿存在严重的折叠现象（图 4–47），增加了右侧下肢转动半径，影响了右脚着地速度。训练中应该适当加快第一圈进旋转的速度，增加第三、四圈右腿上腿速度和右脚着地速度，提高旋转节奏。通过多年对张文秀技术的研究发现：她在投掷 76～77 米成绩时第三、四圈的旋转节奏有明显加快的现象，而且总的双支撑时间是长于单支撑时间的（表 4–27），这也进一步验证了第三、四圈加速节奏对掷链球成绩的影响。

表 4–27　旋转过程中每圈双单支撑时间分配情况　（单位：秒）

姓名	第一圈		第二圈		第三圈		第四圈		总双	百分比（%）	总单	百分比（%）	双单比值
	双支撑	单支撑	双支撑	单支撑	双支撑	单支撑	双支撑	单支撑					
王　峥	0.334	0.276	0.284	0.217	0.242	0.209	0.217	0.233	1.077	54	0.935	46	1.15
张文秀	0.360	0.317	0.325	0.259	0.226	0.234	0.225	0.242	1.136	49	1.151	51	0.99
刘婷婷	0.317	0.326	0.359	0.275	0.268	0.242	0.225	0.242	1.169	52	1.085	48	1.07
燕　妮	0.342	0.309	0.309	0.251	0.250	0.259	0.192	0.259	1.093	50	1.078	50	1.01
罗　娜	0.351	0.276	0.325	0.242	0.251	0.234	0.225	0.226	1.152	54	0.987	46	1.17
王　璐	0.359	0.268	0.359	0.234	0.292	0.209	0.267	0.208	1.277	58	0.919	42	1.39
李雨茂	0.360	0.317	0.309	0.309	0.234	0.283	0.226	0.285	1.129	49	1.194	51	0.95
宗　丹	0.301	0.317	0.359	0.259	0.234	0.242	0.259	0.242	1.153	52	1.060	48	1.09

刘婷婷总用时是所有选手中最长的，主要是第一圈和第二圈用时偏长（表 4–26），第一圈进旋转技术存在一定的不合理，预摆结束后的“迎球”动作没有，第一圈双支撑阶段几乎对器械没有形成加速，第二圈的时间也比较长，虽然双支撑时间较长（表 4–27），但做功效率并不高，也就是说没有对器械形成加速。刘婷婷旋转节奏中主要的问题是第一、二圈，第三、四圈的加速节奏较好。训练中主要是改进前两圈，通过适当提高右脚的着地速度，缩短第一、二圈单支撑时间，提高脚下反应速度，使整个旋转技术形成一个明显加速的整体，提高旋转节奏。

燕妮的旋转节奏整体上是合理的，呈现出了时间逐圈缩短的趋势（表 4–26），不足的是第一圈进旋转也存在问题，预摆结束后没有完成“早迎球、早放球”的动作，第一圈右脚离地瞬间左腿伸展幅度过大，和张文秀存在的问题相同（图 4–46）。在时间分配上，她存在第三、四圈单支撑时间偏长的问题，说明第三、四圈身体重心向投掷方向的移动速度慢（图 4–47），右脚着地不够积极。训练中应该适当提高脚下反应速度及右脚着地速度，缩短单支撑时间。

李雨茂整个旋转时间较长，第一圈是所有选手中最长的（表 4–26），而且从技术解析的情况看，“迎球”动作幅度并不大，旋转节奏上主要是第一、二圈偏慢，第四圈加速效果不明显，存在右脚着地不积极的问题，右脚落地前有一个明显的停顿动作，这和多年的用力习惯有关。另外，最后用力的时间也存在偏短的现象，没有最大限度地为最后用力创造良好的姿势。在训练中应该进一步提高进旋转的速度，提高脚下反应速度，形成良好的加速节奏。此外，总的单支撑时间比双支撑时间长，这是不合理的，说明整体节奏和第四圈单支撑阶段存在一定的问题，这也是技术进一步完善的关键。

宗丹整体旋转时间比较长，同样存在第一、二圈时间偏长的问题（表 4–26），前两圈时间相同，说明第二圈没有形成加速，但两圈的情况不一样，主要区别在于第二圈双支撑时间突然延长，这是因为右脚着地后没有及时做蹬转用力动作，本质上没有对器械形成加速。从第三、四圈的节奏看，第四圈时间反而比第三圈长，这是不合理的。时间的分配情况方面，主要是双支撑阶段时间延长，而单支撑时间是相同的，第三、四圈双支撑阶段存在右腿蹬转幅度小的问题，没有完全把身体重心推到左侧转动轴上，出现了走捷径的现象，这也是她双支撑时间延长的原因。训练中应该提高第二圈和第四圈的旋转节奏，提高右脚落地后的蹬转速度，克服右侧身体转动过程中走捷径的问题。

罗娜整个旋转加速的意识较为明显，双支撑时间也比单支撑时间长，最后用力的时间也比较长（表 4–27），在节奏上主要是第一圈和第二圈节奏偏慢，对器械加速效果不明显，第三、四圈的节奏相对好一些，第四圈存在单支撑时间比双支撑时间长的现象，这说明第四圈右腿上腿和右脚着地还不积极（图 4–47），身体向投掷方向移动的幅度偏小。在训练中应该改进第一圈右脚着地的方式，采用前脚掌落地，提高右脚着地的速度，增加第一、二圈的节奏，同时进一步增加第四圈单支撑阶段上腿的速度，提高旋转节奏。

王璐的整个旋转节奏相对较好，四圈旋转时间分配较为合理，整个双支撑时间占到了 58%，双单支撑时间比为 1.39（表 4–27），是我国所有选手中最大的，最后用力的时间也是所有选手中最长的。节奏上主要是第一圈进旋转速度慢，预摆起始阶段对器械的加速幅度偏小，进旋转的速度较慢，从器械速度的变化情况看，各圈的双支撑阶段存在加速能力偏弱的现象。在训练中应该适当提高预摆阶段器械速度，在保持原有技术节奏的情况下，进一步提高双支撑阶段对器械用力的效果。

五、我国女子链球选手身体重心、器械加速特征分析

旋转中对器械形成直接加速的只有双支撑用力阶段，单支撑阶段主要完成人体向投掷方向的移动和下肢对上肢的超越，所以器械的速度峰值出现在单支撑阶段是不合理的，必然存在上肢提前用力从高点向下拉球加速的现象[5]。旋转过程中器械的速度变化反映了运动员的加速能力，特别是加速的时机反映了单、双支撑阶段人体及器械节奏的合理性。器械加速节奏主要通过加速的时机和时间长短来判断，在一定程度上受到人体重心加速效果和自身加速能力（专项速度能力）的影响。旋转过程中重心及器械速度情况如表 4–28 所示。旋转过程中各圈器械最大速度及各圈速度增量和贡献率情况如表 4–29 所示。

表 4–28　旋转过程中重心及器械速度情况　　（单位：米/秒）

姓名	速度	开始	第一圈		第二圈		第三圈		第四圈		出手速度
			R↑	R↓	R↑	R↓	R↑	R↓	R↑	R↓	
王　峥	重心速度	0.60	0.70	1.38	0.38	1.46	0.90	1.79	0.29	2.03	1.07
	器械速度	15.08	18.99	17.61	21.70	21.63	23.55	24.61	25.35	25.38	28.26
张文秀	重心速度	0.18	0.37	1.51	0.42	1.13	1.03	1.30	0.63	1.64	0.65
	器械速度	13.82	17.35	19.00	21.17	21.99	23.33	23.65	24.66	25.09	28.18
刘婷婷	重心速度	0.67	0.65	0.85	0.33	1.35	0.50	1.40	0.70	1.59	1.45
	器械速度	13.68	14.33	16.35	19.01	19.48	20.63	21.01	23.12	22.11	27.94
燕　妮	重心速度	0.85	1.01	1.17	0.69	1.73	0.74	2.09	0.40	1.85	1.24
	器械速度	14.13	16.48	16.94	18.95	19.57	21.33	21.54	24.83	22.52	27.23
罗　娜	重心速度	0.79	0.38	1.23	0.63	1.15	0.77	1.47	0.86	1.84	0.55
	器械速度	11.44	15.46	16.01	20.28	20.12	21.19	22.34	24.13	22.28	27.44
王　璐	重心速度	0.94	0.43	1.54	0.74	1.26	0.62	1.55	0.42	1.59	0.61
	器械速度	11.28	12.95	14.70	17.59	19.23	19.69	20.83	21.61	22.27	26.98
李雨茂	重心速度	0.66	1.09	1.27	0.68	1.20	1.45	1.49	0.38	1.55	1.19
	器械速度	11.99	15.97	15.95	20.09	21.53	21.88	23.32	23.33	21.76	24.89
宗　丹	重心速度	0.04	0.46	1.11	0.55	1.29	0.15	1.29	0.62	1.63	0.55
	器械速度	11.44	14.87	16.55	19.52	21.16	21.67	22.30	22.71	23.55	25.57

表 4-29 旋转过程中各圈器械最大速度及各圈速度增量和贡献率情况

（单位：米/秒）

姓名	预摆	百分比（%）	第一圈	增量	百分比（%）	第二圈	增量	百分比（%）	第三圈	增量	百分比（%）	第四圈	增量	百分比（%）	用力增量	百分比（%）
王　峥	15.08	53	19.05	3.97	14	22.80	3.75	13	24.20	1.40	5	25.61	1.41	5	2.65	10
张文秀	13.82	49	19.01	5.19	18	22.16	3.15	11	24.68	2.51	9	25.48	0.80	3	2.70	10
刘婷婷	13.68	50	15.91	2.23	8	19.42	3.51	13	22.81	3.39	12	24.69	1.88	7	2.65	10
燕　妮	14.15	52	18.72	4.57	17	21.53	2.81	10	23.57	2.04	7	25.09	1.52	6	2.14	8
罗　娜	11.34	41	15.99	4.65	17	20.54	4.55	17	23.14	2.60	9	25.27	2.13	8	2.17	8
王　璐	12.35	46	16.58	4.23	16	20.83	4.25	16	23.61	2.78	10	24.47	0.68	3	2.51	9
李雨茂	12.08	49	15.97	3.89	16	21.35	5.38	21	22.44	1.09	4	24.55	2.11	8	0.34	1
宗　丹	11.44	45	15.98	4.54	18	21.03	5.05	20	22.89	1.86	7	24.03	1.14	4	1.54	6

研究表明，世界优秀运动员预摆阶段的器械速度占到了整个器械速度的50%～60%，世界纪录保持者沃尔达奇克在投 78 米成绩时预摆阶段器械速度贡献率达到了 54%，各圈增量分别为 7%、9%、11%、11%，最后用力阶段增量为 6%，器械速度的贡献率呈现出了逐圈增加的趋势，而且分配相对比较合理，说明她对器械的加速是逐圈提高的，并没有出现突然提高或者降低的现象，进一步验证了她对器械的控制能力较强，这也是她专项能力较强的直接体现。不足的是最后用力阶段对器械加速的能力有待进一步提高，造成用力效果差的主要原因是器械在出手瞬间垂直方向和水平方向速度分配不合理，水平速度偏慢，垂直速度过快，这也是出手角度过大的原因。

预摆进旋转技术在整个掷链球过程中占有重要的地位，对后续旋转阶段器械的轨迹形成以及节奏的形成起到了决定性的作用，在我国链球项目的训练中并没有引起教练员足够的重视，国际上的教练员很重视对运动员预摆进旋转技术的训练。预摆阶段我国部分选手的预摆速度偏慢，如罗娜、王璐等的贡献率只有 45%左右，王峥的器械预摆速度达到了 15.08 米/秒，是我国所有选手中进旋转技术最好的。张文秀预摆阶段的球体速度并不快。从第一圈对器械加速的情况看，右脚离地后的单支撑阶段我国大部分选手的器械速度在下降，直到下一圈双支撑阶段开始，其中张文秀、李雨茂、宗丹、刘婷婷四名选手右脚着地前器械速度出现了一定程度的增加（表 4-28、表 4-29），特别是张文秀右脚着地瞬间的器械速度达到第一圈的峰值，说明这四名选手在器械从高点向下运动的过程中，手臂有拉球加速的现象，这在技术上是不合理的。王峥、罗娜、王璐和燕妮四名选手第一圈器械速度的峰值都出现在双支撑阶段，第一圈加速时机也比较合理，右脚落地后单支撑阶段器械速度并没有增加，在右脚着地前是下降的趋势。第一圈器械加速的增量比较大，是四圈中最大的，张文秀等选手器械速度增加幅度较大，刘婷婷的增量只有 2.23 米/秒，从这一角度也说明她第一圈对器械加速的效果较差。

第二圈器械速度的增量有下降的趋势。我国选手除李雨茂和宗丹器械的速度峰值出现在单支撑阶段外，其他六名选手的速度峰值都出现在第二圈双支撑阶段，器械加速时机合理，六名选手中刘婷婷和王璐虽然速度峰值出现在双支撑阶段，但单支撑阶段器械速度有明显增加的现象，右脚着地前又呈现出下降的趋势（表 4–28、表 4–29），说明这两名选手在器械处于 90～180 度时有对器械加速的现象，在一定程度上不利于下肢完成对器械超越的动作，存在一定的不合理。其他四名选手不但速度峰值出现在双支撑阶段，单支撑阶段器械速度呈现出下降或者平缓运行的趋势，加速时机较为合理。

我国选手第三圈器械速度增量进一步呈现出幅度减小的趋势（表 4–21、表 4–29），说明整体上对器械的加速能力在逐渐减弱。王峥、李雨茂和宗丹三名选手较为突出，其他选手中只有刘婷婷速度增量呈现出上升的趋势，这和她前两圈增量偏小有一定关系。从加速时机看，李雨茂和宗丹器械速度峰值出现在单支撑阶段右脚着地前，从高点向下拉球的现象较为严重。其他六名选手第三圈器械速度峰值都出现在双支撑阶段，加速时机较为合理。王峥、张文秀单支撑阶段右脚离地后器械速度出现了较为明显的下降现象，这说明二人向高点的三角加速动作幅度较小，和球体力量向身体方向转移有关，这个问题上面已经进行了论述。

第四圈器械速度的增量进一步降低，也是四圈平均增量中最小的一圈，说明我国选手普遍存在第四圈对器械加速效果差的问题，提高对器械持续加速能力是我国选手现阶段应该重点关注的问题之一。从加速的时机看，八名选手第四圈器械速度的峰值都出现在双支撑阶段，虽然加速能力弱，但加速时机还是合理的。燕妮、李雨茂、罗娜三位选手在单支撑阶段器械速度出现明显下降（表 4–28、表 4–29），而且一直持续到右脚着地前，说明这三名选手在器械第四圈向高点运行的过程中，球体力量有向身体方向转移的现象，右腿上腿不积极（图 4–47），这也是我国选手第四圈对器械加速能力偏弱的一个主要原因。

最后用力阶段是对器械加速的最后一个阶段，最后用力的效果直接关系到成绩的好坏。从增量情况看，我国选手中李雨茂和宗丹的增量分别只有 0.34 米/秒和 1.54 米/秒（表 4–28、表 4–29），说明二人最后阶段的用力效果较差。运动成绩的好坏和最后用力阶段器械的速度增量有直接关系（前三名都达到了10%）。研究表明，世界纪录保持者沃达尔奇克最后用力阶段的器械速度增量达到 4.2 米/秒，表现出了对器械超强的持续加速能力，不难发现我国选手普遍都存在用力阶段对器械持续加速能力偏弱的现象，这也是未来提高我国该项目整体水平需要解决的一个主要问题。

六、我国女子链球选手器械运行轨迹特征分析

掷链球过程中器械的整个运行轨迹反映了不同技术阶段器械和人体之间的关系。在一定程度上，在时间和速度恒定的情况下，器械运行轨迹越长，对器械做功的距离也就越长。每圈对器械加速的时机主要在双支撑阶段，也就是延长双支撑阶段器械的轨迹长度，缩短单支撑阶段器械的轨迹长度是从另一个角度反映技术优劣的重要标准[9]。影响器械运行轨迹长度的除技术原因外，还受到身高、臂展等身体条件的影响，在技术上主要反映了上肢肩带肌肉群的放松程度[10]。旋转过程中器械运行轨迹情况及沃尔达奇克和我国选手第四圈双支撑阶段左侧膝关节角度如表 4–30 和图 4–48 所示。

表 4–30　旋转过程中器械运行轨迹情况　（单位：米）

姓名	第一圈		第二圈		第三圈		第四圈		总双	总单	用力阶段	总长度
	双支撑	单支撑	双支撑	单支撑	双支撑	单支撑	双支撑	单支撑				
王　峥	4.90	4.33	5.25	4.13	4.86	4.33	4.12	4.98	19.13	17.77		
	9.22		9.38		9.19		9.10				4.98	41.87
张文秀	4.58	4.97	5.67	4.86	4.73	4.77	4.99	5.18	19.97	19.78		
	9.55		10.53		9.49		10.17				5.63	45.38
刘婷婷	4.17	4.28	5.28	4.57	4.84	4.49	4.46	4.72	18.75	18.06		
	8.45		9.85		9.32		9.18				5.46	42.26
燕　妮	4.45	4.46	5.06	4.17	4.77	4.80	4.11	4.92	18.39	18.35		
	8.91		9.22		9.58		9.07				5.04	41.81
罗　娜	4.10	3.96	4.94	4.49	4.51	4.42	4.55	4.55	18.10	17.42		
	8.07		9.39		8.93		9.10				5.77	41.26
王　璐	4.15	3.52	5.31	3.99	4.76	3.94	4.74	4.16	18.96	15.61		
	7.67		9.30		8.70		8.89				5.45	40.01
李雨茂	4.57	4.41	5.03	5.18	4.57	5.14	4.65	5.22	18.82	19.95		
	8.97		10.21		9.72		9.87				4.23	42.99
宗　丹	4.01	4.48	5.75	4.61	4.69	4.68	5.24	4.85	19.65	18.62		
	8.49		10.36		9.38		10.09				5.34	43.67

图 4-48 沃尔达奇克和我国选手第四圈双支撑阶段左侧膝关节角度

研究结果表明，世界纪录保持者沃尔达奇克投掷 78 米成绩时器械总轨迹长度为 42 米，四圈的长度分别为 8.91 米、9.11 米、9.23 米、9.29 米，最后用力阶段为 5.45 米，虽然总的加速距离并不长，但每圈器械轨迹长度呈现出了逐圈延长的趋势，而且最后用力阶段器械轨迹也比较长。对每圈的轨迹长度研究后发现，沃尔达奇克四圈双支撑阶段轨迹长度呈现逐圈延长的现象，而单支撑阶段轨迹长度呈现出逐圈缩短的现象，这在技术原理上是合理的，也是现代掷链球技术“延长双支撑、缩短单支撑”要求的直接体现。

由表 4-30 可知，我国选手器械轨迹长度整体上表现出第一圈短、第二圈最长，第三、四圈又逐渐缩短的趋势，而且整个用力阶段的器械运行轨迹偏短，这和最后用力时间偏短有直接关系。

每圈的双支撑阶段是器械轨迹长度的有效增加阶段，除了受到身高、臂展等先天条件影响，加速技术也起到至关重要的作用。从技术角度分析，影响双支撑阶段轨迹长度的主要是上肢肩带肌肉群向外舒展的能力和左腿的压紧效果，肩带肌肉过度收缩和左腿膝关节蹬伸幅度过大，都会造成器械上的离心力向身体方向转移，以及器械靠向身体，造成加速轨迹长度缩短。与世界优秀运动员相比，我国选手每圈双支撑阶段存在的主要问题是下肢蹬伸幅度偏大，图 4-48 中第四圈左侧膝关节的情况就反映了这一问题，沃尔达奇克每圈双支撑阶段左腿膝关节压紧效果远远好于我国选手（图 4-48）。王峥这一现象非常严重，资料表明，王峥第四圈左膝角达到了 160 度左右，这也是目前影响她双支撑技术的最大问题，左侧膝关节压紧效果差，不但会造成器械向身体方向转移，同时也会造成身体重心过高，对克服器械上的离心力不利。存在同样问题的还有李雨茂、罗娜、刘婷婷、王璐等选手（图 4-48），左侧膝关节压紧效果较好的只有张文秀、宗丹、燕妮等选手。

我国选手整体上总的双支撑阶段器械轨迹都比单支撑阶段长，只有李雨茂单支撑阶段轨迹长于双支撑阶段。张文秀、燕妮、刘婷婷、罗娜等选手双支撑阶段器械轨迹略长于单支撑阶段，说明这几名选手单支撑阶段器械运行的轨迹还存在偏长现象，训练中进一步缩短单支撑阶段器械轨迹，通过提高右腿上腿及右脚着地的速度来完善单支撑阶段的技术。王峥器械总的运行轨迹并不长，但双支撑阶段远远比单支撑阶段长，有效利用了对器械加速的距离，进一步增加器械水平速度。减少双支撑阶段身体重心上下起伏的程度，减小左腿双支撑阶段蹬伸幅度是王峥今后技术改进的方向。王璐在加速节奏上问题并不大，但加速的距离过短，动作上存在一定的问题，进一步提高上肢的舒展能力，延长双支撑阶段的用力距离是她技术完善的方向。宗丹整体技术结构较为合理，不足的是加速节奏较差，器械在双支撑阶段的轨迹变化幅度较大，动作结构没有定型。

七、我国女子链球选手旋转过程中左肩、右髋加速特征分析

左肩关节的速度在旋转过程中主要反映了上肢的舒展程度，是器械连接身体的主要关节，也是身体向器械传递力量的重要环节，特别是单支撑阶段，是反映上肢肩带肌肉群是否放松和多余肌肉参与用力的一个重要标志。所以通常用左肩的速度来判断肩带肌肉群的放松情况。旋转过程中左肩、右髋着地、离地瞬间速度情况如表 4–31、表 4–32 所示。

离地瞬间左肩速度高于右髋，说明左肩加速领先于下肢，上肢的三角加速动作积极，而右脚着地瞬间下肢要完成对上肢的超越，左肩的速度不能超越右髋，不但减小了对上肢的超越效果，同时左肩有过早加速的现象，这是不合理的。

表 4–31　旋转过程中左肩着地、离地瞬间速度情况　（单位：米/秒）

姓名	第一圈		第二圈		第三圈		第四圈	
	离地	着地	离地	着地	离地	着地	离地	着地
王　峥	2.73	2.30	1.59	3.43	3.04	4.61	3.59	4.07
张文秀	2.76	1.90	1.64	2.89	3.50	3.25	3.96	3.40
刘婷婷	1.77	2.04	3.30	2.79	3.59	2.97	4.40	3.64
罗　娜	1.16	2.41	3.61	2.64	4.46	3.66	3.88	3.78
王　璐	1.69	1.62	3.80	2.74	3.47	3.00	3.51	3.37
燕　妮	0.88	2.87	1.79	2.85	2.58	4.29	3.33	3.87
李雨茂	1.67	1.28	2.44	2.52	2.35	3.65	2.53	3.54
宗　丹	2.56	1.72	0.42	3.18	2.73	3.50	2.00	3.51

表 4–32 旋转过程中右髋着地、离地瞬间速度情况 （单位：米/秒）

姓名	第一圈		第二圈		第三圈		第四圈	
	离地	着地	离地	着地	离地	着地	离地	着地
王　峥	2.10	1.51	2.07	2.45	2.24	3.06	2.65	3.10
张文秀	3.00	2.63	1.89	2.42	2.31	2.81	2.46	2.88
刘婷婷	1.68	1.75	2.40	2.78	2.84	2.78	1.66	3.72
罗　娜	0.79	2.22	1.93	3.12	1.35	3.16	2.30	3.75
王　璐	1.91	2.54	1.37	1.34	1.55	2.83	1.33	2.94
燕　妮	2.42	2.66	0.78	3.68	1.32	3.50	1.66	3.06
李雨茂	3.27	3.12	2.21	3.03	2.10	3.49	1.59	3.49
宗　丹	1.68	1.87	0.77	2.93	1.60	2.54	2.03	3.01

从离地瞬间两个环节的速度情况看，第一圈王峥、刘婷婷、罗娜、宗丹四名选手左肩速度高于右髋，左肩加速高于右髋，其他四名选手右髋加速高于左肩。右脚着地瞬间王峥、刘婷婷、罗娜、燕妮四名选手左肩速度高于右髋（表 4–31、表 4–32），说明上肢转动速度领先于右髋，不利于右侧下肢的超越。其他四名选手右髋速度高于左肩，下肢转动速度高于左侧上肢，这是合理的。

第二圈右脚离地瞬间只有王峥和宗丹两名选手左肩速度低于右髋，其他选手都出现了左肩速度领先于右髋的现象（表 4–31、表 4–32），也就是说我国选手第二圈普遍存在右侧下肢蹬转动作不积极的问题。着地瞬间左肩速度呈现出急速上升的趋势，王峥、张文秀、刘婷婷、王璐、宗丹五名选手左肩速度高于右髋，上肢加速明显，右侧下肢加速低于上肢，对超越效果不利。

第三圈右脚离地瞬间左肩速度呈现出明显上升的趋势，相反右髋速度增幅小于左肩（表 4–31、表 4–32）。所有选手左肩速度都比右髋高，特别是罗娜、刘婷婷和张文秀等选手，左肩开始回撤，有主动加速现象，而且右脚着地瞬间所有选手的左肩速度也高于右髋，特别是王峥和燕妮，说明我国选手第三圈单支撑阶段不但存在右侧上腿速度慢的问题，还存在着地不积极和向下拉球加速的现象。

第四圈右脚离地瞬间左肩还有加速现象，比右髋的速度高，如刘婷婷、张文秀、罗娜、王峥等选手（表 4–31、表 4–32），进一步说明左肩还是有加速现象，相比右侧下肢加速呈现出了增幅减小的趋势，部分选手存在下肢蹬转不积极的问题，而且上肢有过度加速现象，特别是刘婷婷、李雨茂、王璐等选手下肢蹬转不积极。着地瞬间所有选手的左肩速度都比右髋高，上肢加速领先于下肢，说明普遍存在单支撑阶段右侧下肢转动加速不积极的现象，减小了下肢对上肢超越的幅度，对最后用力的幅度造成影响，这也是我国选手普遍存在用力距离短和效果差的主要原因。

八、我国女子链球选手旋转过程中左肩、右髋加速时机分析

右髋关节在旋转过程中反映了整个右侧以髋关节为核心的身体转动效果，是下肢超越上肢的一个重要指标。右髋关节的加速主要有两个阶段，第一个是每圈的双支撑阶段，器械在经过低点的过程中，双支撑阶段结束瞬间，主要完成右脚向投掷方向（180 度的位置）的转动，但该阶段加速不能过大，否则造成身体重心脱离左侧下肢的转动轴[9]。第二个加速阶段是单支撑阶段器械在高点位置瞬间右腿上腿的阶段，速度的大小直接反映了右腿的积极程度，速度峰值反映了加速的能力，峰值时机反映了加速的合理性。旋转过程中左肩、右髋加速及加速时机情况如表 4–33、表 4–34 所示。

表 4–33　旋转过程中左肩加速及加速时机情况

姓名	第一圈		第二圈		第三圈		第四圈	
	峰值（米/秒）	时机（秒）	峰值（米/秒）	时机（秒）	峰值（米/秒）	时机（秒）	峰值（米/秒）	时机（秒）
王　峥	2.76	0.284	3.82	0.752	4.78	1.536	5.11	1.662
张文秀	2.95	0.585	3.94	1.010	4.24	1.520	4.73	1.979
刘婷婷	3.09	0.576	3.74	1.186	4.40	1.570	5.10	2.012
罗　娜	3.60	0.317	4.64	0.952	5.02	1.428	4.92	1.870
王　璐	3.00	0.585	3.88	0.969	4.96	1.478	5.21	1.946
燕　妮	2.87	0.668	3.43	0.785	4.26	1.478	4.65	2.146
李雨茂	2.55	0.568	3.30	1.177	3.74	1.695	4.00	2.356
宗　丹	3.27	0.484	3.77	0.927	3.75	1.378	4.23	1.845

表 4–34　旋转过程中右髋加速及加速时机情况

姓名	第一圈		第二圈		第三圈		第四圈	
	峰值（米/秒）	时机（秒）	峰值（米/秒）	时机（秒）	峰值（米/秒）	时机（秒）	峰值（米/秒）	时机（秒）
王　峥	4.01	0.459	4.40	0.985	3.753	1.445	3.83	1.854
张文秀	4.38	0.593	4.10	1.152	3.833	1.637	3.75	2.096
刘婷婷	3.93	0.576	3.31	1.227	3.325	1.712	3.84	2.179
罗　娜	3.09	0.518	3.98	1.119	3.896	1.294	4.67	2.062
王　璐	3.99	0.610	3.90	1.194	3.824	1.344	3.61	1.845
燕　妮	3.30	0.526	3.72	1.069	4.062	1.570	3.36	2.171
李雨茂	3.82	0.576	3.46	1.303	3.408	1.820	3.70	2.356
宗　丹	3.33	0.501	4.44	1.111	3.802	1.620	4.12	2.096

从左肩和右髋的加速时机看，第一圈旋转中只有罗娜左肩的速度峰值比右髋大（表 4–31、表 4–34），从技术录像中也可以看出，她在进旋转阶段左肩有明显的加速动作，其他选手左肩的速度峰值都比右髋小，而且加速时机也早于右髋，也就是上肢加速完成后下肢才开始加速。从加速时机看，王璐、宗丹、刘婷婷等选手左肩的速度峰值时机都出现在单支撑阶段，这是不合理的，对单支撑阶段下肢对上肢的超越不利，其他选手左肩的速度峰值基本都在双支撑阶段，完成上肢向投掷方向的三角加速动作，加速时机是合理的。

第二圈上下肢速度峰值都呈现出增加的趋势（表 4–33、表 4–34），其中只有刘婷婷和燕妮左肩的速度峰值出现在单支撑阶段，这是不合理的，其他选手都出现在双支撑阶段。可以看出张文秀、罗娜等选手左肩加速效果明显。大部分选手右髋的速度峰值都出现在单支撑阶段，但王峥、张文秀和宗丹等选手下肢加速能力比较强，也反映出她们第二圈下肢加速能力比上肢强。其中刘婷婷、罗娜、燕妮三名选手出现左肩速度峰值高于右髋的现象，这说明加速时机也存在一定的问题。

从第三圈选手们的左肩速度峰值看，都呈现出增幅较大的现象（表 4–33、表 4–34），说明上肢明显加速，而相应的右髋速度峰值增幅较小，部分选手还出现了降低的现象。左肩的速度峰值比右髋高，表明我国选手普遍从第三圈开始上肢对器械加速，而右侧下肢则有追不上上肢的现象。从峰值的时机和加速特征看，王峥、罗娜、王璐三名选手左肩的速度峰值出现在右髋的速度峰值之后，也就是单支撑阶段，这是不合理的，出现这一现象的主要原因是右脚着地速度慢，出现左肩回撤动作，从而加快右脚着地，损失了左肩向投掷方向运动的速度。其他选手虽然右髋加速能力有一定下降，但加速时机还是合理的。从速度峰值变化曲线可以看出，从第三圈开始左肩的峰值曲线明显高于右髋，而前两圈右髋的峰值曲线明显高于左肩，这也是我国选手普遍存在的问题，第三圈上肢加速明显，下肢加速效果较差。

第四圈左肩峰值速度呈现出进一步增加的趋势，而右髋速度峰值增速进一步放缓，甚至个别选手出现比第三圈降低的现象（表 4–33、表 4–34）。这也表明我国选手普遍存在第四圈上肢加速严重的问题，而下肢运动速度赶不上上肢，这种情况势必造成下肢在最后用力前超越上肢的效果减弱，进一步影响最后用力的幅度[11]。从峰值的时机看，大部分选手都是左肩峰值时机早于右髋，王璐右髋加速时机比左肩早，李雨茂两个环节峰值出现在同一时刻。虽然大部分选手的加速时机没有问题，但有部分选手存在左肩出现两个加速时机的问题，例如燕妮、宗丹和王璐双支撑阶段左肩有明显的加速，但在右脚着地前又出现了一个加速，这在技术上是不合理的，不利于这段时间右脚快速着地完成超越。

九、我国女子链球选手旋转过程中左肩、右髋整体加速趋势分析

由图 4−49～图 4−56 可知，从两个环节速度变化曲线看，我国选手整体上第一、二圈下肢特别是右髋的加速较为积极，加速幅度也比较大，而左肩加速幅度相对较小，这在技术上是合理的。但随着旋转的进行，左肩速度在第三、四圈加速明显，速度曲线呈现急速上升，在最后用力阶段达到了整个投掷过程的最大峰值。反观右髋的加速情况，第一、二圈加速峰值比较明显，反而到了第三、四圈峰值不但出现降低，整个加速曲线还出现了向下的趋势，上下肢的加速呈现出明显相反的现象。这也说明我国选手前两圈旋转技术较为合理，但第三、四圈下肢加速不积极，当然这里所讲的下肢主要是以右髋为核心的整个右侧下肢，这对下肢超越速度逐渐增大的器械不利，形成了上肢加速快、下肢加速慢的局面，也违背了投掷技术中下肢尽可能超越上肢的要求。第三、四圈下肢加速效果差是我国选手普遍存在的一个问题，也是我国选手对器械持续加速能力弱的主要原因。训练中要提高下肢反应速度，特别是右髋在单支撑阶段上腿和着地的速度。

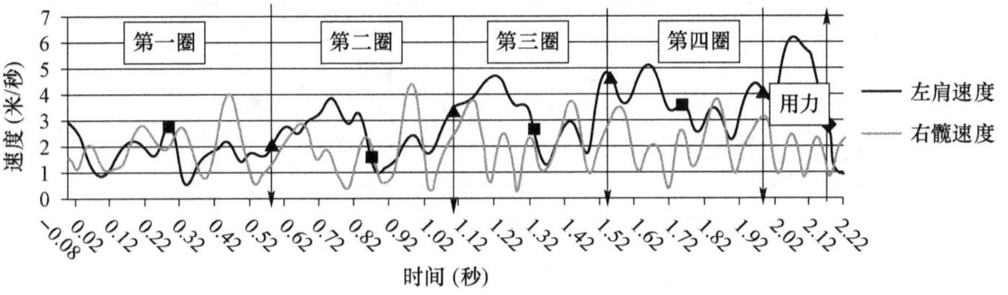

图 4−49　王峥旋转过程中左肩、右髋速度曲线图

注：■表示每圈的右脚离地瞬间，▲表示每圈的右脚着地瞬间，◆表示器械出手瞬间。

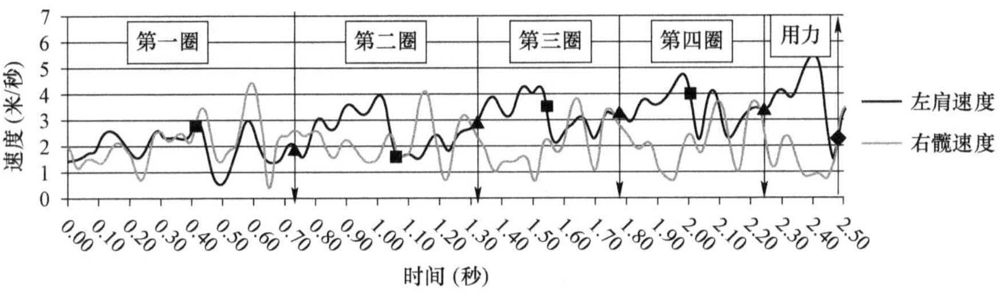

图 4−50　张文秀旋转过程中左肩、右髋速度曲线图

注：■表示每圈的右脚离地瞬间，▲表示每圈的右脚着地瞬间，◆表示器械出手瞬间。

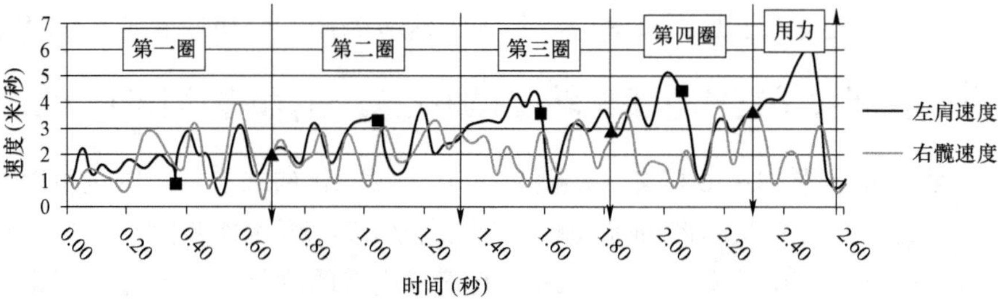

图 4-51　刘婷婷旋转过程中左肩、右髋速度曲线图

注：■表示每圈的右脚离地瞬间，▲表示每圈的右脚着地瞬间，◆表示器械出手瞬间。

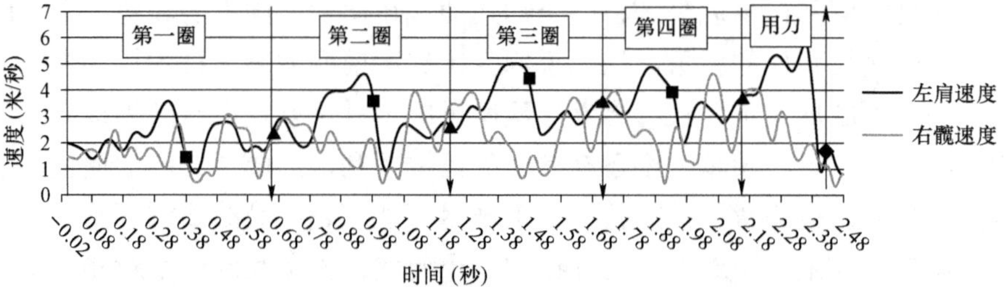

图 4-52　罗娜旋转过程中左肩、右髋速度曲线图

注：■表示每圈的右脚离地瞬间，▲表示每圈的右脚着地瞬间，◆表示器械出手瞬间。

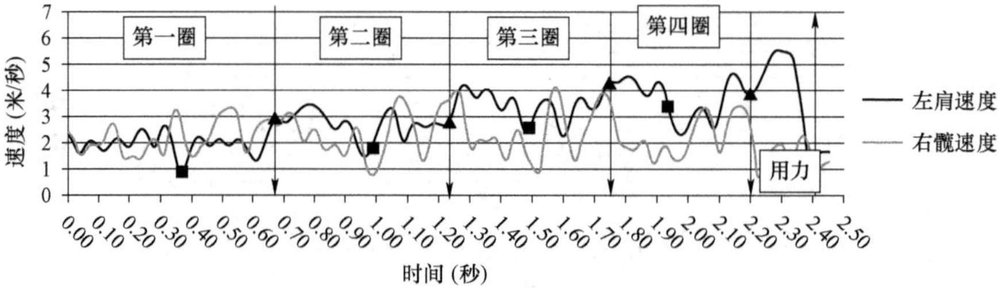

图 4-53　燕妮旋转过程中左肩、右髋速度曲线图

注：■表示每圈的右脚离地瞬间，▲表示每圈的右脚着地瞬间，◆表示器械出手瞬间。

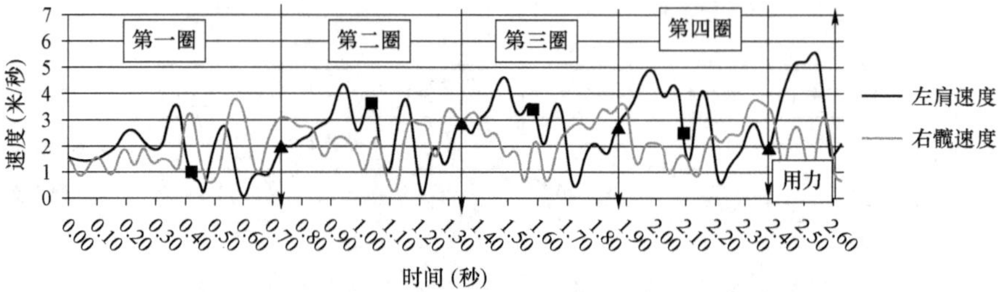

图 4-54　李雨茂旋转过程中左肩、右髋速度曲线图

注：■表示每圈的右脚离地瞬间，▲表示每圈的右脚着地瞬间，◆表示器械出手瞬间。

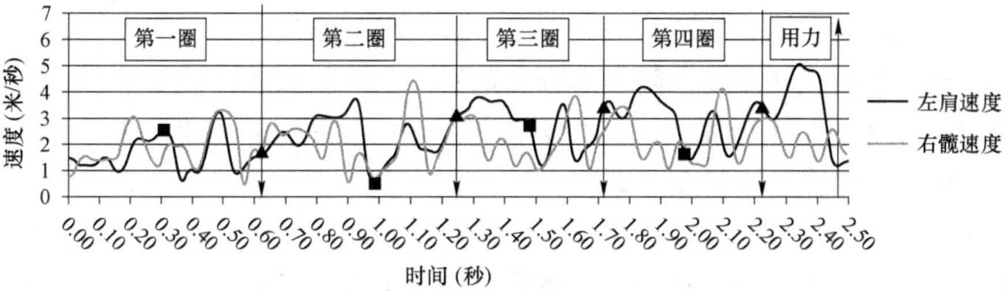

图 4-55　宗丹旋转过程中左肩、右髋速度曲线图

注：■表示每圈的右脚离地瞬间，▲表示每圈的右脚着地瞬间，◆表示器械出手瞬间。

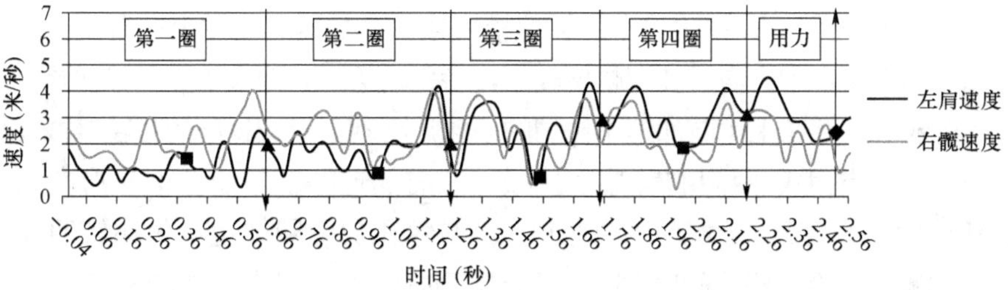

图 4-56　王璐旋转过程中左肩、右髋速度曲线图

注：■表示每圈的右脚离地瞬间，▲表示每圈的右脚着地瞬间，◆表示器械出手瞬间。

十、主要结论

（1）我国选手在旋转节奏上普遍存在第一圈进旋转不积极，第二圈技术较好，第三、四圈加速节奏不明显的特点，通过提高右脚着地的速度和发展专项速度能力，进一步缩短第四圈单支撑阶段时间，增加最后用力时间和鞭打用力幅度。

（2）我国选手普遍存在进旋转器械速度较低的特点，第一、二圈器械速度增量幅度较大，加速能力较强，第三、四圈器械速度增量偏低，对器械加速能力偏弱，特别是第四圈和最后用力阶段对器械持续加速的能力有待提高，进一步完善第三、四圈双支撑阶段的用力效果，提高旋转中对器械的持续加速能力。

（3）我国选手普遍存在进旋转器械轨迹短的现象，“迎球、放球”动作不充分，第二圈对器械加速轨迹较长，第三、四圈器械轨迹呈缩短趋势，第四圈双支撑阶段和最后用力阶段对器械加速距离偏短。训练中需要进一步提高第三、四圈上肢的舒展能力，克服左肩回撤现象，增加左侧下肢的压紧效果，延长双支撑阶段对器械的加速距离。

（4）我国选手普遍存在第四圈器械斜面角偏大的现象，器械在高点位置上体有后仰现象，增加了右腿上腿的难度，降低了右脚着地的速度，影响了身体和器械向投掷方向运动的水平速度。

（5）右髋关节加速时机和效果反映了运动员下肢加速的合理性，右髋和右膝的加速时机应该在单支撑阶段右脚离地后，右髋的加速时机要早于右膝（右脚着地前），每一圈右髋的加速幅度要高于左肩，右髋的加速效果和时机是评判运动员技术合理性的重要指标。

（6）左肩的加速时机和效果反映了运动员上肢加速的合理性，左肩加速的时机主要在单支撑阶段，每一圈左肩的加速幅度要小于右髋，否则就会出现上肢提前用力的问题，对左侧支撑轴转动效果有直接影响，左肩的加速效果和时机可以作为判断运动员上肢技术合理性的主要指标。

（7）我国选手单支撑阶段左肩加速幅度较大，加速时机主要在单支撑阶段，上肢加速时机不合理，右髋加速幅度较小，特别是第三、四圈上肢加速明显，下肢加速幅度较小，存在上下肢加速不协调的问题，不利于形成良好的超越器械姿势。

（8）我国选手前两圈右髋加速积极，左肩加速幅度较小，但左肩在第三、四圈加速明显，速度曲线呈现急速上升。右髋在前两圈加速峰值比较明显，第三、四圈峰值不但出现降低现象，整个加速曲线也呈现出下降的趋势，上下肢的加速呈现出明显的反差。第三、四圈下肢加速效果差是我国选手普遍存在的一个问题，也是对器械持续加速能力弱的主要原因。

（9）训练中右髋和左肩的加速效果和时机可以作为评判运动员上下肢加速合理性的重要指标，我国选手训练中应适当降低进旋转和前两圈速度的贡献率，增加第三、四圈对器械加速的比例和持续加速能力，提高旋转的加速节奏。

（10）我国选手训练中应提高下肢逐渐加速的能力，降低上肢（左肩）的加速幅度，特别是提高第三、四圈右髋单支撑阶段加速的能力，增加右腿上腿的速度和右脚着地的积极性，从而提高下肢的超越幅度和效果，进一步提高对器械的做功距离和用力效果。

（11）我国选手训练中应通过提高脚下反应速度来提高对右髋的控制能力，增加右髋在离地后绕左侧轴转动和右脚着地的速度，缩短单支撑阶段的时间，这也是符合运动生物力学技术原理和现代掷链球技术“晚抬早落”要求的。

第四节　我国女子链球运动员肌肉用力特征分析

一、我国女子链球运动员原始肌电图分析

从原始的肌电图情况可以发现，王峥从进旋转到第一圈右脚离地瞬间的双

支撑阶段，右侧的腓肠肌和左侧的竖脊肌处于激活放电状态，而且持续时间也比较长，用于完成上体对抗离心力的动作，其他肌肉基本没有放电，整个身体右侧肌肉基本没有被激活。这说明双支撑阶段身体重心主要在左侧，以左侧为支撑轴进行转动，左腿膝关节处于压紧状态。在第一圈右脚离地后的单支撑阶段，左侧肌肉的激活顺序为竖脊肌、腹外斜肌、右胫骨前肌、腓肠肌，其中竖脊肌和腹外斜肌放电效果明显（图 4–57），而在器械从高点向低点的运行过程中开始停止放电，右侧的腓肠肌被激活放电。

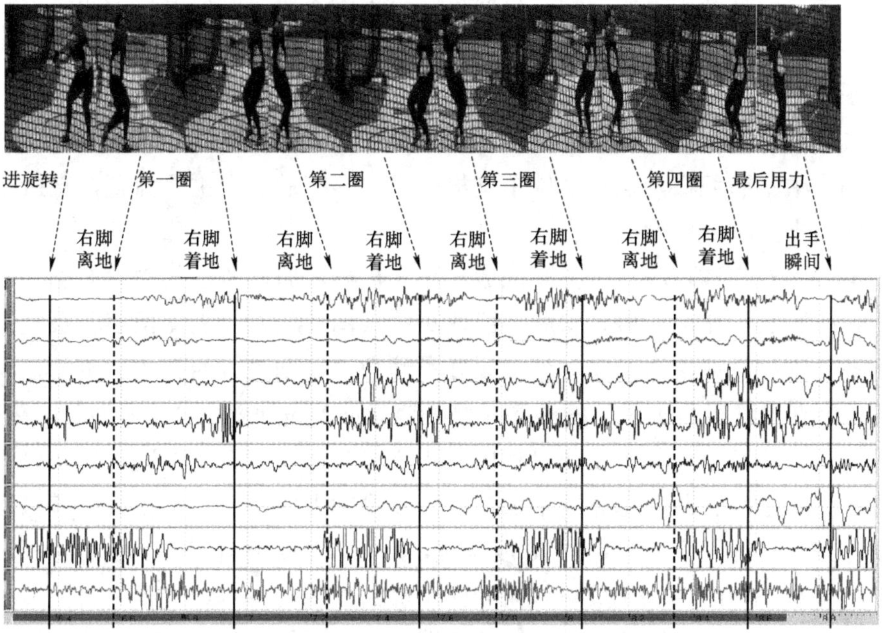

图 4–57　王峥掷链球过程肌肉放电原始图

注：肌肉的顺序为右侧股四头肌、竖脊肌、腹外斜肌、腓肠肌、胫骨前肌，
左侧股四头肌、竖脊肌、腹外斜肌。

第二圈双支撑阶段：整个身体右侧的主要肌肉放电效果较差，只有左侧的腹外斜肌处于放电状态，说明整个用力动作中右侧下肢的推动不够积极，而且从技术图片可以看出，右脚着地的位置在左脚的后面，直接造成身体重心不容易过渡到左腿上，进一步说明她第一圈右脚着地不够积极，这也是她双支撑用力阶段一直存在的一个问题，由于增加了身体重心向左腿移动的难度，第二圈双支撑阶段只能依靠左肩的后撤来完成器械从 90 度到高点的运动，和身体重心没有完全通过左侧轴有直接关系。单支撑阶段各块肌肉放电开始增加，肌肉激活的顺序为左侧的竖脊肌、腹外斜肌，右侧的腓肠肌、股四头肌、腹外

斜肌、胫骨前肌，左侧肌肉的放电时机早于右侧（图 4–57），说明提高了身体右侧的运动效果，加快右脚着地的速度，为下一圈双支撑阶段对器械的加速创造条件。

第三圈双支撑阶段：肌肉激活的顺序右侧为腓肠肌、股四头肌，左侧为竖脊肌和腹外斜肌，其他肌肉几乎没有被激活，两侧肌肉中主要以右侧肌肉放电和用力为主（图 4–57），但整个右侧肌肉放电参与用力的效果都不佳，特别是股四头肌没有在着地后积极地推动身体重心向左腿移动，过多依靠上肢进行用力，没有形成良好的下肢拧转。反而单支撑阶段各块肌肉放电较为明显，激活的顺序左侧为腹外斜肌、腓肠肌、竖脊肌，右侧为股四头肌、竖脊肌，其他肌肉几乎没有放电，说明整个单支撑阶段主要还是以左侧上肢领先转动为主，右侧下肢并没有积极地上步完成超越动作，特别是右侧的股四头肌，在上步抬腿、着地动作中不够积极，这也是她单支撑技术中存在的一个主要问题，直接造成第四圈双支撑阶段技术的不合理。

第四圈双支撑阶段：主要肌肉放电明显提高，肌肉激活的顺序右侧为股四头肌、腓肠肌，左侧为腹外斜肌、股四头肌（图 4–57），右侧虽然积极向左侧支撑轴上推动身体重心运动，但效果并不理想，特别是股四头肌放电的效果并不好。单支撑阶段肌肉激活的顺序左侧为竖脊肌、腹外斜肌，右侧为股四头肌、腹外斜肌、腓肠肌，整个动作过程中上步阶段（90～180 度位置）还是以左侧动作领先，但竖脊肌放电急速增加，进一步说明上肢抬起幅度较大，和左肩回撤动作较严重有关。在 180～270 度位置，开始以右侧身体转动为主，完成右侧下肢的超越，但股四头肌放电效果明显不够，表明右脚着地过程中膝关节处伸展不积极，影响了右脚着地的速度和位置，对最后用力的幅度和姿势也会造成一定的影响。

最后用力阶段：肌肉激活的顺序左侧为竖脊肌、腹外斜肌、股四头肌，右侧为股四头肌、腹外斜肌、腓肠肌（图 4–57），可以看出左侧肌肉的发力领先于右侧，这是不合理的，应该在右脚着地后继续推动身体重心向左侧支撑轴过渡，当重心完全移动到左腿上后左侧身体开始用力。另外，右侧肌肉中主要完成躯干伸展的竖脊肌放电效果差，进一步说明整个身体的鞭打用力幅度较小，用力效果不理想，特别是在垂直轴上的鞭打效果。

从张勇丽主要肌肉原始肌电图看，每圈肌肉放电较为清晰，双支撑阶段放电效果明显高于单支撑阶段（图 4–58），这是合理的，因为双支撑阶段是每圈对器械加速的主要阶段，而单支撑阶段只是起到过渡转换的作用。

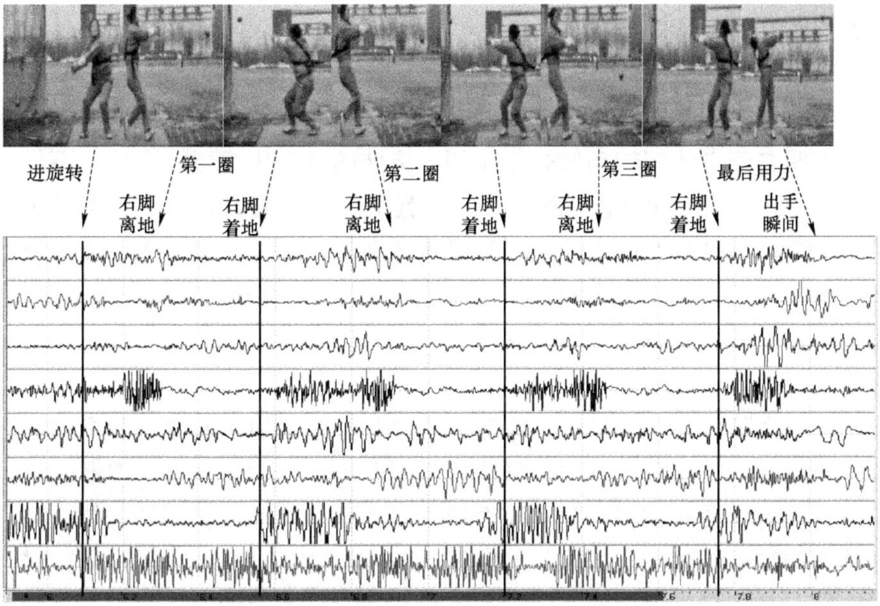

图 4–58 张勇丽掷链球过程肌肉放电原始图

注：肌肉的顺序为右侧股四头肌、竖脊肌、腹外斜肌、腓肠肌、胫骨前肌，
左侧股四头肌、竖脊肌、腹外斜肌。

第一圈双支撑阶段：肌肉激活的顺序左侧为竖脊肌、腹外斜肌，右侧为胫骨前肌、腓肠肌（图 4–58），可以明显看出左侧肌肉用力时机领先于右侧，放电的水平也高于右侧，说明右侧用力不够积极，特别是右腿的推动作用没有发挥出来，这也是她双支撑阶段存在的一个主要问题。单支撑阶段肌肉激活的顺序左侧为腹外斜肌、股四头肌，右侧为股四头肌、腹外斜肌、胫骨前肌，不难发现，左侧肌肉用力的时机早于右侧，而右脚着地前股四头肌放电水平较差，说明右脚没有积极主动地前伸着地。

第二圈双支撑阶段：肌肉放电持续时间明显比第一圈要长，肌肉放电的顺序左侧为竖脊肌、腹外斜肌，右侧为胫骨前肌、腓肠肌、股四头肌、腹外斜肌，其中左侧肌肉的放电时程比右侧长（图 4–58），以左侧身体领先加速运动为主，不足的是左侧的股四头肌放电水平偏低，说明整个动作左腿膝关节处压紧效果较差，伸展幅度偏大。右侧肌肉中右腿蹬转较为积极，整个下肢动作也比较合理，股四头肌和腓肠肌在右脚离地前积极放电，完成身体重心向左腿上推动的动作。单支撑阶段肌肉的激活顺序左侧为腹外斜肌、股四头肌，右侧为胫骨前肌，其他肌肉几乎没有被激活，进一步说明右侧主要肌肉在完成器械从高点下行过程中用力不够积极，特别是右腿的上腿和着地动作，这也是她单支撑阶段技术需要改进的一个方面。

第三圈双支撑阶段：肌肉激活的顺序左竖脊肌，右侧腓肠肌、右股四头肌、右胫骨前肌及左腹外斜肌（图 4–58），可以看出左侧腹外斜肌的激活时机晚于右侧，说明右侧身体的转动领先于左侧，上肢的转动用力更加合理，不足的是右腿的蹬伸效果有一定程度的减弱，下肢蹬转不够积极，没有配合上肢完成用力动作。单支撑阶段右侧肌肉几乎都没有被激活，不论从放电效果还是放电时机看，左侧肌肉都领先于右侧肌肉，进一步说明右侧动作不够积极，特别是右脚着地前没有积极完成转动和伸展着地动作，存在下肢动作延后的现象，对最后用力效果有一定影响。

最后用力阶段：肌肉激活的顺序为左侧的腹外斜肌、竖脊肌和右侧的胫骨前肌、腓肠肌、股四头肌、腹外斜肌、竖脊肌，可以看出左侧肌肉激活早，而且放电水平高（图 4–58），说明整个用力动作中两侧用力协同性有待提高，上肢的动作领先于下肢，用力顺序上存在一定的问题，下肢的蹬伸效果有待提高，过多依靠上肢来完成用力动作，这是不符合用力技术原理的。

二、我国女子链球运动员 iEMG 特征分析

王峥与张勇丽两侧肌肉积分肌电图如图 4–59～图 4–62 所示。

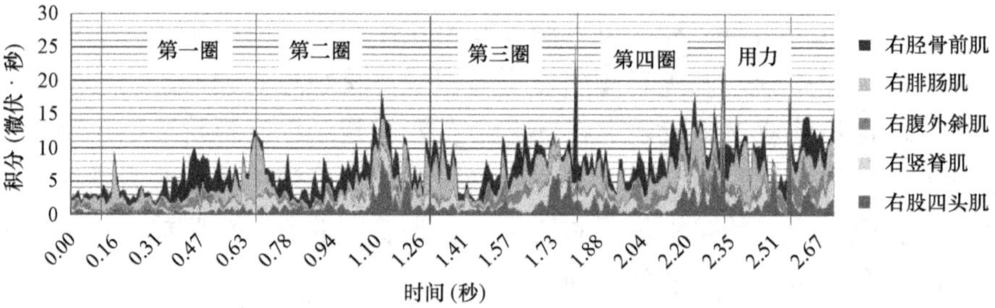

图 4–59　王峥右侧肌肉积分肌电图

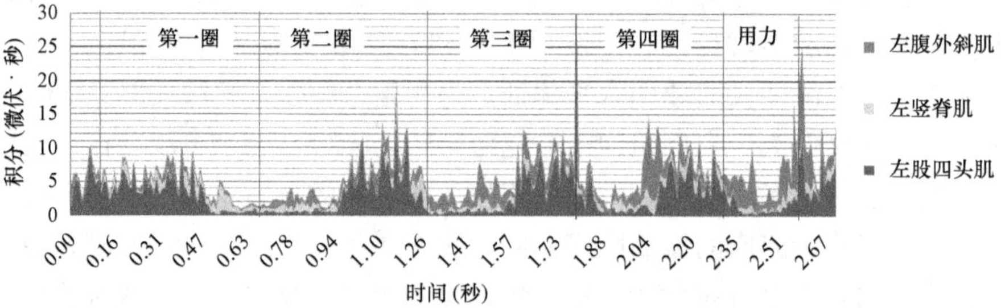

图 4–60　王峥左侧肌肉积分肌电图

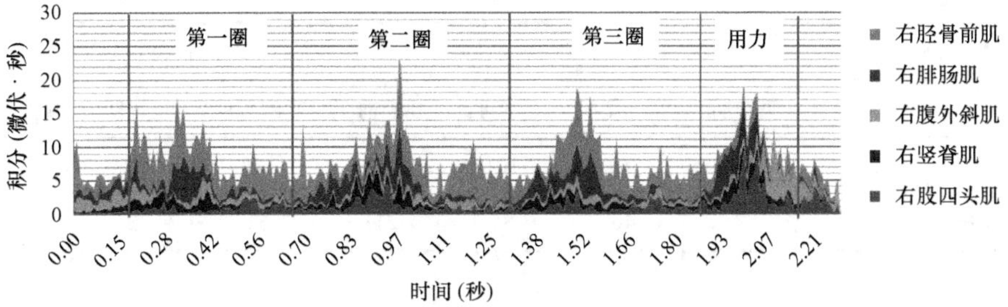

图 4-61　张勇丽右侧肌肉积分肌电图

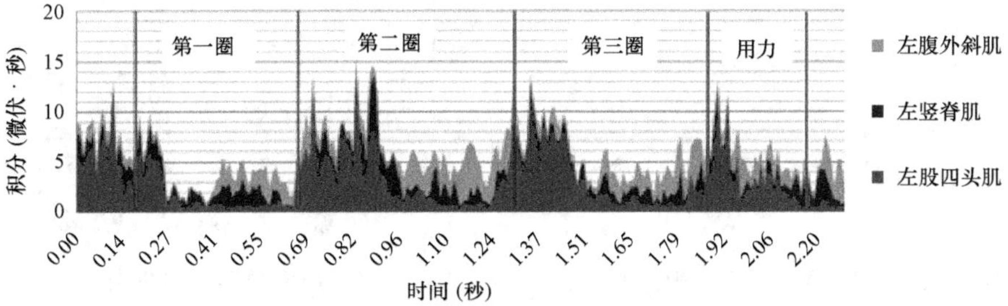

图 4-62　张勇丽左侧肌肉积分肌电图

（一）我国女子链球运动员第一圈 iEMG 特征分析

从主要肌肉的积分面积看，王峥右侧肌肉中腓肠肌和胫骨前肌积分较多（表 4-35），其他三块肌肉积分较少，从放电的时间看，腓肠肌放电集中在右脚着地前的单支撑阶段，说明右脚在着地过程中踝关节处伸展幅度较大，虽然着地位置有一些不足，但着地比较积极。从胫骨前肌的放电时机也可以看出，比腓肠肌稍微早一些，不足的是股四头肌放电效果较差，蹬转和膝关节处伸展幅度较小，这也是造成着地位置不合理的原因。左侧肌肉中股四头肌放电效果最好（图 4-63），主要集中在双支撑阶段和右脚离地前后，说明左腿在单支撑阶段压紧效果较好，身体重心更靠近左腿，上体保持得更直，身体重心向左腿移动效果较好。张勇丽第一圈胫骨前肌积分最多，明显高于其他肌肉，集中在右脚着地前（图 4-64），说明右脚着地位置较为合理，基本能和左脚达到一个水平位置，但腓肠肌积分较少，表明右脚在踝关节处伸展不够积极，主要以全脚掌的形式着地，不利于快速进入双支撑用力阶段。整个左侧肌肉中股四头肌积分较少，左腿的压紧效果有待提高。

表 4-35　第一圈肌肉用力 iEMG 特征　　（单位：微伏·秒）

姓名	右侧肌肉					左侧肌肉		
	股四头肌	竖脊肌	腹外斜肌	腓肠肌	胫骨前肌	股四头肌	竖脊肌	腹外斜肌
王　峥	30	45	41	101	123	178	76	32
张勇丽	39	53	40	85	211	62	72	55

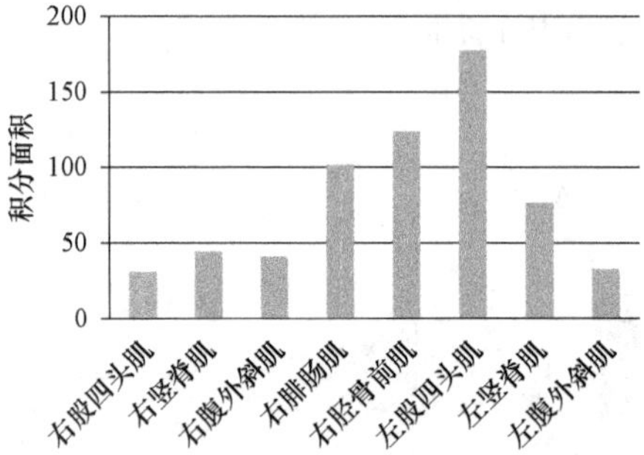

图 4-63　王峥第一圈肌肉积分面积图

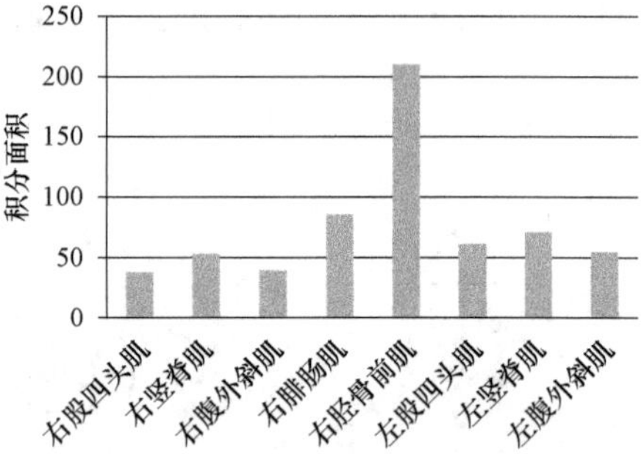

图 4-64　张勇丽第一圈肌肉积分面积图

（二）我国女子链球运动员第二圈 iEMG 特征分析

第二圈双支撑阶段运动员两侧肌肉积分明显比第一圈有一定提升，其中王峥右侧肌肉中腹外斜肌积分最少（29 微伏·秒），其他肌肉积分效果都比较好（表 4-36），说明整个动作中依靠身体的转动幅度用力很小，和腹外斜肌的柔韧性有直接关系，训练中她的柔韧性比较差，这也是她各项素质中较差的一项。在着地阶段注意了右腿的前伸动作。左侧肌肉中股四头肌的积分最多，达到了 186 微伏·秒，是所有肌肉中积分最多的。而左侧竖脊肌和腹外斜肌积分相对减少了（图 4-65），表明在单支撑阶段上体开始出现后仰，不能像第一圈一样重心及时地移动到左腿上，左侧上肢动作出现了一些问题。张勇丽第二圈右侧肌肉除了胫骨前肌和腓肠肌积分效果较好，其他肌肉积分效果都比较差，特别是右侧股四头肌和竖脊肌（图 4-65），表明整个右腿的蹬转加速效果比较差，需要在后续训练中重点提高，但右腿着地过程中抬腿前伸效果较好。左侧肌肉相对较为活跃，整个身体转动的幅度和效果较好，但上体运动不积极，特别是在右脚离地过程中，身体重心没有及时移动到支撑腿上，股四头肌的积分情况也可以反映出这一问题。

表 4-36　第二圈肌肉用力 iEMG 特征　（单位：微伏·秒）

姓名	右侧肌肉					左侧肌肉		
	股四头肌	竖脊肌	腹外斜肌	腓肠肌	胫骨前肌	股四头肌	竖脊肌	腹外斜肌
王　峥	99	90	29	87	143	186	73	65
张勇丽	44	48	36	98	215	165	82	106

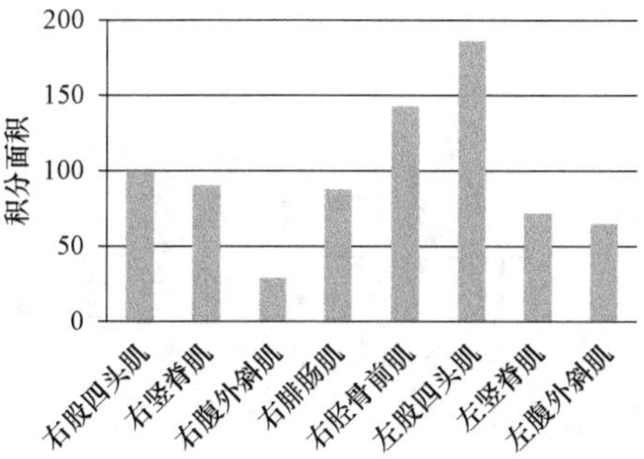

图 4-65　王峥第二圈肌肉积分面积图

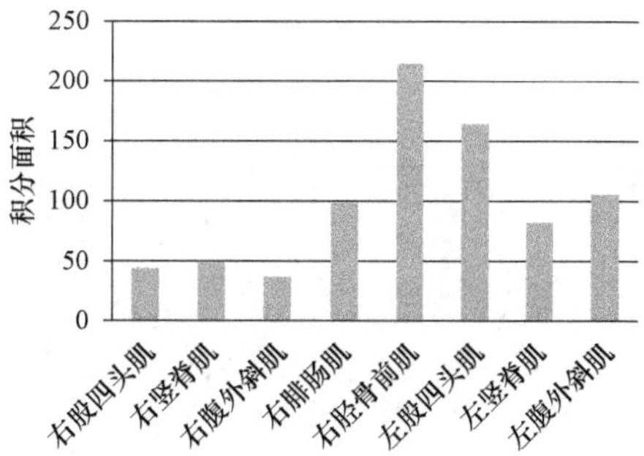

图 4-66　张勇丽第二圈肌肉积分面积图

（三）我国女子链球运动员第三圈 iEMG 特征分析

第三圈王峥整体上两侧肌肉相差不大，右侧肌肉中腹外斜肌积分较少（表 4-37、图 4-68)），只有 42 微伏·秒，双支撑阶段右侧下肢超越上肢的效果有待提高（胫骨前肌的积分也反映了这一问题），训练中需进一步提高右腿的蹬转能力，提高腓肠肌和股四头肌的放电效果。在双支撑阶段竖脊肌参与用力，和整个上体后仰用力有直接关系，从运动学解析的角度看，第三圈双支撑阶段开始出现撤左肩、上体向后仰的现象，这种现象直接造成双支撑阶段器械运行轨迹缩短，对后续单支撑阶段身体重心向左腿移动不利。单支撑阶段左侧的股四头肌积分最多，也是所有肌肉中最多的，而竖脊肌积分最少，表明左腿在转动过程中膝关节处压紧效果较好，上肢能基本保持直立，注意了器械在向高点运行过程中右腿的超越，增加了腹外斜肌的积分。张勇丽第三圈右侧肌肉中除了胫骨前肌和腓肠肌积分较多，其他三块肌肉积分偏少（图 4-68），特别是股四头肌和腹外斜肌只有 53 微伏·秒，进一步表明下肢的蹬转加速效果不好，这也是她双支撑阶段存在的一个主要问题。相比左侧肌肉较为活跃，竖脊肌积分较多表明上肢在单支撑阶段前倾幅度较大，重心没有完全移动到左侧支撑轴上。

表 4-37　第三圈肌肉 iEMG 特征　（单位：微伏 • 秒）

姓名	右侧肌肉					左侧肌肉		
	股四头肌	竖脊肌	腹外斜肌	腓肠肌	胫骨前肌	股四头肌	竖脊肌	腹外斜肌
王　峥	84	78	42	121	107	154	50	93
张勇丽	53	49	33	102	205	152	84	88

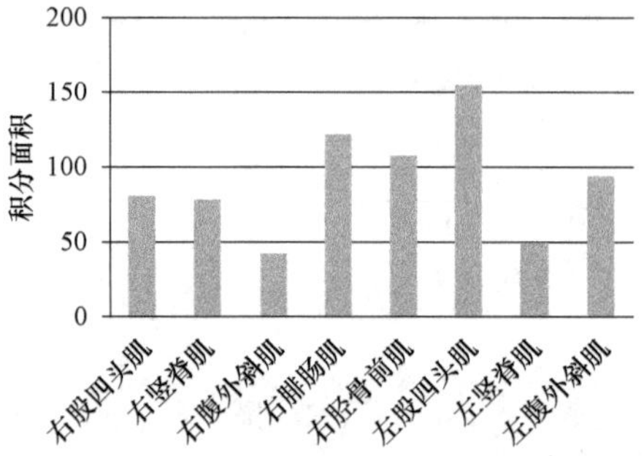

图 4-67　王峥第三圈肌肉积分面积图

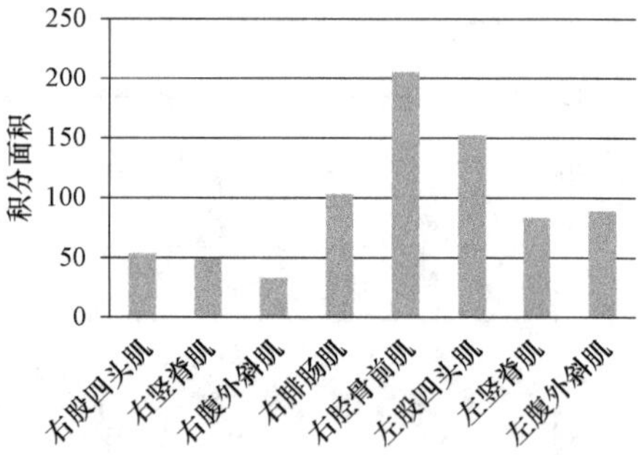

图 4-68　张勇丽第三圈肌肉积分面积图

（四）我国女子链球运动员第四圈 iEMG 特征分析

第四圈肌肉放电效果都有所提高，两侧肌肉积分更趋于平衡，双支撑阶段腹外斜肌积分只有 58 微伏 • 秒（表 4-38），股四头肌和竖脊肌的积分面积有所增加（图 4-69），表明右腿的蹬转效果提高。另外，注意了在单支撑阶段的跟进，但效果并不是太好，还需要进一步提高身体重心向左腿移动的效果。左侧肌肉放电需进一步提升，特别是左侧的股四头肌和腹外斜肌，积分达到了 168 微伏 • 秒和 111 微伏 • 秒，而且放电集中在单支撑阶段，运动学研究结果显示，这一阶段上体存在严重向后倾斜的现象，和左肩回撤不在垂直轴上有关系，而且左腿膝关节蹬伸现象较为严重。

表 4-38　第四圈肌肉用力 iEMG 特征　（单位：微伏 • 秒）

姓名	右侧肌肉					左侧肌肉		
	股四头肌	竖脊肌	腹外斜肌	腓肠肌	胫骨前肌	股四头肌	竖脊肌	腹外斜肌
王　峥	95	93	58	124	126	168	71	111

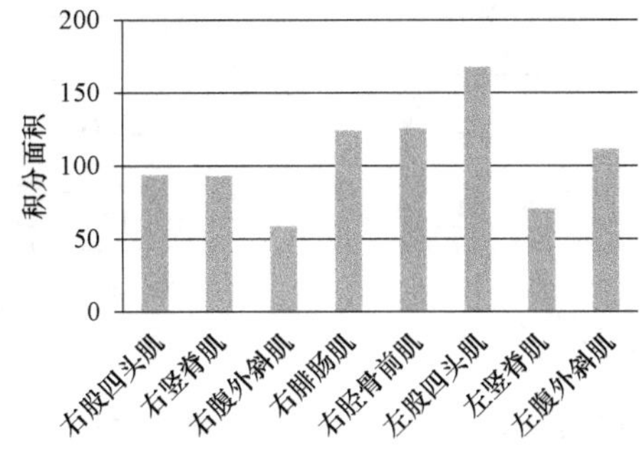

图 4-69 王峥第四圈肌肉积分面积图

（五）我国女子链球运动员最后用力阶段 iEMG 特征分析

最后用力阶段肌肉放电的时程在缩短，但肌肉放电的效果在提高。王峥最后用力阶段两侧肌肉放电存在不平衡现象（图 4-70），其中两侧的股四头肌积分较少，膝关节向上蹬伸的效果不好，两侧竖脊肌积分也比较少（表 4-39），上体的伸展和鞭打动作还有待进一步提高。左侧的腹外斜肌积分是所有肌肉中最多的，说明上肢向左侧转动幅度较大，这也是她下肢用力效果差的一个原因，上体的提前转动造成下肢扭转幅度减小。张勇丽整个用力阶段两侧肌肉积分效果较好，特别是两侧的股四头肌（图 4-71），说明用力过程中下肢积极参与了用力，身体鞭打用力的效果也比较好，但不足的是身体的转动用力效果较差，需要增加水平方向的用力程度。

表 4-39 最后用力阶段肌肉用力 iEMG 特征 （单位：微伏·秒）

姓名	右侧肌肉					左侧肌肉		
	股四头肌	竖脊肌	腹外斜肌	腓肠肌	胫骨前肌	股四头肌	竖脊肌	腹外斜肌
王　峥	40	25	25	67	50	22	22	83
张勇丽	75	46	53	74	52	83	49	42

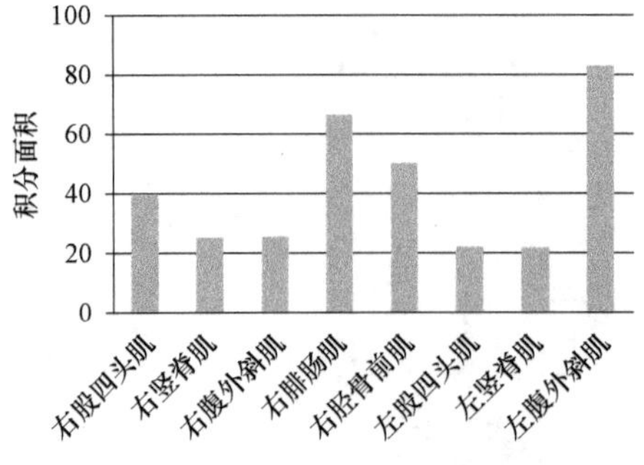

图 4-70 王峥最后用力阶段肌肉积分面积图

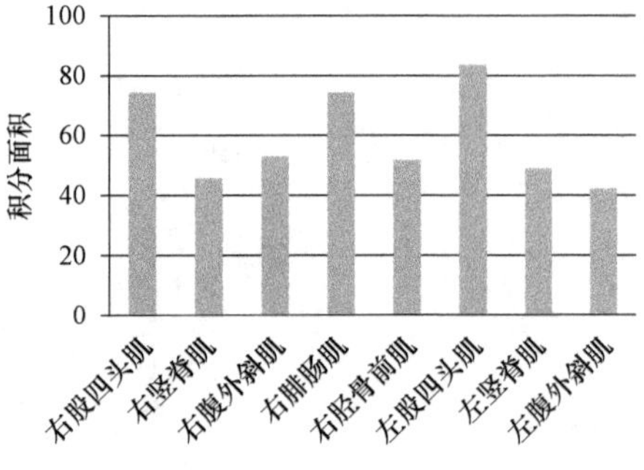

图 4-71 张勇丽最后用力阶段肌肉积分面积图

三、我国女子链球运动员肌肉放电特征分析

第一圈王峥肌肉激活的顺序为左股四头肌、左腹外斜肌、右腹外斜肌、右胫骨前肌、右股四头肌以及两侧的竖脊肌、腓肠肌，虽然肌肉的放电程度不同，但左侧肌肉的激活时机比右侧早，说明双支撑阶段以左侧身体带动领先为主（表 4-30～表 4-43）。从肌肉的放电峰值情况看，右侧的腓肠肌达到了 1150 微伏，是所有肌肉中最大的，时机也是最晚的，而且从放电时程可以看出两次的波峰，第一次集中在双支撑用力阶段，完成右腿的蹬转动作；第二次出现在右脚着地过程中（图 4-72），完成右脚在踝关节处的伸展动作，也表明她右脚伸展积极。放电效果较差的是两侧的腹外斜肌（110 微伏和 195 微伏），也进一步验证了她上下肢的扭转幅度偏小，这和腰腹肌的柔韧性有直接关系。左侧股四头肌放电的峰值（1031 微伏）明显比右侧高，放电持续的时间也比左侧长，而且峰值时机也早于右侧，左侧股四头肌放电集中在双支撑阶段，在单支撑阶段被激活但没有放电（图 4-73），也说明右腿在器械进旋转后下肢在膝关节处蹬伸幅度偏小。两侧的竖脊肌同时被激活，而且左侧高于右侧，左侧竖脊肌放电的峰值集中在单支撑阶段。

表 4-40 运动员第一圈两侧肌肉放电峰值 （单位：微伏）

姓名	右侧肌肉					左侧肌肉		
	股四头肌	竖脊肌	腹外斜肌	腓肠肌	胫骨前肌	股四头肌	竖脊肌	腹外斜肌
王　峥	180	332	195	1150	788	1031	528	110
张勇丽	250	407	377	535	1321	1202	695	380

表 4-41　运动员第一圈两侧肌肉放电峰值时机　（单位：秒）

姓名	右侧肌肉					左侧肌肉		
	股四头肌	竖脊肌	腹外斜肌	腓肠肌	胫骨前肌	股四头肌	竖脊肌	腹外斜肌
王　峥	0.510	0.510	0.275	0.549	0.294	0.284	0.422	0.102
张勇丽	0.343	0.225	0.215	0.157	0.137	0.039	0.029	0.382

表 4-42　运动员第一圈两侧肌肉激活顺序　（单位：秒）

姓名	右侧肌肉					左侧肌肉		
	股四头肌	竖脊肌	腹外斜肌	腓肠肌	胫骨前肌	股四头肌	竖脊肌	腹外斜肌
王　峥	0.255	0.294	0.167	0.412	0.226	0.010	0.294	0.147
张勇丽	0.274	0.068	0.166	0.098	0.000	0.000	0.000	0.235

表 4-43　运动员第一圈两侧肌肉放电持续时程　（单位：秒）

姓名	右侧肌肉					左侧肌肉		
	股四头肌	竖脊肌	腹外斜肌	腓肠肌	胫骨前肌	股四头肌	竖脊肌	腹外斜肌
王　峥	0.215	0.275	0.225	0.157	0.264	0.343	0.196	0.137
张勇丽	0.177	0.167	0.079	0.147	0.412	0.078	0.088	0.206

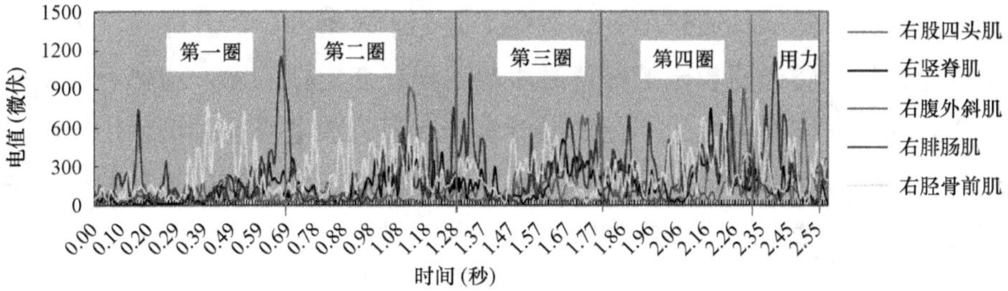

图 4-72　王峥掷链球过程中右侧肌肉 RMS 曲线图

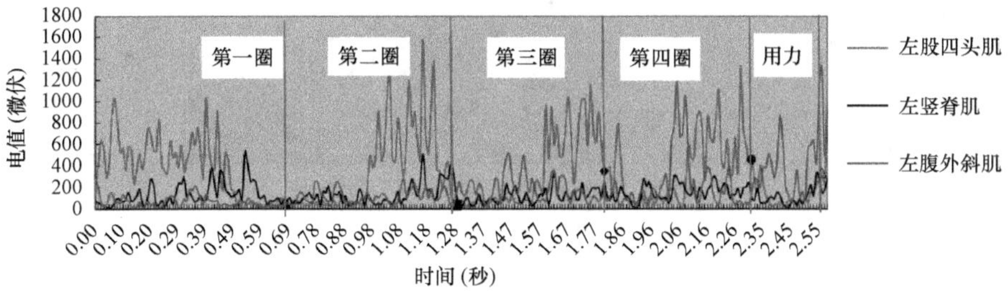

图 4-73　王峥掷链球过程中左侧肌肉 RMS 曲线图

张勇丽第一圈肌肉激活的顺序为左股四头肌、左竖脊肌、右胫骨前肌、右竖脊肌、右腹外斜肌、左腹外斜肌、右股四头肌，可以看出左侧肌肉激活时间较早（表 4–40～表 4–43），肌肉放电的峰值水平也比右侧肌肉高，不但说明左侧肌肉在第一圈领先右侧运动，同时也说明左侧肌肉参与用力的程度要高于右侧，两侧肌肉放电峰值时机也可以说明这一点。第一圈右侧肌肉中腓肠肌的放电峰值达到了 1321 微伏，是所有肌肉中最高的，峰值时机出现在右脚离地前的双支撑阶段。右侧腓肠肌的放电峰值并不高，出现在器械进旋转之后，虽然放电时机较早，但效果不好，表明右腿的扭转特别是在踝关节处的蹬转效果不好。右侧竖脊肌放电的峰值为 407 微伏，时机出现在右脚离地前，而且持续放电的时间也比较短（图 4–74），只有 0.079 秒，表明右脚离地过程中上体在髋关节处前伸幅度较大，上体跟进或者身体重心向左腿过渡不够积极。张勇丽右侧腹外斜肌放电峰值为 377 微伏，比王峥高，而且峰值时机也比较早，表明进旋转后注意利用腰腹肌来完成对器械加速的动作，但没有达到较为理想的效果。右侧的股四头肌也存在放电峰值偏小的问题，而且峰值时机也比较晚，放电的持续时间只有 0.177 秒，集中在单支撑阶段，表明她双支撑用力阶段右腿在膝关节处的蹬伸还有待提高。左侧肌肉中股四头肌峰值达到了 1202 微伏，不但激活时间早，而且峰值时机也比较早，主要集中在双支撑阶段器械进旋后（图 4–75），充分说明她在对器械加速阶段是以左侧下肢为轴转动的，而且膝关节处的压紧效果也比较好。竖脊肌放电的峰值时机也出现在双支撑阶段，这也可以说明她的用力方式。左侧腹外斜肌不但激活时机晚，而且放电峰值时机也比较晚，但持续放电的时程比较长，主要集中在单支撑阶段，表明右腿在超越的过程中注意积极转动，形成了一定的超越效果。

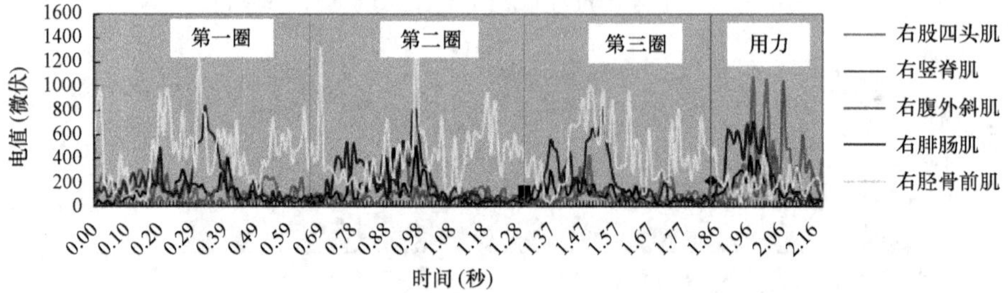

图 4–74　张勇丽掷链球过程中右侧肌肉 RMS 曲线图

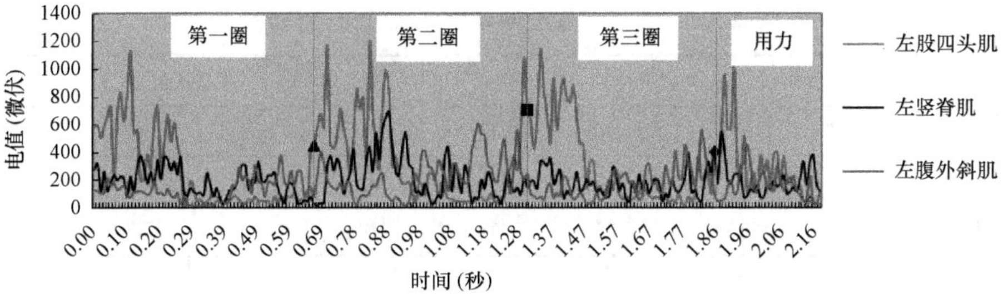

图 4-75　张勇丽掷链球过程中左侧肌肉 RMS 曲线图

第二圈肌肉的放电峰值都有不同程度的提高，王峥第二圈肌肉的激活顺序为右胫骨前肌、左股四头肌、右竖脊肌、右腓肠肌、右腹外斜肌、右股四头肌、左竖脊肌和左腹外斜肌，所有肌肉放电的峰值时机都比较晚，其中右侧肌肉放电普遍早于左侧，但肌肉达到峰值的时机相对比较集中，右侧肌肉中股四头肌放电峰值较大（919 微伏），峰值集中在单支撑阶段，持续时间也比较短（表 4-44～表 4-47），表明身体重心向左腿推动积极，但双支撑阶段放电水平较低。右侧腹外斜肌的放电峰值最低，而且放电持续时间也比较短，集中在单支撑阶段（图 4-72），说明第二圈双支撑开始阶段，下肢对器械超越的幅度小，而且上下肢之间形成的扭转效果并不好，这也是她每圈用力动作中存在的一个主要问题。右侧的竖脊肌峰值为 465 微伏，达到峰值的时机相对较早，放电持续时间较长（0.323 秒），集中在单支撑阶段，和左侧竖脊肌共同完成上肢向左腿跟进的动作，在髋关节处保持了直立的身体姿势。右侧的腓肠肌和胫骨前肌放电峰值也比较高，但峰值时机都比较晚，在右脚着地前的单支撑阶段，所以她虽然注意了右脚着地过程中踝关节处的伸展，但从运动学的角度看，效果并不理想。左侧肌肉的峰值集中在单支撑阶段，其中股四头肌的峰值最大，达到了 1579 微伏，放电持续时间相对其他两块肌肉更长，说明整个单支撑阶段注意了左腿的压紧动作。左侧竖脊肌的放电峰值高于右侧，说明左侧上体用力幅度较大。左侧的腹外斜肌峰值水平较低，而且持续放电的时间也比较短（图 4-73），下肢对上肢的超越效果不好，特别是在单支撑阶段后半段，需要以右腿为主的下肢快速超越上肢，从而形成良好的身体姿势。

表 4-44　运动员第二圈两侧肌肉放电峰值　（单位：微伏）

姓名	右侧肌肉					左侧肌肉		
	股四头肌	竖脊肌	腹外斜肌	腓肠肌	胫骨前肌	股四头肌	竖脊肌	腹外斜肌
王　峥	919	465	173	756	549	1579	505	273
张勇丽	410	505	220	809	1492	1202	695	611

表 4-45　运动员第二圈两侧肌肉放电峰值时机　（单位：秒）

姓名	右侧肌肉					左侧肌肉		
	股四头肌	竖脊肌	腹外斜肌	腓肠肌	胫骨前肌	股四头肌	竖脊肌	腹外斜肌
王　峥	0.432	0.422	0.490	0.588	0.432	0.481	0.481	0.412
张勇丽	0.236	0.314	0.363	0.314	0.314	0.167	0.226	0.491

表 4-46　运动员第二圈两侧肌肉激活顺序　（单位：秒）

姓名	右侧肌肉					左侧肌肉		
	股四头肌	竖脊肌	腹外斜肌	腓肠肌	胫骨前肌	股四头肌	竖脊肌	腹外斜肌
王　峥	0.382	0.285	0.373	0.334	0.039	0.284	0.402	0.402
张勇丽	0.196	0.157	0.226	0.049	0.167	0.000	0.040	0.295

表 4-47　运动员第二圈两侧肌肉放电持续时程　（单位：秒）

姓名	右侧肌肉					左侧肌肉		
	股四头肌	竖脊肌	腹外斜肌	腓肠肌	胫骨前肌	股四头肌	竖脊肌	腹外斜肌
王　峥	0.148	0.323	0.196	0.264	0.471	0.285	0.196	0.108
张勇丽	0.099	0.187	0.147	0.304	0.402	0.255	0.255	0.304

张勇丽第二圈肌肉的激活顺序为左股四头肌、左竖脊肌、右腓肠肌、右竖脊肌、右胫骨前肌、右股四头肌、右腹外斜肌和左腹外斜肌，从峰值情况看，右胫骨前肌单位峰值达到了 1492 微伏，是所有肌肉中最高的，持续放电的时程也是最长的（表 4-44～表 4-47），共出现了两次波峰（图 4-75），其中第一次为双支撑的开始阶段，第二次波峰出现在右脚离地后右腿上腿阶段。右腿的股四头肌的峰值水平偏低，虽然峰值时机较早，但放电持续的时程比较短，集中在双支撑的后半段时间，完成器械从体前到 90 度位置的蹬转动作，不足的是右腿蹬转效果不佳。右侧竖脊肌的峰值水平较左侧低，峰值的时机也比左侧晚，放电持续的时程也比较短，集中在右脚离地前后，上肢在髋关节处弯曲幅度较大，也就是说上肢没有保持较好的直立姿势，对控制器械的离心力不利，倾斜的幅度大。右侧的腓肠肌峰值较大，放电持续时间也比较长，集中在右脚离地的过程中（图 4-74），虽然右腿在膝关节处蹬转不积极，但在踝关节处蹬转幅度较大。右侧腹外斜肌也存在峰值偏小的问题，放电持续时间较短，也说明在单支撑上腿阶段下肢还是不够积极，没有形成对上肢的大幅度超越，所以右侧腹外斜肌没有被拉长。左侧肌肉中股四头肌和竖脊肌的峰值出现得较早，集中

在双支撑阶段，股四头肌的峰值水平也比较高，左腿在膝关节处的压紧效果较好，不足的是单支撑阶段放电停止，对身体重心向投掷方向移动不利，竖脊肌的放电情况也可以反映这一问题，峰值出现在双支撑阶段，反而单支撑阶段没有放电，造成身体重心落后于左侧支撑轴，重心不容易快速移动到左腿上。左侧的腹外斜肌峰值水平较高，持续时程也比较长，但也集中在双支撑阶段，说明她用力过程中左侧上肢转动用力的幅度较大，这一点要优于王峥。

第三圈是掷链球中较为复杂的一圈，也是最容易出现错误动作的一圈。王峥第三圈肌肉激活的顺序为右腓肠肌、左腹外斜肌、右胫骨前肌、右腹外斜肌、左股四头肌、右竖脊肌、右股四头肌（表 4–48～表 4–51）。从 RMS 放电曲线可以发现，整体上第三圈肌肉的峰值较第二圈出现了一定程度的下降，肌肉用力过程中存在一定的不合理。其中右侧肌肉中腓肠肌峰值水平最高，达到峰值的时机也是最早的，不难发现，在双支撑的开始阶段放电就达到了最高水平，而且出现了两个波峰（图 4–72），第一个是双支撑阶段完成右脚在踝关节处的蹬转，第二个波峰是单支撑阶段右脚着地前，表明她在这两个动作过程中在踝关节处伸展幅度较大。右侧的股四头肌峰值水平也比较高，但放电的峰值时机比较晚，是所有肌肉中最晚的，并没有出现在双支撑阶段，而是在单支撑阶段右脚着地前，峰值时机不合理，说明双支撑阶段右腿在膝关节处拧转不够积极，这也是她第三圈中存在的一个主要问题。右侧的竖脊肌放电峰值较高，但峰值时机较晚，集中在单支撑阶段右脚离地后，腹外斜肌还是存在和第二圈一样的问题，峰值较低，峰值时机也比较早。右侧的胫骨前肌峰值时机较早，放电集中在右脚离地前后，进一步说明右腿在踝关节处伸展的幅度较大。左侧的股四头肌峰值水平较高（1161 微伏），是所有肌肉中最高的，但峰值时机出现得较晚，放电持续的时间也比较长，出现在右脚着地前的单支撑阶段（图 4–73）。左侧腹外斜肌的峰值明显高于右侧，但峰值时机出现在右脚离地前，出现了明显的左侧主动用力的现象，左肩向后回撤现象严重，这是她技术中最主要的问题。

表 4–48　运动员第三圈两侧肌肉放电峰值　（单位：微伏）

姓名	右侧肌肉					左侧肌肉		
	股四头肌	竖脊肌	腹外斜肌	腓肠肌	胫骨前肌	股四头肌	竖脊肌	腹外斜肌
王　峥	718	510	297	1020	533	1161	339	514
张勇丽	421	296	179	657	1008	1144	443	561

表 4-49 运动员第三圈两侧肌肉放电峰值时机 （单位：秒）

姓名	右侧肌肉					左侧肌肉		
	股四头肌	竖脊肌	腹外斜肌	腓肠肌	胫骨前肌	股四头肌	竖脊肌	腹外斜肌
王 峥	0.501	0.373	0.216	0.049	0.353	0.471	0.344	0.187
张勇丽	0.196	0.118	0.196	0.206	0.196	0.039	0.559	0.530

表 4-50 运动员第三圈两侧肌肉激活顺序 （单位：秒）

姓名	右侧肌肉					左侧肌肉		
	股四头肌	竖脊肌	腹外斜肌	腓肠肌	胫骨前肌	股四头肌	竖脊肌	腹外斜肌
王 峥	0.383	0.295	0.206	0.000	0.187	0.275	0.295	0.138
张勇丽	0.118	0.049	0.167	0.059	0.108	0.000	0.000	0.245

表 4-51 运动员第三圈两侧肌肉放电持续时程 （单位：秒）

姓名	右侧肌肉					左侧肌肉		
	股四头肌	竖脊肌	腹外斜肌	腓肠肌	胫骨前肌	股四头肌	竖脊肌	腹外斜肌
王 峥	0.137	0.186	0.147	0.197	0.196	0.245	0.167	0.127
张勇丽	0.078	0.216	0.088	0.246	0.481	0.265	0.549	0.304

张勇丽因为采用的是三圈旋转技术，所以第三圈也是最后用力前的最后加速阶段，肌肉激活的顺序为左股四头肌和竖脊肌、右竖脊肌、右腓肠肌、右胫骨前肌、右股四头肌、右腹外斜肌、左腹外斜肌，左侧肌肉激活领先于右侧肌肉，双支撑用力阶段左侧动作领先于右侧（表 4-48～表 4-51）。整体上第三圈肌肉放电的峰值呈现出下降的趋势，其中右侧肌肉中胫骨前肌的峰值最高（1008 微伏），峰值的时机也比较早，持续放电的时间较长，放电集中在右脚离地后的单支撑阶段（图 4-74）。第三圈右腿在膝关节处前伸较为积极，右腿绕左腿转动较为积极。右侧的股四头肌峰值水平较低，时机较早，持续放电的时程较短，集中在双支撑阶段，右腿的在膝关节处的蹬转有待进一步提高，身体重心向左腿推动的效果较差。右侧的腓肠肌峰值为 657 微伏，达到峰值的时机比较早，放电集中在双支撑阶段右脚离地前，虽然注意了在踝关节处的伸展，但髋关节移动不够积极，所以身体重心向左腿移动效果不好。右侧的竖脊肌和腹外斜肌峰值较低。左侧股四头肌峰值水平较高，达到了 1141 微伏，竖脊肌在双支撑开始阶段就被激活，但达到峰值的时机比较晚，股四头肌放电集中在双支撑阶段（图 4-75），单支撑阶段几乎没有放电，双支撑阶段右腿在膝关节处

扭转效果较好。竖脊肌放电集中在单支撑阶段，身体重心向左腿移动效果差，使得上肢在髋关节处前倾幅度增加。

第四圈是衔接旋转和用力关键的一圈，技术的好坏直接影响用力效果，对良好用力姿势的形成有重要的作用。王峥第四圈右侧肌肉峰值水平整体上比第三圈有一定程度的提高，但肌肉放电集中在单支撑阶段，双支撑阶段用力效果不好，也说明第四圈对器械加速效果不理想。肌肉激活的顺序为右腓肠肌、左竖脊肌、左腹外斜肌、右腹外斜肌、右胫骨前肌、左股四头肌、右竖脊肌、右股四头肌，右侧肌肉中股四头肌峰值最高，但峰值时机最晚，持续放电的时程也比较短（表 4–52～表 4–55），集中在右脚着地前的单支撑阶段，完成小腿在膝关节处伸展的动作，使右脚能快速着地。双支撑阶段几乎没有放电，下肢的扭转对器械的加速效果不理想。右侧竖脊肌的峰值时机也比较晚，放电持续时间较短，集中在器械高点位置前后，上体向投掷方向跟进的这一阶段（图 4–72），有一定程度的向后倾斜。右侧的腹外斜肌虽然峰值低于左侧，但两侧肌肉峰值时机几乎出现在同一动作上，完成右脚离地后上肢的转动作，而且明显左侧用力幅度大，这也是她向后撤左肩，造成整个左侧身体向后回撤，左侧的转动轴偏离的主要原因，这一动作在第四圈特别明显。右腓肠肌放电的时程较长，出现了两个波峰，其中第一个在双支撑开始阶段，即右腿扭转加速用力的过程中；第二个波峰出现在右脚着地前，完成右脚在踝关节处的伸展动作。左侧的股四头肌峰值达到了 1331 微伏，是所有肌肉中最高的，峰值的时机出现得也比较晚，集中在右脚着地前的单支撑阶段（图 4–73），这一阶段膝关节处的蹬伸幅度偏大，这也是她单支撑阶段技术中存在的一个问题。总的来说，第四圈左侧肌肉参与用力程度过大，而且左侧身体领先于右侧，不符合右侧下肢尽可能大幅度超越为最后用力创造良好身体姿势的要求。

表 4–52　运动员第四圈两侧肌肉放电峰值　（单位：微伏）

姓名	右侧肌肉					左侧肌肉		
	股四头肌	竖脊肌	腹外斜肌	腓肠肌	胫骨前肌	股四头肌	竖脊肌	腹外斜肌
王　峥	907	753	509	899	676	1331	310	1197

表 4–53　运动员第四圈两侧肌肉放电峰值时机　（单位：秒）

姓名	右侧肌肉					左侧肌肉		
	股四头肌	竖脊肌	腹外斜肌	腓肠肌	胫骨前肌	股四头肌	竖脊肌	腹外斜肌
王　峥	0.491	0.373	0.226	0.442	0.344	0.481	0.245	0.255

表 4-54　运动员第四圈两侧肌肉激活顺序　（单位：秒）

姓名	右侧肌肉					左侧肌肉		
	股四头肌	竖脊肌	腹外斜肌	腓肠肌	胫骨前肌	股四头肌	竖脊肌	腹外斜肌
王　峥	0.363	0.304	0.206	0.030	0.226	0.285	0.138	0.206

表 4-55　运动员第四圈两侧肌肉放电持续时程　（单位：秒）

姓名	右侧肌肉					左侧肌肉		
	股四头肌	竖脊肌	腹外斜肌	腓肠肌	胫骨前肌	股四头肌	竖脊肌	腹外斜肌
王　峥	0.157	0.177	0.255	0.421	0.294	0.235	0.294	0.167

最后用力阶段王峥整个右侧肌肉放电水平明显高于左侧，肌肉激活顺序为左股四头肌、右胫骨前肌、左腹外斜肌、右腓肠肌、右竖脊肌、右腹外斜肌、右股四头肌、左竖脊肌，其中右侧肌肉中腓肠肌峰值水平较高，达到了 1145 微伏，持续放电的时程较短，集中在用力的开始阶段，用力时机是合理的。右股四头肌峰值水平偏低，而且峰值时机比较晚，持续时间也较短，主要在用力阶段的后半段时间（表 4-56～表 4-59），用力时机是不合理的，应该和腓肠肌协同完成在膝关节处的快速蹬伸动作，说明右侧下肢在最后用力过程中蹬伸效果不好，力量并没有完全从下肢开始传递到上肢，而是过多依靠转动的力量和动作，左侧腹外斜肌的放电情况也反映了这一点。右侧竖脊肌和腹外斜肌峰值水平都比较低，整个用力阶段右侧躯干鞭打的效果较差（图 4-72），向上鞭打的幅度过小。左侧的股四头肌和竖脊肌峰值水平也比较低，峰值时机是合理的，但用力效果较差，特别是左腿在膝关节处的伸展，进一步证实了左侧下肢的力量没有很好地传递到上肢，造成躯干鞭打幅度减小，而左侧腹外斜肌的峰值水平较高，峰值时机虽然较晚，但持续放电的时程较长，在用力的开始阶段就急速开始放电（图 4-73），用力时机是不合理的，进一步验证了她用力过程中以左侧身体转动加速领先为主，上肢转动过快，造成下肢力量传递效果下降，这也是她用力动作中不合理的地方。

表 4-56　运动员最后用力阶段两侧肌肉放电峰值　（单位：微伏）

姓名	右侧肌肉					左侧肌肉		
	股四头肌	竖脊肌	腹外斜肌	腓肠肌	胫骨前肌	股四头肌	竖脊肌	腹外斜肌
王　峥	662	432	240	1145	806	402	334	1128
张勇丽	1076	420	1044	715	480	1024	544	455

表 4-57　运动员最后用力阶段两侧肌肉放电峰值时机　（单位：秒）

姓名	右侧肌肉					左侧肌肉		
	股四头肌	竖脊肌	腹外斜肌	腓肠肌	胫骨前肌	股四头肌	竖脊肌	腹外斜肌
王　峥	0.177	0.177	0.206	0.075	0.020	0.030	0.226	0.236
张勇丽	0.128	0.118	0.216	0.128	0.010	0.059	0.020	0.098

表 4-58　运动员最后用力阶段两侧肌肉激活顺序　（单位：秒）

姓名	右侧肌肉					左侧肌肉		
	股四头肌	竖脊肌	腹外斜肌	腓肠肌	胫骨前肌	股四头肌	竖脊肌	腹外斜肌
王　峥	0.147	0.088	0.108	0.030	0.000	0.000	0.196	0.030
张勇丽	0.069	0.049	0.167	0.020	0.000	0.000	0.000	0.039

表 4-59　运动员最后用力阶段两侧肌肉放电持续时程　（单位：秒）

姓名	右侧肌肉					左侧肌肉		
	股四头肌	竖脊肌	腹外斜肌	腓肠肌	胫骨前肌	股四头肌	竖脊肌	腹外斜肌
王　峥	0.068	0.039	0.128	0.117	0.157	0.049	0.030	0.206
张勇丽	0.117	0.137	0.108	0.176	0.255	0.186	0.079	0.197

张勇丽最后用力阶段右侧肌肉的峰值普遍高于左侧肌肉，而且左侧肌肉激活的时机领先于右侧肌肉，左侧肌肉完成用力后右侧肌肉开始急速放电，用力顺序上存在一定的问题，应该是右侧肌肉完成用力后左侧肌肉开始急速用力。肌肉激活的顺序为左股四头肌、左竖脊肌、右胫骨前肌、右腓肠肌、左腹外斜肌、右竖脊肌、右股四头肌、右腹外斜肌（表 4-56～表 4-59），其中左侧股四头肌和竖脊肌、胫骨前肌在用力开始阶段就被激活，右股四头肌峰值达到了 1076 微伏，持续放电的时程比较短，集中在用力的后半段，峰值时机存在一定的不合理，应该出现在用力的开始阶段（图 4-74）。右腓肠肌的峰值也比较高，而且出现在开始阶段，虽然放电时程短，但用力时机是合理的。右侧的腹外斜肌峰值达到了 1044 微伏，但峰值时机最晚，主要完成上体的转动用力动作。左侧股四头肌峰值达到了 1024 微伏，在开始阶段和竖脊肌同时急速放电，说明左腿的蹬伸过早，左侧下肢用力时机偏早，应该在右腿完成向左侧推动身体重心动作后再开始蹬伸和鞭打用力。

四、我国女子链球运动员肌肉用力特征离散程度分析

概率论和统计学中的离散系数，又称变异系数，是概率分布离散程度的一

个归一化量度，其定义为标准差与平均值之比，是统计学中的常用统计指标，主要用于比较不同水平的变量数列的离散程度及平均数的代表性。变异系数是衡量资料中各观测值变异程度的一个统计量。当进行两个或多个资料变异程度的比较时，如果度量单位与平均数相同，可以直接利用标准差来比较。如果单位和（或）平均数不同时，比较其变异程度就不能采用标准差，而需采用标准差与平均数的比值（相对值）。离散系数指标有全距（极差）系数、平均差系数、方差系数和标准差系数等。常用的是标准差系数用 *CV*（coefficient of variance）表示。*CV* 为标准差与均值的比率，用公式表示为：$CV=\sigma/\mu$[97]。

王峥第一圈右侧主要肌肉达到的放电峰值水平离散系数较高，说明肌肉的放电水平参差不齐，部分肌肉存在放电水平过低的问题，但达到峰值时机的离散系数较小（表 4–60），表明肌肉快速用力的协同程度较好，特别是单支撑阶段的用力，不足的是双支撑阶段肌肉普遍存在放电水平较低的缺点。在持续放电时间和峰值时机方面离散程度比较小，表明右侧肌肉持续用力时间相差不大，进一步说明了右侧肌肉协同用力情况较好，延迟用力的时间相差也不大，没有出现特别晚或者特别早的现象，这也是判断肌肉协同用力好坏的主要指标。左侧肌肉中肌肉的峰值水平离散程度较高，特别是股四头肌和其他两块肌肉，峰值水平相差较大，但达到峰值的时机较为集中，肌肉的放电集中在双支撑阶段，肌肉协同用力的程度较高，而延迟用力时间相差较大，部分肌肉出现了用力时机晚的现象，在持续时间上相差不大。

表 4–60　我国女子链球运动员第一圈两侧肌肉放电离散情况　（单位：秒）

姓名	右侧肌肉				左侧肌肉			
	峰值	峰值时机	延迟时间	持续时间	峰值	峰值时机	延迟时间	持续时间
王　峥	0.807	0.308	0.338	0.206	1.105	0.575	0.720	0.481
张勇丽	0.740	0.374	0.860	0.644	0.728	0.976	0.496	0.280

张勇丽第一圈右侧肌肉达到的峰值水平离散系数为 0.740，各块肌肉达到的峰值水平相差较大，但峰值出现的时机相差不大（表 4–60），从快速放电时机上看肌肉协同用力效果较好，但肌肉延迟放电或激活的离散系数偏大，说明部分肌肉出现了严重的延迟用力现象，特别是股四头肌，不但放电水平低，而且和其他肌肉之间协同用力的程度差。肌肉持续放电时间相差也比较大，这一方面还有待改进和完善。左侧肌肉放电的峰值和峰值时机离散程度较高，但延迟时间和持续时间相差较小，说明左侧肌肉放电水平相差比较大，特别是股四头肌，远远高于其他两块肌肉，另外，达到峰值的时机相差也比较大，这两方

面有待改进。

王峥第二圈右侧主要肌肉达到的峰值水平离散程度较高（表 4–61），也就是说还存在放电水平差别较大的现象，特别是股四头肌远远高于其他肌肉，但达到峰值的时机相差较小，说明肌肉急速用力的协同性较好，而且主要集中在单支撑阶段。部分肌肉存在延迟用力的现象，在激活时机方面协同性有待提高，持续放电方面情况较好。左侧肌肉峰值的离散程度过大，达到了 1.182，说明肌肉放电的水平相差较大。股四头肌的峰值远远高于其他两块肌肉，但达到峰值的时机相差很小，说明肌肉急速放电时机的协同性较好，主要出现在单支撑阶段，而且肌肉延迟放电的现象较少，在激活时机和持续放电时间方面情况较好，左侧肌肉协同用力效果明显好于右侧。

表 4–61　我国女子链球运动员第二圈两侧肌肉放电离散情况　（单位：秒）

姓名	右侧肌肉				左侧肌肉			
	峰值	峰值时机	延迟时间	持续时间	峰值	峰值时机	延迟时间	持续时间
王　峥	0.807	0.163	0.709	0.457	1.182	0.104	0.152	0.338
张勇丽	0.841	0.087	0.602	0.495	0.510	0.711	0.683	0.086

张勇丽第二圈右侧肌肉也存在峰值离散程度较高的情况，肌肉达到峰值的水平相差较大（表 4–61），主要是胫骨前肌放电水平明显高于其他肌肉，但肌肉达到峰值的时机几乎在同一时刻，肌肉间的离散程度很低，主要集中在右脚离地前的双支撑阶段，说明肌肉在急速用力时机方面协同性较高，但部分肌肉在激活时机上存在延迟用力的情况，而且持续放电的时间相差较大，在这方面需要改进和完善。左侧肌肉中放电峰值相差也比较大，主要是股四头肌峰值较高，而腹外斜肌峰值偏低，在峰值时机上肌肉之间相差较大，主要是股四头肌和竖脊肌峰值在双支撑阶段，腹外斜肌的峰值在单支撑阶段，而且部分肌肉存在延迟用力的情况，在激活时机方面相差也比较大。肌肉用力持续时间的离散程度较低，说明这一方面肌肉的协同程度较高。

王峥第三圈右侧肌肉峰值水平呈现出了降低的趋势，特别是股四头肌峰值水平出现下降，峰值时机相差比较大（表 4–62），主要是腓肠肌出现了两次波峰，第一次在双支撑阶段，第二次在单支撑阶段，而其他肌肉峰值时机集中出现在单支撑阶段，双支撑阶段肌肉的用力效果不好，而且部分肌肉存在延迟用力的情况，持续放电时间方面肌肉的协同性比较高，放电时程相差不大。左侧肌肉中峰值水平相差比较大，主要还是股四头肌峰值较大，而其他两块肌肉峰值偏小，但在峰值时机上情况较好，除腹外斜肌峰值出现在双支撑阶段右脚着地瞬间外，其他两块肌肉出现在单支撑开始阶段。肌肉的激活时机相差不大，能及时激活完成放电，持续时间也趋于平衡。

表 4–62　我国女子链球运动员第三圈两侧肌肉放电离散情况　（单位：秒）

姓名	右侧肌肉				左侧肌肉			
	峰值	峰值时机	延迟时间	持续时间	峰值	峰值时机	延迟时间	持续时间
王　峥	0.625	0.615	0.662	0.157	0.860	0.352	0.250	0.345
张勇丽	0.778	0.032	0.565	0.767	0.669	1.007	0.699	0.327

张勇丽第三圈右侧肌肉峰值的离散程度偏大，主要是胫骨前肌放电水平高，而腹外斜肌等肌肉峰值水平过低造成的（表 4–62），但峰值时机情况较好，几乎同时达到了峰值水平，集中在双支撑加速阶段，肌肉急速放电的协同性较高。但部分肌肉也存在延迟用力的情况，激活时机存在一定的不合理。肌肉持续放电的时间相差比较大，部分肌肉在单支撑阶段几乎没有放电，大都集中在双支撑阶段。左侧肌肉的峰值偏差也比较大，而且峰值时间的离散系数达到了 1.007，其中股四头肌峰值水平最高，时机出现在双支撑开始阶段，而其他两块肌肉的峰值水平偏低，时机出现在单支撑右脚着地前，这方面肌肉协同用力的程度还有待提高。部分肌肉存在延迟用力的情况，主要为腹外斜肌和竖脊肌，而持续放电的时间相差不大。

王峥第四圈整个肌肉用力情况好于第三圈，右侧肌肉放电的峰值水平相差趋于变小，而且达到峰值的时机相对较为集中（表 4–63），主要在单支撑阶段右脚着地前，急速放电情况较好，但有部分肌肉存在延迟用力的情况，在激活时机上相差较大，持续放电的时间相差则比较小。左侧肌肉放电的峰值相差较大，主要是股四头肌和腹外斜肌峰值水平较高，而竖脊肌峰值水平过低，从而造成离散系数偏大。峰值时机之间相差也比较大，左侧肌肉急速放电的协同性有待提高，但肌肉激活的时机相差不大，没有出现过多延迟的现象，持续时间相差也不大，放电主要还是集中在单支撑阶段。

表 4–63　我国女子链球运动员第四圈两侧肌肉放电离散情况　（单位：秒）

姓名	右侧肌肉				左侧肌肉			
	峰值	峰值时机	延迟时间	持续时间	峰值	峰值时机	延迟时间	持续时间
王　峥	0.276	0.312	0.563	0.303	0.782	0.413	0.247	0.255

王峥最后用力阶段右侧肌肉放电峰值和时机的离散程度都比较大(表 4–64),主要是腓肠肌的峰值较大,但腹外斜肌和竖脊肌的峰值偏小。另外,股四头肌的峰值时机严重偏晚,用力时机存在一定的不合理,应该在用力的开始阶段和腓肠肌协同完成用力,出现偏晚的原因是上肢肌肉用力快,造得下肢来不及充分用力,没有给予下肢充足的用力时间。肌肉延迟用力也是股四头肌用力时机过晚,造成离散系数增加,但肌肉持续做功的时间相差不大,主要问题还是部分肌肉用力时机不合理,特别是下肢肌肉。左侧肌肉峰值相差也比较大,主要是腹外斜肌放电峰值增加,而其他两块肌肉放电水平较低,达到峰值的时机相差也比较大,腹外斜肌最早,而股四头肌和竖脊肌较晚,用力时机上存在一定的不合理。腹外斜肌放电过早是上肢转动用力领先造成的,按照运动生物力学动量传递的原理,应该在下肢肌肉放电达到峰值后,上肢肌肉才开始急速放电,所以造成部分肌肉延迟用力的情况,主要是股四头肌等下肢肌肉,而且放电持续时间也不合理,三块肌肉之间的协同性较差。

表 4–64　我国女子链球运动员最后用力阶段两侧肌肉放电离散情况

(单位:秒)

姓名	右侧肌肉				左侧肌肉			
	峰值	峰值时机	延迟时间	持续时间	峰值	峰值时机	延迟时间	持续时间
王　峥	0.697	0.800	0.987	0.187	0.708	0.708	1.401	1.017
张勇丽	0.426	0.876	1.546	0.435	0.454	0.661	1.732	0.423

张勇丽最后用力阶段右侧肌肉峰值相差不大,但达到峰值的时机相差比较大,说明峰值时机不合理(表 4–64),其中股四头肌和腹外斜肌峰值水平较高,而且急速放电的时机基本合理,腓肠肌最先达到峰值,然后是股四头肌和腹外斜肌,不足的是胫骨前肌的峰值时机过晚,造成峰值时机离散系数过大,应该和腓肠肌协同急速放电。另外,肌肉延迟用力时间离散系数偏大,出现了延迟用力的现象。整个右侧肌肉持续放电的时间相差不大,但普遍存在偏晚的问题,应该在用力的开始阶段,右脚在第三圈着地后下肢用力并不积极,出现了一定时间的停顿。左侧肌肉的峰值相差也比较大,其中股四头肌的峰值明显比竖脊肌和腹外斜肌高,放电水平存在一定的差距,而且达到峰值的时机存在较大的差别,其中竖脊肌最先达到峰值,然后是股四头肌和腹外斜肌,其中竖脊肌急速放电的时机过早,应该在股四头肌之后,违反了运动生物力学中下肢用力领先于上肢的原理。而且部分肌肉存在延迟用力的现象,在持续做功的时间上相差不大,整体上左侧肌肉用力时机都存在过早的现象,急速放电的时机应该晚于右侧肌肉,特别是左侧的竖脊肌和腹外斜肌放电时机不合理,这也是她用力阶段存在的主要技术问题。

第五章
现代链球运动训练安排

第一节　运动员训练过程的平台建设

一、体育训练中平台建设的重要性

竞技体育的训练是一个由量变到质变再由质变到量变的循序渐进的过程，每一个量变的过程都是平台建设和巩固的过程，而每一次质变又是平台的突破过程，也就是成绩大幅提高的过程。每一次成绩的提高都需要一段时间训练的积累和沉淀，包括训练的强度、量、负荷（训练的三要素）积累，同时也有心理素质等的提升。影响运动员成绩提高的因素有很多，每一次质变都伴随着成绩的大幅提高，但必须有量变的积累过程，训练中量变是事物数量的增减和次序的变动，是保持事物质的相对稳定的不显著变化，体现了事物渐进过程的连续性，也就是我们所说的训练和比赛过程中的积累。质变是事物性质的根本变化，是事物由一种质态向另一种质态的飞跃，体现了事物渐进过程和连续性暂时的中断。区分量变和质变的根本标志是事物的变化是否超出度，也就是说是否有平台的突破，在平台的范围内的变化是量变，超出度的变化是质变，也就是平台的突破，接下来在更高平台的构建过程中继续量变过程的积累，为一下个平台建设和质变的突破做好准备。

二、王峥多年训练中的平台建设和突破过程

量变是质变的必要准备。任何事物的变化都有量变的积累过程，没有量变的积累，质变就不会发生。

王峥从2002年来到陕西省田径中心训练，在2006年第一次突破60米，以60.71米的成绩获得亚洲青年锦标赛金牌。2007年最好成绩64.04米，2008年最好成绩70.07米，2009年最好成绩67.06米，2010年最好成绩71.19，2011年最好成绩71.19米，2012年最好成绩69.14米，2013年最好成绩74.90米，2014年最好成绩77.68米，2015年最好成绩74.92米，2016年最好成绩74.50米（表5-1）。王峥2006—2016年最好成绩、平均成绩变化曲线及三个主要成绩平台如图5-1～图5-3所示。

表5-1　王峥年度最好成绩、平均成绩以及之间的差值　（单位：米）

	2006年	2007年	2008年	2009年	2010年	2011年	2012年	2013年	2014年	2015年	2016年
最好成绩	60.71	64.04	70.07	67.06	71.19	68.75	69.14	74.90	77.68	74.92	74.50
平均成绩	58.72	62.67	66.23	65.71	67.69	66.33	66.46	72.68	73.34	73.03	73.81
差值	2.01	3.21	9.21	5.33	6.01	5.41	8.40	3.42	7.53	5.45	4.20

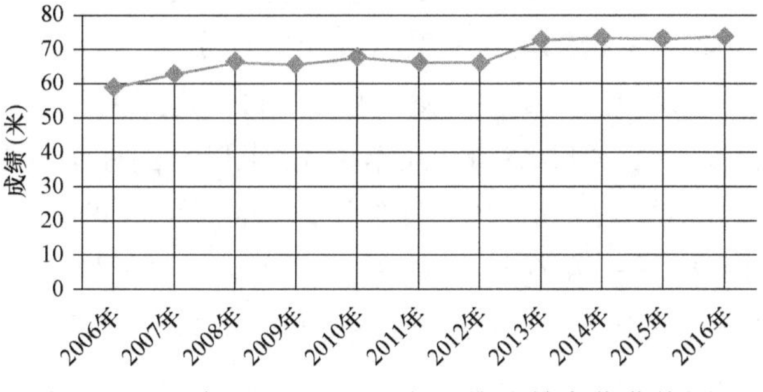

图5-1　王峥2006—2016年平均成绩变化曲线图

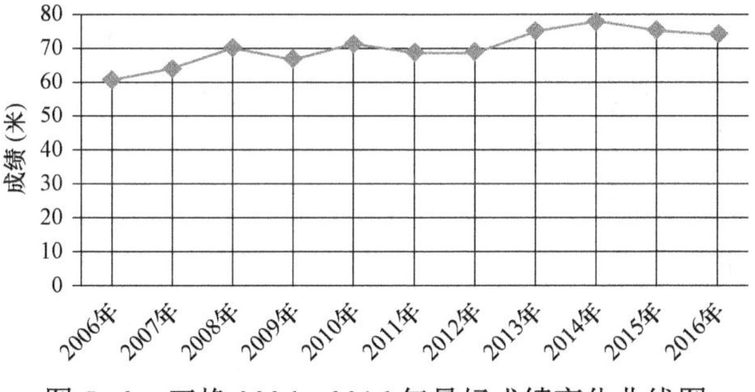

图5-2　王峥2006—2016年最好成绩变化曲线图

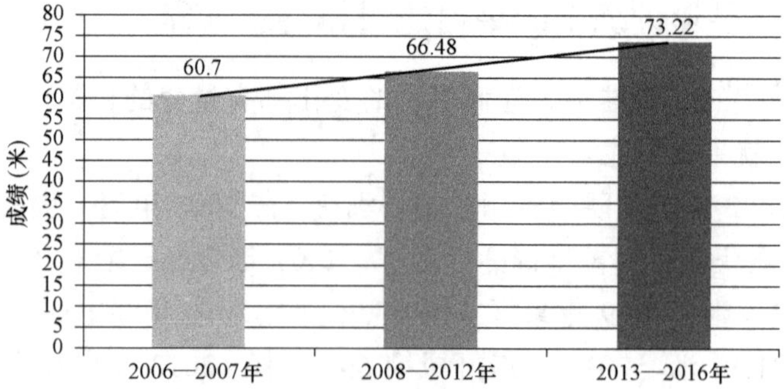

图 5-3　王峥 2006—2016 年三个主要成绩平台

（一）60～62 米平台的建设过程（2 年时间）

王峥虽然在 2006 年第一次突破 60 米大关，但成绩很不稳定，整个年度的四场比赛中只有一次投到了 60 米以上，说明 60 米这个平台还没有搭建成功。随后 2007 年最好成绩达到了 64.04 米，全年 5 场比赛只有一次成绩在 60 米以下，平均成绩 62.67 米，基本稳定在 60 米这个平台，而稳定在这个平台大约用了 2 年时间。其中 5 公斤球由原来的 53 米增加到了 55 米，反映专项速度的 3 公斤球指标由原来的 65 米增加到了 69 米，说明这一阶段专项能力和速度都有了进一步的提高，在 2007 年开始由三圈技术改成四圈技术。

（二） 62～68 米平台的建设过程（3 年时间）

王峥在 2008 年第一次突破 70 米大关，2011 年也投出了 71.19 米的成绩，但除此之外 2011 年一次超过 68 米，几年中 70 米以上的成绩只是偶尔出现过几次，基础平台还没有搭建成功。从年度的平均成绩看，王峥 62～68 米的平台建设用了 3 年时间（2008—2010 年），时间相对较长，主要和 2009 年受伤以及训练不系统有直接关系（2009 年最好成绩为 67.06 米）。这期间王峥的体重由原来（2008 年）的 93 公斤增长到了 106 公斤（2012 年），增加了 13 公斤，四圈旋转技术初步成型，只是良好的旋转节奏还没有建立起来。专项能力变化和提高较大，5 公斤球 2008 年达到了 62.50 米，3 公斤球 2008 年达到了 77.50 米，可以看出当时王峥的专项能力和速度都具备了 70 米左右的水平，只是四圈技术没有定型，良好的旋转节奏没有建立完成，全年只有一次 70 米的成绩。2009 年由于伤病训练不系统，不但专项能力没有提高，反而出现了一定程度的下降，5 公斤球只有 61 米左右的水平，3 公斤球最好成绩也只有 75 米，无论是能力还是速度都有一定程度的下降。2010 年王峥第一次突破 71 米，全年第二好成绩为 68.17 米，最低为 65.18 米，可以看出王峥在 2010 年 66～68 米的平台已经基本形成，七次比赛中有六次在66米以上，这一年5公斤球成绩出现了历史性突破，达到65.30米，3公斤轻器械也出现历史最好成绩，达到78米左右。可以看出王峥标准球应该具备了 71～72 米的水平，只是平台形成过程中还没有突破，也就是还没有形成质变。

（三）68～70米平台的建设和巩固（2年时间）

其实王峥在2010年内68米平台已经基本形成，在2011年和2012年2年时间内，主要是巩固68米平台，为突破70米甚至更高的成绩打下坚实的基础，为将来的质变奠定基础。在这2年中虽然没有特别高的强度，但成绩基本稳定在68～69米，其中5公斤球的成绩提高到了66.50米，专项能力有了进一步提高，3公斤球接近79米，专项速度和专项能力都有了进一步的提高，但标准球成绩始终没有形成实质性的突破，可以说训练的自身能力平台提高了，质变是迟早的事情。

（四）72～73米平台的建设过程（2年时间）

王峥在2013年基本稳定在72米平台（1年时间），2014年稳定在73米平台（1年时间），在2013年和2014年成绩突飞猛进，这也是整个前期训练过程的质变，并不是偶然的提高，是前期训练成果的自然转化。王峥2013年全年最好成绩为 74.90 米，实现了成绩质的飞跃，而且全年的平均成绩达到了 72.70米，基本上越过了69～71米平台的建设和巩固，直接达到了72米平台。在2013年4月成都的长投赛上投出了72.46米的成绩，当时的解析数据反馈，她器械的出手速度已经达到了 27.89 米/秒，根据分析，她已经具备了 74～75 米的实力。另外，我们还发现她器械的速度在方向上分配不合理，主要是水平速度偏小，垂直速度偏大，同时也造成出手角度偏大的现象，经过实验和分析确定训练中增加最后用力中器械在水平方向的速度，将这一技术环节的改进作为切入点，增加器械在出手瞬间向前的攻击性，降低向上蹬伸的幅度，减小器械的垂直速度。经过一段时间训练后，她器械的出手角度逐渐减小了，而且水平速度逐渐增加，相反垂直速度减小了。随后在8月的世锦赛上她就投出了74.90米的成绩，2014年投掷出77.68米的成绩时，出手角度降到了37度，出手速度达到了29.29米/秒，其中水平速度增加到了23.23米/秒，而垂直速度降到了17.83米/秒，一举打破了该项目的亚洲纪录。最后用力这一技术参数的变化是最大的，也充分说明原来技术中最后用力参数并不适合她，适当增加器械的水平速度、降低垂直速度来减小出手角度的用力参数更适合她，除了训练的改进，技术上也更符合链球项目的规律了。

表 5-2 器械出手瞬间参数情况

高度（米）	出手角度（度）	出手速度（米/秒）	水平速度（米/秒）	垂直速度（米/秒）
72.46	43	27.89	19.90	19.01
74.92	40	28.26	17.77	19.57

2013 年全年成绩中除了标准球取得突破外，5 公斤球最好成绩也达到了 69 米（2013 年前为 66.50 米），可以说专项能力得到了大幅度的提高，这也为后期成绩的提高打下了基础，2013 年提高的主要是专项能力。2014 年全年 12 场比赛平均成绩为 73.34 米，最高成绩为 77.68 米，最低成绩为 70.15 米，相差了 7.53 米，成绩起伏较大，状态稳定性差，但基本站稳了 73 米的平台，其中 5 公斤球最好成绩也只有 68 米，而 3 公斤球成绩取得了突破，达到了 83 米（原来最好成绩为 80 米），专项速度取得了突破，这也为她投出 77.68 米的成绩奠定了基础，除了专项技术的改进，专项速度的提高也是成绩取得突破的主要原因。

（五）74～75 米平台的建设和巩固过程（2 年时间）

王峥 2015 年赛季中标准球始终没有取得更大的突破，特别是在世界大赛上，可能这个平台的量变没有积累到一定的程度，未能形成质变。这个平台构建的时间较长可能有以下几方面的原因。从平台建设的角度讲，王峥直接越过了 69～71 米平台建设，使得 72～74 米平台稳固性相对差一些，也许在这个平台上需要的时间更长一些。从训练规律看，主要从以下几个方面进行分析。

首先，在专项能力方面，训练课中 5 公斤球成绩达到了 68 米，而且训练课平均强度比原来明显有所提升，原来训练课 5 公斤球经常可以达到 62～63 米的强度，偶尔达到 65 米以上，而现在虽然没有特别高的强度，但基本能稳定在 65 米左右。

其次，标准球训练课强度也比原来有了大幅度提升，2014 年之前训练课中标准球只是偶尔能达到 71～72 米的强度，现在几乎很少在 70 米以下，基本都在 72 米以上，次数明显增加，偶尔有 73～74 米的强度，标准球能力可以说也是上了一个台阶。

最后，不足的是小球成绩略有下降，3 公斤球的成绩在 2013 年还达到了 84.50 米的水平（2014 年前为 83 米），但 2014 年还没有达到 83 米以上，也就是说专项速度有一定程度的下降，这和最近一段时间跑跳练习少以及体重进一步增加有直接关系，解析的时间也可以说明这一点，所以王峥如果专项速度进一步加强，下一个阶段质变也就不会太远了。总体来说王峥在 2014—2015 年的训练中专项能力提高了一大截，如何能转换到比赛中将是下一个阶段研究的重点课题。

第二节 运动训练计划

运动训练过程和运动员竞技能力状态都存在明显的周期性特征，运动训练过程以循环往复、周而复始的方式进行，每一个循环的开始到结束就是训练周期。运动训练过程的周期一般分为多年周期（多年训练计划）、大周期（年度训练计划）、中周期和小周期（月和周训练计划）、训练课（计划）。

多年周期：根据运动员成材的规律和运动竞技状态形成的过程，一般以全运会、奥运会的周期来确定其时间，可以是 4 年，也可以是 8 年，或者更长，以此制订多年训练计划。研究结果表明，高水平的田径运动员成材的年限一般为 8～12 年，训练中运动员还可以世界锦标赛的周期确定多年训练的时间。

大周期一般以本年或 1 年为时间界限，以此制订半年或全年的训练计划。年度训练计划是以教练员为主，科研人员、队医及有经验的运动员共同参与，围绕全年比赛日程特别是重大比赛日程、运动员各种竞技能力水平及竞技状态发展所需要的时间、各种训练要素间的比例等而制订的。年度训练计划的制订应在充分了解运动员训练历史及现状的基础上进行，即应根据运动员此前特别是上一年度的运动成绩、竞技能力水平发展状况和运动负荷安排情况等制订。年度训练计划制订得科学、合理与否，直接反映教练员及其团队的运动训练理论水平、实际执教经验及对运动员的了解程度。年度训练计划制订之后，不是一成不变的，在整个年度训练过程中，年度训练计划还应根据运动员对训练实际的反应及时进行合理的调整。年度训练周期中所包含的中周期数量的多少，是反映年度训练周期结构特征的主要内容。通常有单周期（包括单周期双高峰）、双周期和多周期等不同类型。现代竞技体育的特点是一年内重点比赛场次较多，例如，国际田联钻石联赛每年安排 10 场以上的比赛（2020 年度国际田联安排了 15 场比赛），所以运动员在一年内不能完全按照准备一场重要比赛设定准备期、比赛期、恢复期，他们需要连续进行多场比赛，这对运动员竞技能力的要求更高。

中周期在训练实践中称为阶段或月的训练，一般 4～8 周时间，以此制订阶段或月的训练计划，主要是为了准备一场比赛进行的计划安排。

小周期在训练实践中称为周的训练，通常以周为期限，以制订周的训练计划。也可以安排 4～10 天的小周期，如做一个小的恢复调整，4 天就能完成调整任务，则可安排 4 天的恢复小周期。

训练课是周期的基本单元，时间 1.5～4 小时不等。

一、运动训练过程

一个完整的训练过程包括运动员现实状态的诊断、训练目标的确定、训练计划的制订、训练计划的实施、训练过程中的检查与评定、训练目标的实现六个环节。

对运动员现实状态的诊断是一个完整的运动训练过程的出发点。训练指标的确定则是为运动训练过程确定一个目标状态，是整个运动训练过程的目的，也是对运动训练过程发展状况做出检查评定的标准。运动训练计划是对整个运动训练过程及对实现状态转移的通路所预先做出的理论设计。通过训练计划的实施将这一预先做出的理论设计付诸实践并进行检查，通过特定指标的确定对训练的效果进行检查评定，将评定的结果与训练的目标状态进行比较找出差距，据此对相应的环节进行必要的调整和修改，使训练获得满意的效果，实现预定的目标。

一般在备战一个重大比赛前，教练员会制订以年度为周期的训练计划，现代竞技体育的竞赛具有明显的年度周期性特征，因此人们通常以年度周期作为组织系统运动训练过程的基本单位。年度训练周期以其是否包含有重大比赛（如奥运会和世锦赛等）而区分为平常年度和重大比赛年度，也可依其年度主要任务区分为恢复训练年度、基础训练年度、提高训练年度等。

在年度训练过程中，大周期是构成年度训练周期的基本单元。训练大周期是以参加重要比赛获得满意成绩为目标，以运动员竞技状态发展过程的阶段性特征为主要依据而确定和划分的。竞技状态是指运动员在训练大周期范围内形成的，在一定时间限度内保持规律性变化对运动成绩的最佳准备状态。竞技状态表现了运动员对获得成绩的最佳准备程度的各个方面即体能、技能、心理、战术、运动智能等方面的和谐统一状态。

（一）准备时期的训练计划

1. 训练任务和时间

运动员的竞技能力水平能否获得有意义的提高，是准备时期训练成功与否的第一个衡量标准。通过有计划的训练，可以对运动员的技能、体能、战术能力、心理能力和运动智能的发展产生良好的影响。由于运动员专项竞技能力的结构表现出层次性的特点，它的发展和提高必须由低到高、由一般到专项、由局部到整体逐步实现。因此，在准备时期，运动员应着重发展基础性的能力水平，以便为比赛时期创造优异成绩打下基础。

准备时期的时间在一个大周期中通常是最长的。为了更好地组织训练过程，人们一般把准备时期进一步划分为两个或更多的训练阶段。在单周期训练安排中，由于准备期长达五六个月，这一划分就更有必要。而在这个过程中，训练的特点也从一般向专项、从局部向整体逐渐地转移。越接近准备时期结束的时间点，训练的专项化程度越高，训练的整体性也就越强。

准备时期的第二个任务是逐渐培养和发展运动员的竞技状态，至准备时期结束时，运动员的竞技状态已初步形成，主要表现在准备时期前期所提高的基础竞技能力开始向专项需要的方向转化和集中。此时可参加少量比赛，以促进竞技状态的进一步发展。

一般来说，为了实现上述两项任务，准备时期的时间不应少于 1.5～2 个月。全年单周期的准备时期可长达 5～6 个月。双周期安排中，每个训练大周期的准备时期又不同，在我国通常第一个大周期，即冬春大周期的准备期较长，可达 4～5 个月；第二个大周期，即夏秋大周期的准备期常常只有 1.5 个月左右。

2. 训练方法、手段的特点

准备时期的运动素质训练，以持续训练法和间歇训练法为主，这两种训练方法的特点是负荷的量较大，强度相对较小。这对于重点发展耐力类运动素质及有氧代谢的能力是特别有益的。

准备时期的技战术训练，均以分解法为主，由于拥有较充裕的时间，在破坏了旧的技术动力定型之后，还有时间重新建立起新的技术动力定型，因此，允许运动员对自己的技术动作进行较大的“改造”。运动员首先着力于改进与完善技术中存在问题的部分，然后在这一基础上逐步向完善技术过渡。

（二）比赛时期的训练计划

1. 训练任务和时间

比赛时期的训练任务包括发展运动员的专项竞技能力和使运动员在比赛中充分表现已有的竞技能力水平两个方面。

在准备时期训练的基础上，进入比赛时期后运动员应努力发展专项的竞技能力。各项目的运动员此时都应把对自己竞技能力影响最大、表现最集中的方面置于训练的首位，把最主要的精力用于发展这些能力上去。例如，中长跑运动员的专项耐力、手球队的集体战术配合、乒乓球运动员在实战中发挥技术特长的能力、体操运动员完整套路练习的一次成功率等。

比赛时期训练的第二个任务，也是最重要的任务，就是做好充分准备参加比赛，最大限度地发挥自己已有的水平，创造优异的运动成绩，达到全年预定的训练目标。

为了保证训练任务的完成，比赛时期的时间一般也不应短于1.5个月。运动员要在准备时期训练的基础上进一步发展专项竞技能力，特别是要在比赛中创造优异的成绩，则必须经历一定数量的比赛，才有可能抓住主客观条件都处于适宜状态的机遇，充分发挥自己的竞技水平。而主客观条件的状态受着许许多多可控、半可控和不可控因素的影响，因此，即使运动员的训练状况十分理想，希望在一次比赛中提高成绩或打破纪录，成功的概率一般也是不高的。

2. 训练方法、手段的特点

比赛时期发展体能主要采用重复法，发展技能主要采用完整法，并较多地采用比赛法，以便综合地发展与竞赛密切相关的体能、技能、战术能力、运动智能和心理能力。当然仍要根据需要适当地运用间歇训练法及分解训练法。

在比赛时期，运动员在连续参加了大量比赛的情况下，要特别注意组织好赛间训练。体能主导类运动项目赛间训练的主要任务是对运动员的竞技状态进行积极的调节，使运动员从上一组比赛或上一次比赛的疲劳状态中恢复过来，重新聚集力量，以理想的体能状态投入新的比赛。同时，对上一次或上一组比赛中所发现的问题进行分析，利用短暂的比赛间歇，力求在短时间内有效改善，从而获得新的训练效应。

（三）恢复时期的训练计划

1. 训练任务和时间

运动员在几个月的紧张训练和比赛中，不论心理还是生理都处于高度动员状态，而这种状态是不可能无休止地持续下去的，有机体的保护性机制会发出进行休整调节的强烈信号。训练大周期的恢复时期或称为过渡时期，就是为满足这一要求而组织实施的训练阶段。

恢复手段可分为自然恢复和积极恢复两种。恢复时期所进行的不是单纯的休息或睡眠式的自然恢复，而是保持一定训练活动的积极恢复。通过负荷内容、量度、组织形式及训练环境的改变，达到消除心理和生理疲劳的目的。

恢复时期的另一项重要任务是认真总结全年训练的经验与教训，并制订下一年度的训练计划。

恢复时期的时间与训练大周期的长短有着密切的联系。单周期训练安排中的恢复时期，应持续1～1.5个月。双周期训练安排的每一个周期的恢复时期，应持续2～3周。

2. 训练方法、手段的特点

为了达到恢复的目的，在恢复时期宜以游戏法、变换法为主进行训练。这些练习能大大提高运动员的兴趣，运动员在新的环境以新的组织形式完成新的内容和练习，中枢神经系统会得到良好的调节，同时又能保持一定的体能水平。

二、我国掷链球多年训练安排中存在的一些问题

多年训练计划中重要的是要体现出训练方面的预见和储备，我国女子链球项目经过多年的训练达到了今天的水平，在训练安排方面有很多的优点，同时也存在不少的问题。一些运动员成绩达到一定水平后，进步的速度明显减慢，成绩徘徊不前或有所下降；运动员不同程度地出现一些伤病，很多伤属于劳损性伤，彻底治愈难度很大，会影响一些重要的训练；运动员身体健康状况不佳，体能处于低迷状态；随着伤病的增加和年龄的增长，训练后恢复的能力下降，承受大负荷训练的能力有所下降；技术方面也存在各种问题，解决的效果不理想等。赛前训练是备战最主要的阶段，赛前状态将决定运动员比赛的成绩。高水平运动员背后需要很多训练方面强有力的支撑，而这些支撑是通过较长时间训练形成的，没有科学和长期的训练计划运动员很难达到较高的水平。

（一）技术训练方面的问题

影响一些运动员成绩进一步提高的很多问题出在技术方面，不合理的技术动作已经定型，要改正需要很长的时间和很多的精力，但是面临频繁的比赛似乎没有完整的时间来认真做好这些事情。

高水平的成绩需要合理技术的支撑。优秀运动员的技术合理，关键技术清晰，特点突出。没有合理的技术原理作支撑，关键时刻技术就会出现问题。技术训练和技术改进需要有储备，也就是当前改进的技术是为了将来的技术的发展，到比赛时技术应该达到最佳状态。当然，改进技术的效果取决于对项目特点的认识、对技术是否有正确的理解、是否抓住了主要矛盾、方法是否得当等。

运动员掌握合理的技术需要长远的学习、改进和完善的过程，这就要制订合理的训练计划，在具体工作中稳打稳扎，逐渐进步。例如，良好的技术速度一节奏需要长时间训练才能获得并巩固，并应贯穿于技术训练的全过程。那种只看见当前技术存在的问题并解决问题的做法有其合理性，但是经常会出现“头痛医头、脚痛医脚”的现象，从长远看这种做法对技术的完善不利。简而言之就是对运动员未来的技术要有前瞻性，为了达到最终目标应该明确各个阶段应该做的工作，这就需要有一个长远的多年训练计划。

（二）专项训练负荷安排方面的问题

运动员大多通过大量的训练改进技术并发展专项能力，但这之中往往忽视了训练的质量和强度，训练效果值得商榷。

经过多年训练我们总结提出，任何数量都有一定的强度，任何强度也都有

一定的数量。训练中强调抓好有一定强度要求的数量，这个所谓的一定强度就是根据运动员实际情况来进行训练。

大强度、高质量的训练需要长时间的锻炼和适应，需要强大的专项体能和一般体能作支撑，没有这些支撑不可能长时间保持大强度、高质量的训练。我们都知道，体能的变化是一个渐进的过程，不是短时间能够产生效果的，这就需要我们有计划地通过多年的训练，按阶段逐渐达到预期的目标，最后整合为强大的整体。

（三）训练的内容和安排方面的问题

大强度、高质量的训练要有合理的训练内容和安排作支撑，保证训练水平逐步提高，从一天到一周的训练，从一个月到一个阶段的训练，从一年到多年的训练，训练安排的节奏要明显，训练负荷的大小要与运动员的恢复能力相匹配，充分保障训练的效果。

（四）训练手段和内容方面的问题

好的训练手段与技术结合很紧密，但还有更多训练手段与专项技术所需的内容不相符，致使练习手段“有形无神”，这就需要我们进一步认识、理解技术的内涵，根据技术要求选择难度大于技术要求的更有效的训练手段，从而促进水平的提高。

训练是一个系统、长期的过程，任何有效的手段都必须经过相当时间的训练才能产生好的效果，这就要求我们安排好训练的内容和手段，针对主要手段制订出长期训练计划，在相当长的一段时间内保证主要手段不变，不断提高难度和要求，力争达到最佳效果。

（五）运动员伤病和恢复的问题

多数运动员经过多年大负荷系统训练，成绩与素质（一般身体素质和专项身体素质）达到一定水平，但是身体却出现了很多问题，有的运动员健康状况不佳，有的运动员体内酸碱度不平衡，有的运动员长期精神不振、食欲不佳、睡眠不好，也就是说伤是长期积累起来的，到了一定的时候开始发作。上述这些现象表明这些运动员长期积累的疲劳没有很好地得到消除，积累到一定程度就爆发了。毫无疑问，上述问题也成为运动员训练的障碍。只有处理好负荷与恢复之间的关系，制订出运动员长期、系统的恢复计划并且切实落实，才能够保证运动员的正常训练，最终完成比赛任务。

事物是向前发展的，认识是逐步提高的，虽然我们现在还不可能把所有训练问题都认识得那么清楚，但是这并不影响我们按照项目特点和运动员的实际情况制订出长远的训练计划。

下面列举我国优秀女子链球运动员张文秀、顾原备战2004年雅典奥运会的年度训练计划安排，以及王峥、齐大凯备战2013年沈阳全运会的年度训练计划和安排情况，希望给教练员和运动员制订今后的训练计划提供一些帮助。

案例　我国女子重点链球运动员年度训练计划

一、顾原备战2004年奥运会年训练计划

（一）训练总体指导思想

顾原是我国女子链球项目拟争夺奖牌的重点运动员，通过近两年参加国际大赛及和世界优秀运动员对比，我们对顾原的技术、体能及心理方面存在的问题有了较全面的了解，这对我们科学、准确、有效地安排奥运会前的训练工作有重要意义。

要争夺奥运会的奖牌，无论从技术风格上，还是训练方法、手段上，必须要有自己的个性化训练方案。

对顾原奥运会前训练总体的指导思想是，“在大力发展专项实力的基础上，努力纠正和改进技术，在全面提高体能指标的情况下突出发展下肢力量”，力争使她的专项能力得到进一步提高，再上一个台阶。

（二）训练阶段划分及各阶段训练任务

从训练安排上拟将2004年奥运会前整个训练过程作为一个大周期，分四个阶段进行。

1. 第一阶段（11月1日—11月底，恢复阶段）及任务

安排四个自然周的全面身体机能恢复训练。

这一段时间主要以体能恢复为主，共安排4周恢复性训练，除了进行一定的耐力训练，还系统安排了核心力量和身体薄弱环节的训练，主要目的是提高心肺功能，为后续进行大运动量训练及提高训练效果做准备。

2. 第二阶段（12月初—3月20日，冬训阶段）及任务

计划在云南呈贡基地进行16周高原训练，采用练3周，调整1周的方式进行。本阶段是第一准备期的基本训练阶段，这一阶段的训练尤为重要，是运动员专项能力的一个积累阶段，关系到2004年整个年度比赛的成败，具体训练安排如表5–3所示。

体能方面任务：在全面提高身体训练水平的基础上，重点突出下肢力量训练。

专项方面任务：在努力发展专项力量和专项能力的基础上重点纠正技术中

存在的问题（改进预摆、进旋转技术，纠正上肢和肩带紧张的问题）。

阶段主要训练指标：专项力量指标：负重深蹲140～150公斤；专项能力指标：5公斤重球65～66米。

表5-3 顾原准备期（第二阶段）周训练计划

星期	主要训练任务及内容		备注
	上午	下午	
一	休息	专项力量训练（5公斤重球共30个）	1. 准备期每周投掷各种重量的链球约350～380个； 2. 以5公斤重球为主，提高专项能力
二	技术训练（标准球4公斤、重球5公斤共60个）	技术专门练习（5公斤重球共30个） 一般力量训练	
三	技术训练（标准球4公斤、重球5公斤共60个）	专项能力训练（5公斤重球共30个）	
四	休息	中、小肌肉群力量练习 辅助肌肉群力量练习	
五	技术训练（标准球4公斤、重球5公斤共80个）	专门技术练习 一般力量训练	
六	技术训练（标准球4公斤、重球5公斤共80个）	专项力量练习 一般力量练习	
日	休息	休息	

这一阶段一般是指冬训阶段，也是体能积蓄和提高专项能力的主要阶段，教练员对冬训阶段都非常重视，因为它直接关系到第二年赛季能力水平的高低。从训练计划的情况看，这一阶段训练中，每周进行7次专项技术课、2次力量训练课，其中主要以5公斤重球为主，一周的重球投掷量达到了230次，以达到提高专项能力的目的，投球的数量远远多于我国其他选手，这和运动员自身的身体机能及恢复情况有直接关系。

3. 第三阶段（3月下旬—5月下旬，第一比赛期）及任务

该阶段为上半年竞赛及心理培养的阶段，重点围绕奥运会选拔赛进行备战，具体安排如表5-4所示。

训练方面主要抓好专项能力向专项成绩的转化，积极参加国内外各项赛事，提高比赛经验及心理素质。

（5月下旬奥运队伍选拔组建后，在6月中旬前能够参加1～2次国际性比赛）

阶段主要训练指标：专项力量指标：负重深蹲150公斤；

专项能力指标：5公斤重球66米，4公斤标准球71～72米。

表 5-4　顾原比赛期周训练计划

星期	主要训练任务及内容		备注
	上午	下午	
一	休息	专项力量训练（5 公斤重球和 4 公斤标准球共 30 个）	1. 比赛期每周投掷各种重量的链球约 320～350 个； 2. 以 3 公斤轻球和 4 公斤标准球为主
二	技术训练（4 公斤标准球、3 公斤轻球和 5 公斤重球共 50 个）	技术专门练习（3 公斤轻球和 4 公斤标准球共 30 个） 一般力量训练	
三	技术训练（4 公斤标准球、5 公斤重球共 50 个）	专项能力训练（3 公斤轻球和 4 公斤标准球共 30 个）	
四	休息	中、小肌肉群力量练习 辅助肌肉群力量练习	
五	技术训练（4 公斤标准球、3 公斤轻球共 60 个）	技术专门练习 一般力量训练	
六	技术训练（4 公斤标准球、3 公斤轻球共 60 个）	专项力量练习 一般力量练习	
日	休息	休息	

这一阶段训练增加了 3 公斤轻器械的投掷次数，减少了 5 公斤重球的投掷次数，主要以发展专项速度为主，提高重器械能力向标准器械转化的效果，而且投掷的次数和总量都有一定程度的减少。

4. 第四阶段（5 月下旬—8 月中旬）及任务

该阶段为第二准备期，即奥运赛前训练阶段。

主要训练指导思想：专项方面：在建立标准器械动作节奏的同时，重点突出专项速度训练；身体训练方面：在保证全面身体训练的基础上重点突出速度力量训练。

7 月上旬参加 1～2 次国际比赛，以提高比赛经验和逐步形成竞技状态。

（三）备战训练阶段划分及各阶段的主要任务

根据竞赛时间要求，将 5 月 26 日—8 月 25 日定为奥运备战训练阶段，作为一个训练周期，划分为三个训练阶段。

1. 第一阶段（5 月 26 日—6 月 22 日）：专项能力及体能恢复阶段

主要任务：根据目前顾原专项能力和体能大幅下降的实际情况，计划在 5 月 26 日—6 月 22 日进行 4 个自然周的专项能力和专项力量恢复性训练。

力争 5 公斤重球的投掷能力恢复到 64 米左右，一般力量的深蹲指标恢复到 150 公斤左右（目前顾原 5 公斤加重球投掷能力仅为 60 米左右，深蹲仅 130 公斤）。

2. 第二阶段（6 月 23 日—7 月 5 日）：赛前心理状态及大赛经验的培养阶段

主要任务：利用 2 周左右的时间外出欧洲参加 2～3 场国际性比赛，旨在了解和适应对手，积累大赛经验，提高心理素质。

3. 第三阶段（7 月 5 日—8 月 15 日）：赛前训练阶段

主要任务：本阶段拟安排 6 个自然周的系统训练，在保证身体机能状态良好、专项技术稳步提高的情况下，突出轻器械的投掷训练，提高专项速度。另外，在不影响训练系统性的情况下，力争参加 7 月中旬—8 月 1 日在北京体育大学和天津举行的大奖系列赛第 4 站和第 5 站的比赛，以提高专项强度，培养竞技状态。

（四）训练安排

计划在 5 月 26 日—6 月 22 日的机能和能力恢复阶段，每周安排 10 次课（不含早操）。训练计划安排以自然周小周期为主。

6 月 23 日—7 月 5 日实战训练中，每周安排 8 次课，努力做到赛练结合。

7 月 6 日—8 月 16 日赛前训练阶段，每周安排 10 次课，根据需要对重点内容和手段定性定量，执行 6 周循环计划。

8 月 17—25 日竞赛期训练，旨在调整、恢复身体机能。训练内容及量化情况视当时的实际情况安排。

1. 训练课安排

以多种训练内容组合为主。在各个阶段中，负荷量和负荷内容基本保持稳定，整体负荷主要通过负荷强度的变化来调节。在每次训练课中安排包括技术、力量、一般身体训练及专项力量等多种训练内容，通过各个内容的相互联系、相互作用、相互渗透、相互转化来提高训练课的整体效果。

2. 周训练安排

为及时控制训练的全过程，在各个训练阶段中，均不使机体积累太深的疲劳。周训练为短节奏，每周重点突出 4 天训练（周二、周三、周五、周六，具体安排如表 5-5）。各阶段中，周与周之间的负荷量和负荷内容没有太大的差别，以保证训练的系统性和良好的机能状态。

表 5-5　顾原奥运会备战集训阶段周训练计划

星期	主要训练任务及内容		备注
	上午	下午	
一	休息	专项力量训练	
二	技术训练	1. 技术专门练习 2. 一般力量训练	
三	技术训练	专项能力训练	
四	休息	1. 中、小肌肉群力量练习 2. 辅助肌肉群力量练习	本阶段每周投掷各种重量的链球约 320～350 个
五	技术训练	1. 技术专门练习 2. 一般力量训练	
六	技术训练	1. 专项力量练习 2. 一般力量练习	
日	休息	休息	

3. 阶段训练安排

阶段训练的负荷主要采用大阶梯的形式。5 月 26 日—6 月 22 日为机能恢复阶段，体能及专项力量训练占训练总量的 60%，技术及一般力量训练占 40%。6 月 23 日—7 月 5 日，专项和能力训练与一般身体训练所占比例各为 50%。7 月 6 日—8 月 16 日为赛前训练，技术和专项速度训练占训练负荷总量的 60%，一般身体和专项能力训练占 40%。8 月 17—25 日竞赛期视届时实际情况安排对应性练习。训练安排上尽可能避免量和强度上的大起大落，特别注意处理好技术细节和技术整体的关系，力求保持技术整体的完整性和机能状态的良好。

（五）实战训练和比赛计划

除周密细致的训练计划和严格控制训练过程外，要尽可能调动运动员的主观能动性。为适应比赛场上瞬息万变的情况，还要注意培养运动员独立处理和解决问题的能力。除训练课中要求每一投的成功率外，在第三阶段（赛前训练阶段）中，尽可能营造接近实际比赛的环境，如有目的地安排一定课次的灯光夜训（奥运会女子链球的决赛是在晚上 10 点 30 分举行）。

在保证系统训练的情况下，尽可能积极利用国际、国内各项比赛机会，积累比赛经验，提高心理素质。奥运会前参赛计划如下：

6 月 26 日法国举行的国际田径大奖赛。

6 月 28 日克罗地亚举行的国际田径大奖赛。

7月4日意大利举行的欧洲田径锦标赛。

7月17—18日北京体育大学举行的全国田径大奖系列赛第4站比赛。

7月31日—8月1日天津举行的全国田径大奖系列赛第5站比赛。

（六）各阶段周训练计划

1. 体能和专项能力恢复阶段（5月26日—6月22日）

任务：全面恢复体能，努力恢复专项能力和专项力量。

星期一

早操：柔韧及灵活反应练习。

上午：休息。

下午：专项能力及专项力量训练。

准备活动30分钟（以肋木专门练习为主）；

全程投5公斤加重球30次；

提铃展体60公斤6次×6组；

20公斤铃片最后用力6次×6组；

20公斤铃片左右转体12次×4组；

节奏纵跳摸高（三轻一重）10次×4组；

放松活动20分钟（以慢跑和肌肉拉长活动为主）。

星期二

早操：休息。

上午：技术训练。

准备活动30分钟；

持球专门练习20分钟（各种方向抡摆，连续两摆一转6次×5组）；

全程技术投标准球30次；

节奏投3公斤球20次；

抱膝跳8次×4组；

放松活动20分钟（以慢跑和肌肉拉长活动为主）；

下午：能力及一般力量训练。

准备活动30分钟（以关节、韧带及肌肉拉长活动为主）；

全程投5公斤加重球20次；

高抓杠铃60公斤5次×6组；

高翻杠铃80公斤5次×6组；

下蹲杠铃100公斤5次×2组，120公斤4次×2组，110公斤5次×2组；

扶肋木垂直深蹲跳8次×6组；

单杠悬垂举腿 10 次×3 组，鞍马上做背肌练习 3 组；
60 米加速跑×6 次；
放松活动 20 分钟。
星期三
早操：休息。
上午：技术训练。
准备活动 30 分钟（以肋木专门练习为主）；
持球专门练习 20 分钟（重点体会预摆进入旋转技术）；
全程技术投标准球 30 次；
节奏投 3 公斤球 20 次；
放松活动 20 分钟（以慢跑和肌肉拉长活动为主）。
下午：专项力量及能力训练。
准备活动 30 分钟；
全程投 5 公斤加重球 30 次；
提铃展体 60 公斤 6 次×6 组；
20 公斤铃片最后用力 6 次×6 组；
单杠悬垂左右上髋 10 次×4 组；
节奏纵跳摸高（三轻一重）10 次×4 组；
放松活动 20 分钟。
星期四
早操：一般活动及灵活反应练习。
上午：休息。
下午：一般力量及专项速度训练。
左右侧抓杠铃 30 公斤 6 次×4 组；
体前直臂抓杠铃 30 公斤 6 次×4 组；
深蹲杠铃 100 公斤 5 次×2 组，120 公斤 4 次×2 组，130 公斤 3 次×2 组；
左右交换跳台阶 12 次×6 组，与上一个练习交替进行；
3 公斤球速度投掷 20 次，要求低姿势；
放松活动 20 分钟。
星期五
早操：休息。
上午：同星期二上午内容。
下午：同星期三下午内容。

星期六

早操：休息。

上午：同星期三上午内容。

下午：同星期二下午内容。

星期日

休息。

注：共计每周力量训练 3 次课，专项投掷量为 330 个球（5 公斤 130 次、标准球 120 次、3 公斤球 80 次）。

2. 赛前训练阶段（7 月 6 日—8 月 15 日，执行 6 周循环计划）

任务：在保持体能、身体机能和专项能力训练水平的情况下，致力发展专项速度，努力建立标准器械的肌肉感觉和动作节奏。

星期一

早操：一般活动。

上午：休息。

下午：专项力量及专项速度训练。

准备活动 30 分钟；

下肢反应专门练习 20 分钟；

提铃展体 60 公斤 5 次×6 组；

20 公斤铃片最后用力 5 次×6 组；

3 公斤球速度投掷 20 次，要求低姿势；

立定三级蛙跳 12 次；

30 米起跑加速 6 次；

放松活动 20 分钟。

星期二

早操：休息。

上午：技术及专项练习。

准备活动 30 分钟；

持球专门练习 20 分钟；

全程投 5 公斤加重球 20 次；

节奏投 4 公斤标准球 20 次；

单杠悬垂左右上髋 12 次×4 组；

放松活动 20 分钟。

下午：一般力量及专项力量训练。

准备活动 30 分钟（以关节、韧带及肌肉拉长活动为主）；

高抓 50 公斤 3 次 ×1 组，60 公斤 3 次 ×1 组，65 公斤 2 次 ×1 组，70 公斤 2 次 ×1 组，75 公斤 1～2 次 ×1 组，70 公斤 1～2 次 ×1 组；

高翻 80 公斤 3 次 ×1 组，90 公斤 2 次 ×1 组，100 公斤 1～2 次 ×1 组，110 公斤 1 次 ×1 组，100 公斤 1～2 次 ×1 组；

下蹲 100 公斤 4 次 ×1 组，120 公斤 3 次 ×1 组，130 公斤 3 次 ×1 组，140 公斤 2 次 ×1 组，150 公斤 1～2 次 ×1 组，140 公斤 2 次 ×1 组；

扶肋木垂直深蹲跳 8 次 ×6 组；

3 公斤球速度投掷 20 次，要求低姿势；

快速后蹬跑 30 米 ×6 组；

放松活动 20 分钟（以肌肉拉长活动为主）。

星期三

早操：休息。

上午：技术及专门速度训练。

准备活动 30 分钟（以扶肋木下肢及腰髋专门练习为主）；

持球专门练习（体会进入旋转技术）；

全程投 4 公斤标准球 30 次（要求前 3 球按照比赛进行）；

速度投 3 公斤球 20 次；

放松活动 20 分钟。

下午：专项能力及专项力量训练。

准备活动 30 分钟；

全程投 5 公斤球 20 次；

提铃展体 60 公斤 5 次 ×6 组；

20 公斤铃片最后用力 5 次 ×6 组；

单杠悬垂左右转髋 12 次 ×4 组；

3 公斤球速度投掷 20 次，要求低姿势；

放松活动 20 分钟。

星期四

早操：一般活动。

上午：休息。

下午：中、小力量及跑跳训练。

准备活动 30 分钟；

杠铃左右侧抓 30 公斤 10 次 ×4 组；
体前直臂抓 30 公斤 8 次 ×4 组；
单杠悬垂举腿 10 次 ×3 组；
鞍马背肌练习 3 组；
立定跳远 12 次；
快速后蹬跑 30 米 ×6 组；
放松练习 20 分钟。

星期五
早操：休息。
上午：同星期三上午内容。
下午：同星期三下午内容。

星期六
早操：休息。
上午：同星期二上午内容。
下午：同星期二下午内容。

星期日
休息。

*共计每周大力量训练 2 次课，中、小力量训练 1 次课。专项投掷量为 280 个球（5 公斤 60 次、标准球 100 次、3 公斤球 120 次）。

二、王峥、齐大凯备战 2013 年全运会年度训练计划

（一）训练阶段划分

第一阶段：2012 年 11 月 12 日—2013 年 3 月底（冬训阶段）。
第二阶段：2013 年 4 月 1 日—6 月中旬（上半年赛季训练阶段）。
第三阶段：2013 年 6 月 17 日—8 月底（第二准备期训练阶段）。
第四阶段：2013 年 9 月初—十二届全国运动会决赛（赛前恢复阶段）。

（二）冬训阶段划分

2012 年 11 月 12 日—12 月 2 日 3 周为机体应激能力适应和培养阶段。

2012 年 12 月 3 日—2013 年 2 月 24 日为基本训练阶段，历时 12 周，执行二套 6 周循环计划。

2013 年 2 月 25 日—3 月底为专项深化训练阶段，历时 5 周。

（三）目标任务及专项指标

1. 目标任务

齐大凯：5 月 24—26 日全国锦标赛力争第一名；6 月 15—16 日冠军赛获取第一名；9 月 7—11 日十二运会确保第一名；参加 10 月 9—12 日在天津举行的东亚运会，并获取奖牌。

王峥：5 月 29—31 日全国锦标赛力争获取银牌；6 月 15—16 日全国冠军赛获取第二名；9 月 7—11 日十二运会确保银牌；参加 10 月 9—12 日在天津举行的东亚运会并获取银牌。

2. 专项成绩及能力指标

齐大凯：标准球 72～73 米，8 公斤重球 65～66 米，6 公斤轻球 78～79 米。

王峥：标准球 71～72 米，5 公斤重球 65～66 米，3 公斤轻球 77～78 米。

（四）各阶段训练计划具体实施步骤

1. 第一阶段（冬训阶段）

2012 年 11 月 12 日—12 月 2 日冬训恢复阶段训练计划（共计 20 天）

2012 年 11 月 12 日—11 月 18 日周训练计划（第一周）

任务：全面恢复身体机能水平。

突出发展各项柔韧及关节力量。

重点改进每个人技术上存在的主要问题。

11 月 12 日（周一）

上午：周会及技术研讨活动（重点描述下阶段的训练要求）。

下午：柔韧练习、关节专门练习及核心力量训练。

①热身活动 30 分钟（要求慢跑 1600 米以上）；

②肋木上做各种肌肉拉长练习；

③肋木上做各种关节适应性练习；

④核心力量恢复性训练（中等量和强度）；

⑤后抛实心球 12 次；

⑥放松活动。

11 月 13 日（周二）

上午：柔韧练习、改进技术的专门活动及投掷活动。

①热身活动 30 分钟；

②肋木专门练习；

③持实心球左右转体 12 次×4 组；

④拨铃片快速跟转活动 30 次；

⑤持轻球预摆进旋转活动；
⑥对网投轻器械 20 次（齐大凯 6 公斤球，其余队员 3 公斤球）；
⑦放松活动。

下午：一般力量及身体训练。

①热身活动 30 分钟；
②肋木专门练习；
③杠铃 30～50 公斤左右转体 6 次×4 组；
④提铃展体 4 组（齐大凯 90～100 公斤，其余队员 70～80 公斤）；
⑤架上半蹲提踵 4 组（齐大凯 140 公斤，王峥 120 公斤）；
⑥台阶单脚交换跳 12 次×4 组；
⑦王峥心肺功能训练（跑步机 30 分钟），其余队员 60 米加速跑×6 组；
⑧放松活动（肌肉拉长练习）。

11 月 14 日（周三）

上午：休息。

下午：关节柔韧专门练习及专项练习。

①热身活动 30 分钟；
②关节柔韧专门练习 20 分钟；
③5～10 公斤铃片左右转体 12 次×4 组；
④拨铃片接快速跟转 30 次；
⑤对网投 5～8 公斤加重球 20 次；
⑥垫上搭肩练习 12 次×4 组；
⑦放松活动 15 分钟。

11 月 15 日（周四）

上午：中心全体教练会议（学习王建国讲话）。

下午：专门练习、核心力量及抛掷活动。

①热身活动 30 分钟；
②肋木肌肉拉长活动 15 分钟；
③肋木关节专门练习；
④核心力量（中等量）练习；
⑤后抛实心球 15 次；
⑥栏侧反应练习 12 次×4 组；
⑦放松活动。

11 月 16 日（周五）

上午：技术专门练习及专项技术训练。

①热身活动 30 分钟；

②柔韧及关节专门练习 15 分钟；

③拨铃片快速跟转 30 次；

④对网投标准球 18 次（不要求强度）；

⑤对网投轻器械 12 次（要求必须快速预摆进旋转，齐大凯 6 公斤球，其余队员 3 公斤球）；

⑥放松活动。

下午：肋木专门练习及专项力量训练。

①热身活动 30 分钟；

②肋木上做下肢及腰髋反应的专门练习；

③对网投加重球 20 次（齐大凯 8 公斤球，王峥 5 公斤球）；

④10～15 公斤铃片左右平转体 12 次×5 组；

⑤15～20 公斤铃片最后用力 6 次×5 组；

⑥放松活动 15 分钟。

11 月 17 日（周六）

上午：一般力量及心肺功能训练。

①热身活动 30 分钟；

②肋木柔韧活动 15 分钟；

③肋木挺身起 10 次×3 组；

④肋木背拉起 8×3 组；

⑤30～50 公斤杠铃左右转体 12 次×3 组；

⑥提铃展体 80～100 公斤 5 次×5 组（齐大凯 100 公斤，王峥 80 公斤）；

⑦架上半蹲提踵 120～160 公斤 6 次×5 组；

⑧齐大凯台阶交换跳 12 次×5 组，其余肋木深蹲跳 8～10 次×5 组（⑦和⑧交替进行）；

⑨王峥跑步机跑 30 分钟，其余人变速跑 50 米快、100 米慢跑×8 次；

⑩放松活动。

下午：休息。

11 月 18 日（周日）

休息。

第一周11月12—18日训练小结

本周是冬训第一阶段全面恢复期，第一周训练计划8次课，实施8次课。

出勤情况：王峥出勤训练5次课（星期四和星期五请假去宝鸡参加冬训动员会暨表彰会），齐大凯实际训练7次课。

2012年11月19—25日训练计划（第二周）

任务：继续全面恢复身体机能。

突出发展柔韧素质和各关节力量。

重点解决每个人技术上存在的问题。

11月19日（周一）

上午：组里小会。

下午：柔韧、核心力量及抛掷活动。

①热身活动30分钟；

②肋木专门练习（各种肌肉拉长练习）；

③关节专门练习及下肢和腰髋反应专门练习；

④核心力量；

⑤上抛实心球10次；

⑥后抛实心球10次；

⑦放松活动。

上午链球组召开全组人员会议，简单总结了冬训以来的训练情况。

11月20日（周二）

上午：专门练习及专项技术训练。

①热身活动30分钟；

②肋木肌肉拉长练习；

③肋木专门练习15分钟；

④拔铃片接快速跟转30次；

⑤5～10公斤铃片左右转体12次×4组；

⑥对网专项投掷（要求摆转），齐大凯6公斤球30次；

⑦放松活动15分钟。

下午：一般力量及一般身体训练。

①热身活动30分钟；

②肋木专门练习15分钟；

③肋木背拉起8次×4组；

④肋木挺身起 10 次×4 组；
⑤杠铃左右转体 3 组；
⑥提铃展体 5 组；
⑦架上半蹲提踵 5 组；
⑧扶肋木深蹲跳 8～10 次×5 组（交替）；
⑨50 米直通快、弯道慢跑）×10 次；
⑩集训队员测验立定跳远。

11 月 21 日（周三）

上午：休息。

下午：柔韧、专门练习及专项力量训练。

①热身活动 30 分钟；
②肋木柔韧及专门练习 15 分钟；
③拨铃片专门练习 30 次（一圈跟转 20 次，两圈 30 次）；
④对网投加重球 20 次（5 公斤球）；
⑤15～20 公斤铃片左右轮转 10～12 次×4 组；
⑥15～20 公斤铃片专项用力 6 次×5 组；
⑦放松活动 15 分钟。

11 月 22 日（周四）

上午：休息和文化学习。

下午：核心力量及心肺功能训练。

①热身活动 30 分钟；
②肋木柔韧及关节专门练习 15 分钟；
③核心力量训练；
④跑步机跑 30 分钟；

11 月 23 日（周五）

上午：专门练习及专项技术训练。

①热身活动 30 分钟；
②肋木柔韧练习和专门练习 15 分钟；
③持 1.5～5 公斤铃片模仿旋转 50 次；
④对网投及专门投。齐大凯 6 公斤快摆投 20 次，5 公斤快摆投 10 次；王峥 4 公斤球技术投 20 次，3 公斤球速度投 10 次。

下午：能力及专项力量训练。

①热身活动 30 分钟；

②拨铃片接快速跟转 20 次；
③对网投 5～8 公斤加重球 20 次；
④铃片 15～20 公斤最后用力 5 组；
⑤加重球抡摆 20 次×4 组；
⑥放松活动。

11 月 24 日（周六）

上午：一般力量及一般身体训练。

①热身活动 30 分钟；
②肋木柔韧及下肢腰髋反应练习 15 分钟；
③肋木背拉起 8～10 次×3 组；
④肋木挺身起 8～10 次×3 组；
⑤30～50 公斤杠铃左右转体 12 次×3 组；
⑥提铃展体 80～120 公斤 5 组；
⑦俯卧背拉杠铃 4 组；
⑧架上半蹲杠铃 160～200 公斤 5 次×5 组，组间配合扶肋木深蹲跳 8～10 次×5 组；
⑨王峥、齐大凯变速跑（直道加速弯道慢跑 6 圈）；
⑩放松活动。

下午：休息。

11 月 25 日（周日）

休息。

队员普遍反映身体疲劳，主要是冬训前恢复阶段不到位，所以承受负荷的能力较差。

第二周 11 月 19—25 日训练小结

本周是冬训恢复阶段第二周的训练，计划安排 8 次课，实施 9 次课，出勤情况正常。

队员都反映身体疲劳，主要原因是 11 月 12 日前恢复阶段不系统、不全面。另外，大多数队员思想上还未真正进入角色，没有充分调动自己。

周三下午 2 点 30 分，齐大凯、王峥去体科所接受中医专家会诊，用中药控制血睾酮指标，会诊后给二人开了处方，由队医负责煎服。

周一上午组里总结会上。

11 月 20 日生化指标检测，齐大凯转氨酶、甘油三酯、尿酸较高，CK349 偏高，血睾酮指标较低。王峥 CK155，血睾酮 3.35（较低），甘油三酯 4.1（较高）。

2012 年 11 月 26 日—12 月 2 日训练计划（第三周）

任务：继续全面恢复身体机能。

逐步加强集体专项小肌肉群力量。

努力改进技术上存在的问题。

11 月 26 日（周一）

上午：齐大凯请假，改为休息。

下午：专门练习及核心力量练习，抛掷活动。

①热身活动 30 分钟（各方向肌肉拉长练习 15 分钟）；

②下肢和腰髋快速反应练习各 4 组；

③核心力量（较大力量）练习，由杨老师安排；

④前抛实心球 12 次；

⑤后抛实心球 12 次；

⑥放松轻快的栏侧反应练习 12 次 ×4 组；

⑦放松活动。

11 月 27 日（周二）

上午：改进技术的专门练习及专门技术训练。

①热身活动 30 分钟；

②扶肋木做下肢及腰髋快速反应练习 4 组；

③拨铃片接快速旋转 30 次；

④对网投球（齐大凯 6 公斤球快摆投 20 次，王峥投标准球 20 次，重点体会 3～4 圈含胸放松）；

⑤齐大凯投 5 公斤球 12 次，要求快摆快进，齐大凯左脚酸痛未投球。王峥投 3 公斤球 10 次（体会左侧支撑用力）。

下午：加重球及一般力量训练。

①热身活动 30 分钟，网前投加重球 20 次；

②15～20 公斤杠铃左右摆转 4 组；

③拉铃展体 80～120 公斤 5 组；

④架上半蹲提踵 160～200 公斤 5 组；

⑤扶肋木深蹲跳 8～10 次 ×5 组；

⑥变速跑（直道加速 6 圈）；
⑦放松活动。
11 月 28 日（周三）
上午：休息。
下午：改进技术专门练习及专项力量练习。
①热身活动 30 分钟；
②肋木专门练习 15 分钟；
③拨铃片接快速旋转 30 次；
④对网投 5～8 公斤加重球 20 次；
⑤15～20 公斤铃片最后用力 6 次×5 组；
⑥重球抡摆 20 次×5 组。
⑦放松活动。
11 月 29 日（周四）
上午：休息。
下午：核心力量、抛掷活动及心肺功能训练。
①热身活动 30 分钟；
②肋木肌肉拉长练习及下肢腰髋反应训练 15 分钟；
③核心力量训练；
④后抛实心球 12 次；
⑤原地侧抛实心球 10 次；
⑥变速跑 6 圈；
⑦放松活动 15 分钟。
11 月 30 日（周五）
上午：专门练习及专项技术练习。
①热身活动 30 分钟；
②3～5 公斤铃片左右大幅摆转 4 组；
③持标准球预摆进旋转专门练习 15 分钟；
④对网投标准球 18 次（齐大凯较快预摆进旋转）；
⑤对网投 3～6 公斤球 12 次，要求要绝对速度；
⑥放松活动 15 分钟。
下午：加重球投掷及专项力量训练。
①热身活动 30 分钟；
②下肢及腰髋专门练习 15 分钟；

③肋木做左脚尖和左膝负胶带快摆转和上右腿练习各3组；
④对网投5～8公斤加重球20次；
⑤15～20公斤铃片专项用力6次×4组；
⑥3～5公斤轻球快速多周转6圈以上10次；
⑦放松活动15分钟；
12月1日（周六）
上午：专门练习及一般身体训练。
①热身活动30分钟；
②肋木肌肉拉长练习及关节专门练习15分钟；
③肋木背拉起8次×3组；
④肋木挺身起10次×3组；
⑤提铃展体90～130公斤5组；
⑥架上半蹲提踵160～200公斤6次×5组；
⑦扶肋木深蹲跳8～10次×5组（⑥和⑦交替进行）；
⑧重球抡摆20次×4组；
⑨齐大凯单脚台阶交换跳12次×5组，其余队员三级蛙跳12次；
⑩放松活动。
下午：休息。
12月2日（周日）
休息。

第二阶段第一套六周循环计划（2012年12月3日—2013年1月13日）
任务：继续改进每个人技术上存在的主要问题。
结合各人情况发展身体素质薄弱环节。
进一步发展专项能力指标。
星期一（12月3日、12月10日、12月17日、12月24日、12月31日、1月7日）
上午：小结会及技术研讨活动。
下午：改进技术的专门练习，加重球及专项力量训练。
①热身活动30分钟（慢跑800米，行进间活动，肋木关节练习）；
②发展下肢及腰髋反应的专门练习各4组；
③持小铃片或木棒做拨铃片接跟转和最后用力30次，要求左腿上腿要快，最后用力左髋伸展支撑充分；

④对网投 5～8 公斤加重球 20 次；
⑤3～5 公斤球低姿速度多周转 10 次；
⑥10～15 公斤加重球速度抡摆 20 次×4 组；
⑦15～20 公斤铃片最后用力 6 次×5 组；
⑧放松活动 15 分钟。

星期二（12 月 4 日、12 月 11 日、12 月 18 日、12 月 25 日、翌年 1 月 1 日、1 月 8 日）

上午：专项技术及旋转能力训练。
①热身活动 30 分钟；
②肋木专门练习 15 分钟；
③持标准球的预摆进旋转练习（两摆一转 6 次×6 组，两摆两转 4 次×4 组）；
④对网放松投标准球 12 次；
⑤对网节奏投轻球（3～6 公斤）10 次；
⑥2～5 公斤球低姿速度多周转 6～8 圈以上 10 次；
⑦放松活动；

下午：一般力量及一般身体训练。
①热身活动 30 分钟（肌肉拉长及关节活动）；
②肋木背拉起 8～10 次×3 组；
③肋木挺身起 10 次×3 组；
④体前左右离心摆 15～10 公斤铃片 12 次×3 组；
⑤提铃展体 90～130 公斤 5 组；
⑥架上半蹲提踵 160～220 公斤 6 次×5 组；
⑦深蹲纵跳 10 次×5 组；
⑧新队员做单杠引体 30 次；
⑨变速跑（直道加速弯道慢跑）6 圈；
⑩放松活动（牵拉）。

12 月 25 日下午录像，上午改为调休。

12 月 25 日董海军团队给齐大凯、王峥、张莉拍摄技术录像，每人投 6 次后做力量练习。

星期三（12 月 5 日、12 月 12 日、12 月 19 日、12 月 26 日、翌年 1 月 2 日、1 月 9 日）

上午：专门练习、专项技术及旋转能力训练。
①热身活动 30 分钟；

②关节及腰髋反应专门练习 10 分钟；
③肋木拉胶带左右腿 10 次 ×4 组超越；
④拨铃片接快速跟转 30 次；
⑤持 3～6 公斤球快速抡摆 2 圈投 30 次；
⑥持 3～5 公斤球低姿多周转 15 次；
⑦放松活动。

下午：重球及专项力量训练。

①热身活动 30 分钟；
②15～20 公斤铃片体前离心左右摆转 12 次 ×4 组；
③5～8 公斤重球投掷 20 次；
④重球抡摆（快）20 次 ×4 组；
⑤15～20 公斤铃片最后用力 6 次 ×5 组；
⑥新队员做左右侧抓杠铃 5 次 ×5 组；
⑦垫上左右搭肩 4 组；
⑧放松活动。

星期四（12 月 6 日、12 月 13 日、12 月 20 日、12 月 27 日、翌年 1 月 3 日、1 月 10 日）

上午：文化学习或休息。

下午：柔韧、核心力量及抛掷训练。

①热身活动 30 分钟；
②柔韧及关节专门练习 15 分钟；
③核心力量训练（杨老师安排）；
④后抛实心球 10 次；
⑤上抛实心球 10 次；
⑥放松活动；

星期五（12 月 7 日、12 月 14 日、12 月 21 日、12 月 28 日、翌年 1 月 4 日、1 月 11 日）

上午：改进技术的专门练习及专项技术训练。

①热身活动 30 分钟；
②肋木专门练习 15 分钟；
③大幅快摆 4～6 公斤球 18 次；
④快速旋转投 5 公斤球 12 次，王峥、张莉 2 公斤球速度多周转 10 次；

⑤放松活动。

下午：加重球及专项力量训练。

①热身活动30分钟（肋木专门练习）；

②扶肋木左脚负胶带快摆转10次×4组；

③扶肋木左膝负胶带快速上左腿10次×4组；

④全程投5～8公斤重球20次，大幅度抡摆、右髋绕左髋走圈；

⑤重球快速抡摆20次×4组；

⑥铃片最后用力6次×5组；

⑦放松活动。

星期六（12月8日、12月15日、12月22日、12月29日、翌年1月5日、1月12日）

上午：旋转能力及轻器械投掷练习。

①热身活动30分钟；

②绑胶带上左腿10次×4组；

③拔铃片接快速跟转30次；

④3～6公斤球快速预摆进旋转短程投20次；

⑤5～7公斤球低姿快速多周转15次；

⑥放松活动15分钟。

下午：一般身体训练。

①热身活动30分钟；

②肋木专门练习10分钟；

③肋木背拉和挺身起各3组；

④提铃展体90～130公斤×5组；

⑤架上半蹲提踵160～220公斤6次×5组；

⑥齐大凯做垂直保持跳，其余做台阶交换跳12次；

⑦三级蛙跳8次（齐大凯不做）；

⑧变速跑6圈。

星期日（12月9日、12月16日、12月23日、12月30日、翌年1月6日、1月13日）

休息。

12 月 3—9 日训练情况小结（第一周）

本周属于冬训第二阶段，执行第一套六周循环计划，第一周计划安排 10 次课，实际完成 10 次课，计划执行情况正常。

齐大凯：重点改进预摆进旋转慢的问题，采用的主要手段是快速预摆和快速进旋转二圈旋转的方法，从 12 月 7 日（周五）上午 5 公斤轻器械投掷情况看，整体速度表现较过去有了明显的变化。目前训练上存在的主要问题是本人对有些辅助练习和专门练习认识还不够到位、不认真（肋木快速反应速度不够，拨铃片重心太高，上腿动作不积极，准备活动跑得太少等）。

王峥：能力方面目前已基本得到了有效的恢复，一般速度和专项速度方面恢复状况不够理想，技术改进方面旋转 3～4 圈 90 度方向身体后仰的问题有所改变，最后用力左侧支撑还不够理想。

12 月 10—16 日训练情况小结（第二周）

本周是冬训基本训练阶段第二周的训练，计划安排 10 次课，因为队员普遍感觉疲劳，12 月 15 日（周六）的训练改为 1 次课，上午专项课后进行了力量训练。

（1）训练出勤情况

齐大凯 12 月 12 日上午请假去长宁宫参加省教育厅组织的大运会表彰会（中午 2 点多返回），本周实际出勤 8 次课。

（2）训练任务突出情况

齐大凯重点改进快摆快进方向，较之前有进步，12 月 11 日（周四）上午轻器械投掷中表现出了较快的节奏，技术表现也较完善。

王峥本周技术表现较稳定。

张莉进旋转仍有腾起的情况，旋转后二圈左膝压不住，造成重心上不去，右髋走不圆。

（3）存在问题

准备活动跑得太少，肋木练习不够认真，对训练的重视程度有所下降。

12 月 17—23 日训练情况小结（第三周）

本周是冬训第二阶段第三周的训练，计划安排 10 次课，由于周六上午安排了综合训练，共实施 9 次课，齐大凯周三上午调休，周六进行第 9 次课，其他人员出勤情况正常。

12 月 22 日（周六）下午兴奋剂中心来陕西检查了齐大凯。

12 月 25 日下午西安体育学院董海军团队拍摄了齐大凯、王峥、张莉三人的影像，并进行三维技术分析，具体分析指标如表 5–14 所示。

12 月 21 日，三名重点队员做了生化检测，检测结果如表 5–15 所示。

齐大凯血睾酮指标有所回升（31.8nmol/L）。

王峥血睾酮指标为 4.47nmol/L。

表 5–14　齐大凯、王峥三维解析指标　（单位：s）

姓名	日期（年.月.日）	成绩	一圈	二圈	三圈	四圈	总时间
齐大凯	2012.09.22	70.59	0.542	0.692	0.509	0.467	2.478
王　峥	2012.09.23	63.38	0.476	0.576	0.450	0.426	2.102
齐大凯	2012.08.13	69.35	0.567	0.676	0.534	0.484	2.553
王　峥	2012.08.13	71.57	0.476	0.509	0.450	0.442	2.044
齐大凯	2012.08.27	70.25	0.55	0.68	0.56	0.48	2.54
齐大凯	2012.12.25	69.95 预测成绩	0.64	0.63	0.54	0.50	2.61
王　峥	2012.12.25	72.70 预测成绩	0.52	0.53	0.47	0.44	2.19
齐大凯	2013.01.14	68.61	0.598	0.652	0.534	0.485	2.569
王　峥	2013.01.14	70.47	0.544	0.518	0.476	0.415	2.141

表 5–15　齐大凯、王峥生化指标

时间（年.月.日）	齐大凯			王　峥			张莉		
	睾酮（nmol/L）	白细胞×10^9个/L	CK U/L	血睾酮（nmol/L）	白细胞×10^9个/L	CK U/L	血睾酮（nmol/L）	白细胞×10^9个/L	CK U/L
2012.10.22	25.04	16.7	289	31	12.9	64	4.66	14.9	130
2012.12.03	28.72	17.3	198	42.2	13.2	85	4.51	16.1	150
2012.12.21	31.81	17.3	253	44.7	13.2	106			
2013.01.10	32.52	17.2	328	15.6	12.4	105	3.09	15.5	200
2013.01.15				14.5	12.9	61			
2012.11.20	26.58		349	33.5		155			
2013.01.28	31.09	17.3	167	26.4	12.6	76			
2013.04.15	31.18	17.5	213	29.2	12.1	95			

2013 年 1 月 14 日—2 月 24 日六周循环计划

任务：重点发展专项力量和专项能力。

努力改进技术上存在的主要问题。

结合个人实际情况努力改善身体素质薄弱环节。

星期一（1 月 14 日、1 月 21 日、1 月 28 日、2 月 4 日、2 月 11 日、2 月 18 日）

上午：组会及技术研讨。

下午：专项检查及专项力量训练。

①热身活动 30 分钟（按比赛准备活动做）；

②专项检查（齐大凯 7.26 公斤球，王峥、张丽、高思华 4 公斤球），要求按比赛规则进行，每人试投 2 次后正式比赛，成绩如表 5–16 所示：

表 5–16　专项比赛成绩

姓名	1	2	3	4	5	6
齐大凯	64	65	×	×	√	68.61
王　峥	64	×	68	69	70.43	70.47

③行进间抛举 15～20 公斤壶铃 8～10 次 ×4 组；

④10～15 公斤加重球快速抡摆 15～20 次 ×4 组；

⑤10～15 公斤铃片前后用力 6 次 ×4 组（齐大凯 15 公斤，王峥、张莉 20 公斤）；

⑥放松活动；

⑦2013 年 1 月 14 日下午测验（气压较低），齐大凯体能状况不好；

⑧2013 年 1 月 21 日下午投加重球后做专项力量训练，队员体力表现均较差。

星期二（1 月 15 日、1 月 22 日、1 月 29 日、2 月 5 日、2 月 12 日、2 月 19 日）

上午：专项练习及轻器械投掷训练。

①热身活动 30 分钟；

②肋木专门练习 15 分钟；

③拨铃片接跟转 30 次；

④放松投 6 公斤球 12 次；

⑤放松投 5 公斤球 10 次；

⑥放松活动 15 分钟。

注：王峥、张莉、高思华投 4～5 公斤球。

下午：专项能力及一般力量训练。

①热身活动 30 分钟；

②全程投 8 公斤加重球 18 次（女队员投 5 公斤球）；
③提铃展体 100～140 公斤 5 组；
④架上半蹲 180～240 公斤 5 组；
⑤台阶单脚交换跳 12 次×5 组（④和⑤交替进行）；
⑥立定跳远 12 次；
⑦50 米加速跑×6 次；
⑧放松活动 15 分钟。

星期三（1 月 16 日、1 月 23 日、1 月 30 日、2 月 6 日、2 月 13 日、2 月 20 日）

上午：专门练习及专项技术训练。
①热身活动 30 分钟；
②持 5～10 公斤铃片旋转接最后用力 30 次；
③旋转投 3～6 公斤轻球 20 次；
④台上多周转 8 圈×10 次，要求低姿连贯；
⑤放松活动。

下午：专门练习及专项能力练习。
①热身活动 30 分钟；
②肋木专门练习 15 分钟；
③全程投加重球 18 次；
④抛举 15～20 公斤壶铃 8～10 次×4 组；
⑤重球抡摆 15～20 次×4 组；
⑥15～25 公斤铃片最后用力 6 次×4 组；
⑦放松活动。

星期四（1 月 17 日、1 月 24 日、1 月 31 日、2 月 7 日、2 月 14 日、2 月 21 日）

上午：休息。

下午：核心力量及灵活反应训练。
①热身活动 30 分钟；
②核心力量训练；
③后抛实心球 15 次；
④铃片上抬反应练习 4 组；
⑤栏侧反应 4 组；
⑥放松活动。

星期五（1月18日、1月25日、2月1日、2月8日、2月15日、2月22日）

上午：改进技术专门练习及专项技术投掷训练。

①热身活动30分钟；
②持小铃片旋转接最后用力30次；
③全程投标准球18次；
④全程投轻球12次（齐大凯5公斤球，其余队员3公斤球）；
⑤抱膝跳8次×4组；

下午：加重球及专项力量训练。

①热身活动30分钟；
②肋木专门练习15分钟；
③全程投加重球20次；
④抛举12～20公斤壶铃10～12次×4组；
⑤重球抡摆15～20次×4组；
⑥铃片最后用力4组；
⑦放松活动（拉伸及慢跑）。

星期六（1月19日、1月26日、2月2日、2月9日、2月16日、2月23日）

上午：轻器械投掷及一般力量训练。

①热身活动30分钟；
②肋木专门练习15分钟；
③全程投轻球18次（齐大凯5公斤球，其余队员3公斤球）；
④提铃展体100～140公斤5组；
⑤架上半蹲提踵180～240公斤5组；
⑥交换跳台阶12次×5组；
⑦立定跳远12次；
⑧50米加速跑×6组；
⑨放松活动（慢跑及拉伸）。

下午：休息。

星期日

休息。

2013年2月25日—3月10日春训阶段训练计划

任务：提高专项能力水平，建立标准器械技术节奏。
　　　努力发展以跑跳能力为主的快速力量。

在保持专项力量的基础上努力提高轻器械投掷指标。

3月3日（周日）

休息。

2月25日（周一）

上午：休息。

下午：专项测验投和专项力量训练。

①热身活动30分钟（按比赛准备活动做）；

②标准球测验投（按比赛要求），齐大凯67.94米，王峥68.88米；

③重球抡摆20次×4组；

④20～25公斤铃片左右绕环12次×4组；

⑤20～25公斤壶铃弓箭步站立左右交替最后用力12次×4组；

⑥放松活动（慢跑和拉伸）。

2月26日（周二）

上午：旋转能力和专项速度训练。

①热身活动30分钟；

②拨铃片接快速跟转1～2圈20次；

③小铃片旋转接最后用力20次；

④3～6公斤快速节奏投18次；

⑤5～7公斤球低姿高速多周转10次；

⑥放松活动。

下午：重球及一般力量训练。

①热身活动30分钟；

②全程投掷5公斤重球18次；

③提铃展体100～140公斤3个×5组；

④架上半蹲提踵180～240公斤5个×5组；

⑤斜板腹肌15～20公斤铃片4组；

⑥三级蛙跳8次；

⑦30米起跑加速6组；

⑧放松活动。

2月27日（周三）

上午：休息。

下午：专项技术和专项力量训练。

①热身活动30分钟；

②肋木专门练习各 3 组；
③全程投标准球 18 次；
④重球抡摆 4 组；
⑤弓箭步左右用力 15～20 公斤铃片 6 次×4 组；
⑥袋球低姿多周转 10 次；
⑦放松活动 15 分钟；

2 月 28 日（周四）

上午：休息。

下午：核心力量及抛掷和反应训练。

①热身活动 30 分钟；
②肋木专门练习 10 分钟；
③以腹背肌力为主的核心力量训练；
④后抛实心球 10 次；
⑤栏侧反应练习 12 次×4 组；

3 月 1 日（周五）

上午：休息。

下午：重球及专项力量训练。

①热身活动 30 分钟；
②拨铃片接快速跟转 30 次；
③全程投 5～8 公斤加重球 18 次；
④重球抡摆 20 次×4 组；
⑤左右单手抛举 15～20 公斤铃片 12 次×4 组；
⑥15～20 公斤铃片最后用力 6 次×4 组；
⑦放松活动。

*重球王峥状态较差，不兴奋，5 公斤球 62 米；齐大凯 8 公斤球 64.10 米。

2013 年 3 月 2 日（周六）

上午：标准球投掷及一般力量训练。

①热身活动 30 分钟；
②小铃片旋转接最后用力 20 次；
③全程投轻球 18 次（3 公斤和 6 公斤）；
④提铃展体 100～140 公斤 4 组；
⑤架上半蹲提踵 180～240 公斤 5 组；
⑥三级蛙跳 8 次；

⑦30 米起跑加速 6 次；
⑧放松活动 15 分钟。
下午：休息。
3 月 3 日（周日）
休息。
3 月 4 日（周一）
上午：重球及专项力量训练。
①热身活动 30 分钟；
②拨铃片接快速旋转 30 次；
③投 5～8 公斤加重球 12 次；
④重球抡摆 20 次×4 组；
⑤左右弓箭步抛举铃片 4 组；
⑥15～20 公斤铃片最后用力 4 组；
⑦放松活动 15 分钟；
下午：外出训练准备工作。
3 月 5 日（周二）
去成都犀浦国家队训练基地训练。
3 月 6 日（周三）
上午：休息。
下午：专项技术及一般力量训练。
①热身活动 30 分钟；
②全程投标准球 10 次；
③提铃展体 80～120 公斤 4 组；
④架上半蹲提踵 160～200 公斤 4 组；
⑤台阶单脚交换跳 4 组（④和⑤交替进行）；
⑥立定跳远 8 次；
⑦30 米加速跑×5 组；
⑧放松活动。
3 月 7 日（周四）
上午：休息。
下午：下肢腰髋反应及腹背肌训练。
①热身活动 30 分钟；

②肋木下肢及腰髋专门练习各 4 组；
③负 10～15 公斤铃片仰卧起坐 10 个×3 组；
④负 15～20 公斤铃片腹卧抬体 10 个×3 组；
⑤放松活动 15 分钟。

3 月 8 日（周五）

上午：专项技术训练。

①热身活动 30 分钟；
②肋木下肢及腰髋反应练习各 3 组；
③10～15 公斤铃片体前离心摆片 3 组；
④投标准球 18 次，齐大凯 62.50 米，王峥 66 米；
⑤放松活动。

下午：加重球及专项力量训练。

①热身活动 30 分钟；
②全程投重球 12 次，齐大凯 63.50 米，王峥 63.70 米；
③左右弓箭步测距 15～20 公斤铃片 4 组；
④15～20 公斤铃片最后用力 4 组；
⑤放松活动 15 分钟。

3 月 9 日（周六）

上午：一般力量及轻器械投掷训练。

①热身活动 30 分钟；
②肋木专门练习；
③肋木背拉起 8 次×3 组；
④肋木挺身起 10 次×3 组；
⑤提铃展体 100～140 公斤 3 次×4 组；
⑥架上半蹲提踵 160～220 公斤 6 次×4 组；
⑦台阶交换跳（⑥和⑦交替进行）；
⑧全程投 3～6 公斤球 12 次，齐大凯 67 米，王峥 74.80 米；
⑨50 米加速跑×5 组；
⑩放松活动。

3 月 10 日（周日）

休息。

013 年 3 月 11—17 日训练计划

任务：全面恢复专项投掷能力。

努力发展下肢和脚踝快速反应力量。

积极建立旋转后二圈加速意识。

3 月 11 日（周一）

上午：休息。

下午：重球及专项力量训练。

①热身活动 30 分钟；

②左脚尖绑胶带外摆脚尖 3 组；

③左膝绑胶带快速上左腿 3 组；

④齐大凯全程投 8 公斤重球 6 次，王峥投 5 公斤重球 8 次；

⑤齐大凯投 6 公斤球 6 次；

⑥左右弓箭步侧举 12～20 公斤铃片 4 组；

⑦15～20 公斤铃片最后用力 4 组；

⑧放松活动。

3 月 12 日（周二）

上午：专门技术训练。

①热身活动 30 分钟；

②肋木专门练习 10 分钟；

③持标准球摆转活动；

④投标准球 18 次；

⑤放松活动。

下午：专门练习及一般力量训练。

①拨铃片接快速跟转 30 次；

②节奏投 3～5 公斤球 12 次，王峥 80 米，齐大凯 78 米；

③提铃展体 100～140 公斤 4 组；

④架上半蹲提踵 160～240 公斤 5 次×4 组；

⑤单脚台阶交换跳 12 次×4 组；

⑥二级蛙跳 8 次；

⑦30 米起跑加速 6 次；

⑧放松活动。

3 月 13 日（周三）

上午：休息（齐大凯治疗）。
下午：重球及专项力量训练。
①热身活动 30 分钟；
②绑胶带左脚快速外摆 3 组；
③绑胶带快速上右腿 3 组；
④左右离心摆 15～20 公斤铃片 3 组；
⑤全程投 5～8 公斤重球 12 次；
⑥铃片最后用力 15～20 公斤 5 次×5 组；
⑦放松活动 15 分钟；
3 月 14 日（周四）
上午：休息。
下午：腹背肌及反应训练。
①热身活动 30 分钟；
②肋木快速反应练习；
③腹肌 3 组，背肌 3 组；
④栏侧反应练习 4 组；
⑤铃片高抬反应练习 4 组；
⑥放松活动。
3 月 15 日（周五）
上午：专项技术训练。
①热身活动 30 分钟；
②拨铃片接快速跟转 30 次；
③全程投标准球 12 次，齐大凯 66 米，王峥 66 米；
④节奏投 3～6 公斤球 6 次，齐大凯 72 米，王峥 77 米；
⑤放松活动。
下午：重球及专项力量训练。
①热身活动 30 分钟；
②肋木快速反应训练；
③体前离心摆片 30 次；
④全程投 5～8 公斤重球 18 次，齐大凯 64.70 米，王峥 62.30 米；
⑤左右弓箭步侧举 15～20 公斤铃片 4 组；
⑥15～20 公斤铃片最后用力 5 次×4 组；

⑦放松活动。

3月16日（周六）

上午：轻器械投掷及一般力量训练。

①热身活动30分钟；

②绑胶带左脚快速外摆反应练习3组；

③绑胶带快速上右膝练习3组；

④节奏投3～6公斤球12次；

⑤提铃展体100～140公斤3次×5组；

⑥架上半蹲提踵160～240公斤5次×4组。

下午：休息。

3月17日（周日）

休息。

2013年3月18—24日周训练计划

任务：继续完善全程投掷技术。

建立标准器械节奏。

身体训练以发展快速力量为主。

3月18日（周一）

上午：休息。

下午：专项检查投掷、专项力量训练。

①热身活动30分钟；

②肋木下肢及腰髋反应专门练习；

③专项检查投掷（标准球6次），齐大凯69.30米，王峥71.70米；

④15～20公斤铃片左右弓箭步抛举3组；

⑤15～20公斤铃片最后用力3组；

⑥放松活动。

3月19日（周二）

上午：改进技术的专门练习及专项速度训练。

①热身活动30分钟；

②肋木绑胶带专门练习各10次×3组；

③全程投3～6公斤球18次，齐大凯73米，王峥76米；

④2～5公斤球速度多周转（8～10次）；

⑤放松活动。

下午：重球及一般力量训练。
①热身活动 30 分钟；
②肋木专门练习各 3 组；
③体前离心摆片 15～20 公斤 3 组；
④全程投 5 公斤重球 12 次；
⑤30～50 公斤杠铃左右转体 3 组；
⑥提铃展体 90～130 公斤 3 组；
⑦架上半蹲提踵 160～240 公斤 5 次×4 组；
⑧节奏纵跳摸高 4 组（交替进行）；
⑨二级蛙跳 6 次；
⑩加速跑 6 次。
3 月 20 日（周三）
上午：休息。
下午：标准球及专项力量训练。
①热身活动 30 分钟；
②拨铃片接快速跟转 20 次；
③全程投标准球 18 次；
④体前离心左右摆片 10 次×4 组；
⑤15～20 公斤铃片 5 次×5 组；
⑥放松活动。
3 月 21 日（周四）
上午：休息。
下午：肋木专门练习及腹背肌训练。
①热身活动 30 分钟。
②肋木快速反应练习各 4 组。
③腹背肌训练各 3 组。
④肋木栏侧反应练习 4 组。
⑤放松活动。
3 月 22 日（周五）
上午：专项速度练习。
①热身活动 30 分钟；
②绑胶带快速反应练习各 3 组；

③小铃片旋转1～2圈接最后用力20次；
④快速旋转投3～6公斤球18次，齐大凯75米，王峥77米；
⑤2～5公斤球速度多周转10次；
⑥放松活动。
下午：重球及专项力量训练。
①热身活动30分钟；
②肋木专门练习；
③体前离心摆片3组；
④全程投重球12次；
⑤左右弓箭步抛举15～20公斤铃片4组；
⑥铃片最后用力5次×4组；
⑦放松活动。
3月23日（周六）
上午：标准球投掷及一般力量训练。
①热身活动30分钟；
②肋木专门练习；
③拨铃片接快速跟转20次；
④全程投标准球12次，齐大凯63米，王峥65米；
⑤提铃展体90～130公斤4组；
⑥架上半蹲提踵160～230公斤5次×4组；
⑦节奏纵跳摸高（三轻一重）8次×4组；
⑧二级蛙跳8次；
⑨30米起跑加速6次；
⑩放松活动。
下午：休息。
3月24日（周日）
休息。

2013年3月25—31日赛前训练计划

任务：调整周训练，积极恢复身体机能。
保持标准器械肌肉感觉。
保证下肢及腰髋灵活反应。
3月25日（周一）

上午：休息。

下午：专项力量及跑跳练习。

①热身活动 30 分钟；

②肋木下肢及腰髋反应练习；

③持铃片模仿旋转活动；

④体前离心摆片 3 组；

⑤铃片最后用力 3 组；

⑥前后快速交叉步跑 30 米×4 组。

3 月 26 日（周二）

上午：专项技术及一般力量训练。

①热身活动 30 分钟；

②肋木快速反应练习；

③全程投标准球 8 次，齐大凯 69.70 米，王峥 70.50 米；

④持 30～50 公斤铃片左右转体 3 组；

⑤提铃展体 80～110 公斤 4 组；

⑥架上半蹲提踵 140～180 公斤 4 组；

⑦节奏纵跳摸高（三轻一重）6 次×4 组；

⑧放松活动。

下午：休息。

3 月 27 日（周三）

上午：重球及腰髋反应练习。

①热身活动 30 分钟；

②肋木快速反应练习；

③全程投 8～5 公斤球 8 次；

④15～20 公斤铃片最后用力 3 组；

⑤放松活动。

下午：休息

3 月 28 日（周四）

上午：球类活动。

下午：休息。

3 月 29 日（周五）

上午：专项技术及一般力量训练。

①热身活动 30 分钟；
②肋木反应；
③投标准球 8 次，齐大凯 69 米，王峥 69 米；
④杠铃 30～50 公斤左右转体 3 组；
⑤提铃展体 70～100 公斤 4 组；
⑥架上半蹲提踵 120～160 公斤 4 组；
⑦前后交叉跑 30 米×4 次；
⑧放松活动。

下午：休息。

3 月 30 日（周六）

休息。

3 月 31 日（周日）

休息。

2. 第二阶段（上半年赛季阶段）

2013 年 4 月 1—7 日肇庆田径大奖赛前训练计划

任务：继续加强专项节奏的训练。
　　　有效恢复专项能力的训练。
　　　努力提高专项技术的稳定性和比赛能力。

4 月 1 日（周一）

休息。

4 月 2 日（周二）

上午：重投掷及一般力量训练。

①热身活动 30 分钟；
②肋木专门练习；
③拨铃片接快速跟转 30 次；
④全程投 5～8 公斤重球 18 次；
⑤体前离心摆片 15～20 公斤 10 次×4 组；
⑥提铃展体 90～130 公斤 3 次×5 组；
⑦架上半蹲提踵 160～220 公斤 5 次×5 组；
⑧单脚台阶交换跳 12 次×5 组；
⑨二级蛙跳 8 次；
⑩放松活动 15 分钟；

下午：观摩外教指导训练。

4月3日（周三）

上午：专项技术及能力训练。

①热身活动30分钟；

②肋木专门练习10分钟；

③持铃片旋转接最后用力30次；

④全程投标准球10次；

⑤全程投3～6公斤球10次；

⑥铃片最后用力15～20公斤5次×5组；

⑦放松活动。

下午：观摩外教指导训练。

王峥训练内容：

①热身活动（颈肩、躯干、膝练习及左右单腿下蹲下压）；

②各种持球摆转活动；

③投3公斤球8次（每次左右手单侧前后抛各1次）；

④10公斤铃片左右摆3组；

⑤投5公斤球8次（每次前后抛各1次）；

⑥投6公斤球6次（每次左右单手提铃蹲跳）；

⑦肋木前后左右向上屈腿5组；

⑧放松活动。

4月4日（周四）

上午：休息（教练召开研讨会）。

下午：腰腹肌及下肢腰髋灵活反应训练。

4月5日（周五）

上午：专项技术及一般力量训练。

①热身活动；

②肋木专门练习各3组（快速下伸脚跟、脚尖摆转，左右分腿快速转髋，快速上右腿）；

③体前左右摆15～20公斤铃片各30组；

④全程投标准球8次；

⑤全程投3～5公斤球6次；

⑥30～50公斤杠铃左右转体3组；

⑦提铃展体80～120公斤3次×5组；

⑧架上半蹲提踵 5 次×4 组；
⑨台阶交换跳 12 次×4 组；
⑩二级蛙跳 8 次。
下午：返回西安准备工作。
4 月 6 日（周六）
从成都返回西安。
4 月 7 日（周日）
休息。

2013 年 4 月 8—14 日周训练计划

任务：继续完善技术。
积极恢复专项力量水平。
全面恢复各项身体训练水平。

4 月 8 日（周一）
上午：休息。
下午：重球及专项力量训练。
①热身活动 30 分钟；
②肋木专门练习及下肢腰髋反应专门练习；
③体前离心摆 15～20 公斤铃片 3 组；
④全程投 5～8 公斤重球 12 次；
⑤铃片最后用力 5 次×4 组；
⑥放松活动 15 分钟。
4 月 9 日（周二）
上午：专门练习及专项投掷活动。
①热身活动 30 分钟；
②拨铃片接快速跟转 20 次；
③全程投标准球 12 次；
④节奏投 3～6 公斤球 8 次；
⑤放松活动 15 分钟。
下午：专门活动及一般力量训练。
①热身活动 30 分钟；
②持标准球做预摆进旋转练习；
③标准球放松多周转；

④左右侧抓杠铃 4 组；
⑤提铃展体 90～130 公斤 4 组；
⑥架上半蹲提踵 140～180 公斤 4 组（要求低姿）；
⑦放松活动 15 分钟。

4 月 10 日（周三）

上午：休息。

下午：重球及专项力量训练。

①热身活动 30 分钟；
②体前离心摆 15～20 公斤铃片 3 组；
③全程投 5 公斤重球 12 次（后改为轻球，齐大凯 71 米，王峥 72 米）；
④重球抡摆 15 次×3 组；
⑤10～20 公斤铃片最后用力 4 组；
⑥放松活动 15 分钟。

4 月 11 日（周四）

上午：休息。

下午：核心力量、抛掷及灵活反应训练。

①热身活动 30 分钟；
②核心力量训练；
③前后上抛实心球各 6 次；
④栏侧反应练习 4 组；
⑤铃片高抬反应练习 4 组；
⑥放松活动 15 分钟。

4 月 12 日（周五）

上午：专项技术训练。

①热身活动 30 分钟；
②肋木专门练习；
③全程投标准球 12 次；
④节奏投 3～6 公斤球 8 次；
⑤抱膝跳 8～10 次×3 组。

下午：重球投掷及专项力量训练。

①热身活动 30 分钟；
②肋木专门练习（绑胶带左脚快摆和上右腿各 3 次）；

③全程投5～8公斤重球12次；
④重球快速抡摆15次×4组；
⑤12～20公斤铃片最后用力5次×4组。
4月13日（周六）
上午：专项活动及一般力量训练。
①热身活动30分钟；
②肋木下肢及腰髋快速反应练习各3组；
③体前离心摆片15～20公斤；
④左右侧抓杠铃6次×3组；
⑤提铃展体90～130公斤4组；
⑥架上半蹲提踵160～180公斤×4组（要求低姿）；
⑦二级蛙跳×8次；
⑧快速后蹬腿30米×6次；
⑨放松活动15分钟。
下午：休息。
4月14日（周日）
休息。

2013年4月15—21日周训练计划

任务：继续完善技术，王峥改进最后用力出手角度。
恢复和保持专项力量水平。
体能训练方面重点发展快速力量及跳跃能力。
4月15日（周一）
上午：休息。
下午：专项投掷及专项力量训练。
①热身活动30分钟；
②肋木专门练习15分钟；
③体前离心摆片15～20公斤3组；
④全程投标准球6次；
⑤全程投5～8公斤球8次；
⑥3～6公斤球放松多周转（低姿6～8圈×6次），馆内；
⑦重球抡摆（快速15次×4组）；
⑧15～20公斤铃片最后用力5次×4组；
⑨放松活动15分钟。

4月16日（周二）

上午：专门练习及专项技术训练。

①热身活动30分钟；
②拨铃片接快速跟转20次；
③行进间抡摆走前后各3组；
④原地抡摆中做下蹲起；
⑤左右单手抛5公斤铃片（对网）；
⑥全程投3～6公斤球12次，齐大凯69米，王峥75.30米；
⑦放松活动15分钟。

下午：旋转能力及一般力量训练。

①热身活动30分钟；
②肋木专门练习；
③肋木胶带下肢反应（摆转和上腿各3组）；
④左右侧抓杠铃5次×4组；
⑤提铃展体90～130公斤×4组；
⑥架上半蹲提踵160～180公斤5个×5组；
⑦3～5公斤球低姿多周转10次；
⑧二级蛙跳8次；
⑨放松活动15分钟。

4月17日（周三）

上午：休息。

下午：专项技术及专项力量训练。

①热身活动30分钟；
②肋木专门练习15分钟；
③体前离心摆片3组；
④全程投5～8公斤重球12次；
⑤重球快摆10～15公斤15次×4组；
⑥铃片最后用力5次×4组；
⑦放松活动15分钟；

4月18日（周四）

上午：休息。

下午：核心力量、预摆下蹲起及灵活反应训练。

①热身活动30分钟；

②核心力量练习（中量）；
③左右单手专项抛 5 公斤铃片 30 次（对网）；
④栏侧反应练习 4 组；
⑤放松活动；

4 月 19 日（周五）

上午：基本技术训练。

①热身活动 30 分钟；
②肋木快速反应 3 组；
③15～20 公斤铃片离心摆 3 组；
④全程投 5～8 公斤重球 12 次；
⑤重球快速抡摆 4 组；
⑥铃片最后用力 5 次×4 组；
⑦放松活动 15 分钟。

4 月 20 日（周六）

上午：一般力量及轻器械投掷训练。

①热身活动 30 分钟；
②肋木胯带下肢反应各 3 组；
③节奏投 3～6 公斤球 12 次；
④侧抓杠铃 3 组；
⑤提铃展体 90～130 公斤 3 次×4 组；
⑥架上半蹲提踵 160～180 公斤 5 次×4 组；
⑦台阶单脚交换跳 12 次×4 组（⑥和⑦交替进行）；
⑧二级蛙跳×8 次；
⑨轻快跑 50 米×6 次；
⑩放松活动（拉伸）。

下午：休息。

4 月 21 日（周日）

休息。

2013 年 4 月 22—28 日周训练计划

任务：肇庆大奖赛赛前准备训练，为保证训练工作的系统性，这场比赛原则上不做专门准备，只作为一次高强度训练课对待。

4 月 22 日（周一）

上午：休息。

下午：标准球投掷及专项力量训练。

①热身活动 30 分钟；
②肋木下肢及腰髋反应专门练习 15 分钟；
③全程投标准球 12 次（3 次全力掷：齐大凯 66 米，王峥 68 米）；
④重球快摆 3 组；
⑤铃片最后用力 5 次×3 组；
⑥节奏纵跳摸高 4 组（三轻一重）；
⑦放松活动。

4 月 23 日（周二）

上午：专项技术及专项力量。

①热身活动 30 分钟；
②肋木快速反应练习 15 分钟；
③放松投标准球 12 次（要求 2～3 次强度）；
④铃片最后用力 5 次×4 组；
⑤节奏纵跳摸高 4 组；
⑥放松活动。

下午：重球及一般力量训练。

①热身活动 30 分钟；
②肋木专门练习；
③体前离心摆片 3 组；
④投 5～8 公斤重球 12 次；
⑤30～60 公斤杠铃左右转体 3 组；
⑥提铃展体 90～130 公斤 3 组；
⑦架上半蹲提踵 160～180 公斤 4 组；
⑧单脚交换跳 12 次×4 组（⑦和⑧交替）；
⑨跳深接跳远 12 次（沙坑）；
⑩前后交叉步跑 40 米×5 组；
⑪放松活动。

4 月 24 日（周三）

上午：休息。

下午：专项技术及专项力量训练。

①热身活动 30 分钟；
②肋木下肢及腰髋反应专门练习 15 分钟；
③全程投标准球 12 次（3 次全力掷： 齐大凯 66 米，王峥 68 米）；
④重球快摆 3 组；
⑤铃片最后用力 5 次×3 组；
⑥节奏纵跳摸高 4 组（三轻一重）；
⑦放松活动。
4 月 25 日（周四）
上午：6 点 19 分用餐，6 点 30 分发车机场，8 点 35 分赴广州航班。
下午：根据大会安排去熟悉场地。
4 月 26 日（周五）
休息。
4 月 27 日（周六）
比赛：
上午 9 点田径大奖赛男子链球比赛，下午 5 点 30 分田径大奖赛女子链球比赛。
4 月 28 日（周日）
上午：一般力量训练（肇庆赛区）。
①热身活动 30 分钟；
②30～50 公斤杠铃左右转体 3 组；
③提铃展体 80～120 公斤 4 组；
④架上半蹲提踵 160～180 公斤 4 组；
⑤体前摆片 15～20 公斤 4 组；
⑥铃片最后用力 15～20 公斤 4 组；
⑦放松活动。
下午：休息。

2013 年 4 月 29 日—5 月 5 日周训练计划

任务：恢复体能状况，调整训练。
4 月 29 日（周一）
返回西安途中。
4 月 30 日（周二）
下午 5 点 30 分返回西安的训练基地。
5 月 1 日（周三）

休息。

5 月 2 日（周四）

上午：休息。

下午：重球及一般力量训练。

5 月 3 日（周五）

上午：专项技术训练。

下午：旋转能力及专项力量训练。

5 月 4 日（周六）

上午：重球投掷及一般力量训练。

下午：休息。

5 月 5 日（周日）

休息。

2013 年 5 月 6—12 日周训练计划

5 月 6 日（周一）

上午：休息。

下午：重球投掷及专项力量训练。

①热身活动 30 分钟；

②肋木专门练习 10 分钟；

③离心摆片 3 组；

④全程投 5～8 公斤重球 12 次，齐大凯 64.75 米，王峥 62.60 米；

⑤重球快摆 4 组；

⑥铃片最后用力 4 组；

⑦放松活动 15 分钟。

5 月 7 日（周二）

上午：专项技术训练。

①热身活动 30 分钟；

②肋木专门练习 15 分钟；

③持 2.5～5 公斤铃片旋转接最后用力 30 次；

④放松投标准球 18 次；

⑤投 3～6 公斤球 12 次；

⑥放松活动。

下午：旋转能力及一般力量训练。

①热身活动 30 分钟；

②拨铃片接快速跟转 30 次；
③投掷标准球专门练习；
④30～50 公斤杠铃转体 3 组；
⑤左右侧抓杠铃 4 组；
⑥提铃展体 90～130 公斤 4 组；
⑦架上半蹲提踵 160～180 公斤 5 次×4 组；
⑧跳深接跳远 12 次；
⑨放松活动 15 分钟。
5 月 8 日（周三）
上午：休息。
下午：重球及专门力量训练。
①热身活动 30 分钟；
②肋木专门练习 15 分钟；
③拨铃片接跟转 30 次；
④体前离心摆片 3 组；
⑤全程投 5～8 公斤重球 12 次，齐大凯 63.50 米，王峥 60 米。
⑥侧抓杠铃 3 组；
⑦铃片最后用力 4 组；
⑧放松活动 15 分钟。
5 月 9 日（周四）
上午：休息。
下午：核心力量训练。
①热身活动 30 分钟；
②肋木练习；
③核心力量练习（小量）；
④栏侧反应练习 4 组；
⑤放松活动；
⑥一般活动（小量）；
5 月 10 日（周五）
上午：休息。
下午：标准球及专项力量训练。
①热身活动 30 分钟；

②肋木专门练习 10 分钟；
③离心摆片 3 组；
④全程投标准球 15 次，齐大凯 65 米，王峥 68 米；
⑤重球抡摆 4 组；
⑥铃片最后用力 4 组；
⑦放松活动 15 分钟。
5 月 11 日（周六）
上午：重球及一般力量训练。
①热身活动 30 分钟；
②拨铃片接快速跟转 20 次；
③全程投 5～8 公斤重球 15 次，齐大凯 64 米，王峥 60 米；
④侧抓杠铃 3 组；
⑤提铃展体 90～140 公斤 3 次×4 组；
⑥架上半蹲提踵 160～180 公斤 5 次×4 组；
⑦挟肋木深蹲跳 6～8 次×4 组；
⑧50 米加速跑×6 次；
⑨放松活动 15 分钟。
上午济南全国田径大奖赛男子链球比赛，下午济南大奖赛女子链球比赛。
5 月 12 日（周日）
从济南返回训练驻地。

2013 年 5 月 13—19 日周训练计划

任务：积极恢复专项力量。
继续改进技术，提高齐大凯最后一圈超越器械的技术，改善王峥第四圈肩带放松的能力。

5 月 13 日（周一）
上午：休息。
下午：重球及专项力量训练。
①热身活动 30 分钟；
②肋木专门练习 15 分钟；
③肋木胶带练习各 3 组；
④离心摆片 3 组；
⑤全程投重球 15 次，齐大凯 64 米，王峥 66.08 米；
⑥侧抓杠铃 4 组；

⑦重球快摆 4 组；

⑧放松活动 15 分钟。

*计划执行情况正常，王峥状态有所恢复，创历史最好成绩 66.20 米；齐大凯身体状态较差。

5 月 14 日（周二）

上午：专项技术训练。

①热身活动 30 分钟；

②肋木专门练习 10 分钟；

③持球专门练习（前后抡摆走）。

下午：标准球及一般力量训练。

①热身活动 30 分钟；

②拉胶带上右腿 8 次 ×4 组；

③离心摆片 3 组；

④全程投标准球 15 次，齐大凯 67 米，王峥 66 米；

⑤小队员 1～2 圈投 5～8 公斤加重球；

⑥杠铃 30～60 公斤左右转体 3 组；

⑦提铃展体 90～130 公斤 3 次 ×4 组；

⑧架上半蹲提踵 160～200 公斤 5 次 ×4 组；

⑨台阶交换跳 12 次 ×4 组；

⑩跳深接跳远 12 次；

5 月 15 日（周三）

上午：休息。

下午：重球及专项力量训练。

①热身活动 30 分钟；

②肋木专门练习 10 分钟；

③拨铃片接跟转 30 次；

④全程投 5～8 公斤重球 16 次，齐大凯 65.70 米，王峥 65.60 米；

⑤重球快慢摆 20 次 ×4 组；

⑥铃片最后用力 5 次 ×4 组；

⑦节奏纵跳摸高（三轻一重）4 组；

⑧放松活动 15 分钟。

5 月 16 日（周四）

上午：休息。

下午：核心力量及灵活反应练习。
①热身活动 30 分钟；
②肋木专门练习 10 分钟；
③核心力量练习；
④栏侧反应练习；
⑤放松活动。
5 月 17 日（周五）
上午：专项技术训练。
①热身活动 30 分钟；
②肋木专门练习；
③拉胶带体会上肢放松和右腿超越；
④持标准球的各种摆转活动；
⑤放松活动。
5 月 18 日（周六）
上午：轻器械投掷及一般力量训练。
①热身活动 30 分钟；
②肋木关节专门练习 10 分钟；
③体前离心摆片 3 组；
④节奏投 3～6 公斤球 15 次；
⑤杠铃转体 3 组；
⑥提铃展体 90～140 公斤 3 个 ×4 组；
⑦架上半蹲提踵 160～180 公斤 5 个 ×4 组；
⑧台阶交换跳 4 组；
⑨跳深 12 次（王峥节奏纵跳摸高 4 组）；
⑩50 米加速跑（小队员做，齐大凯不做）；
⑪放松活动（慢跑和拉伸）。
下午：休息。
5 月 19 日（周日）
休息。
5 月 18 日下午王峥赴北京参加世界挑战赛。
2013 年 5 月 20—26 日周训练计划
任务：继续改进技术（齐大凯第四圈斜面及超越技术）。

继续突出以专项力量为主的能力训练。

努力恢复一般体能指标。

5月20日（周一）

上午：休息。

下午：重球投掷及专项力量训练。

①热身活动30分钟；

②拨铃片接快速跟转练习；

③全程掷8公斤重球15次；

④重球快速抡摆15次×4组；

⑤铃片最后用力5次×4组；

⑥放松活动15分钟；

5月21日（周二）

上午：专项技术训练。

①热身活动30分钟；

②肋木专门练习10分钟；

③拉胶带上右腿8～10次×4组；

④持球摆转专门练习（行进间前后走，跳摆走螺旋预摆蹲起）；

⑤全程投标准球12次，齐大凯68.50米，6公斤球74米；

⑥6公斤球多周转6次以上×6组；

⑦放松活动15分钟。

下午：专门练习及一般力量训练。

①热身活动30分钟；

②肋木专门练习；

③离心摆片3组；

④全程投8公斤重球15次，齐大凯65.40米；

⑤侧抓杠铃4组；

⑥提铃展体130公斤3次×4组；

⑦架上半蹲提踵180公斤5次×4组；

⑧跳深接跳远12次；

⑨放松活动15分钟；

5月22日（周三）

上午：休息。

下午：标准球投掷及专项力量训练。
①热身活动 30 分钟；
②肋木专门练习 10 分钟；
③拨铃片接跟转 30 次；
④离心摆片 3 组；
⑤全程投标准球 15 次；
⑥重球抡摆（快摆）15 次×3 组；
⑦铃片最后用力 5 次×4 组；
⑧放松活动。
5 月 23 日（周四）
上午：休息。
下午：核心力量及灵活反应训练。
①热身活动 30 分钟；
②肋木反应专门练习；
③核心力量；
④栏侧反应 4 组；
⑤铃片高抬反应 4 组；
⑥放松活动。
5 月 24 日（周五）
上午：专项技术训练。
①热身活动 30 分钟；
②持球专门练习；
③放松投标准球 12 次；
④节奏投 3～6 公斤球 6 次；
⑤放松活动 15 分钟。
下午：休息。
5 月 25 日（周六）
上午：休息。
下午：重球及专项力量训练。
①热身活动 30 分钟；
②肋木下肢及腰髋反应练习；
③全程投 5～8 公斤重球 12 次；

④加重球快摆 15 次×3 组；
⑤片最后用力 5 次×4 组
⑥放松活动。
5 月 26 日（周日）
上午：休息。
下午：加重球及专项力量训练。
①热身活动 30 分钟；
②肋木专门练习 10 分钟；
③全程放松投标准球 12 次；
④杠铃左右转体 3 组；
⑤提铃展体 90～130 公斤 3 次×4 组；
⑥架上半蹲提踵 160～180 公斤 5 次×4 组；
⑦台阶交换跳 12 次×4 组；
⑧跳深练习 12 次；
⑨放松活动。

2013 年 5 月 27 日—6 月 2 日周训练计划

任务：突出专项力量训练。
进一步完善技术（改善旋转后程上肢夹角及右腿超越掐球技术）。
努力恢复一般体能指标。
5 月 27 日（周一）
上午：休息。
下午：重球投掷及专项力量训练。
①热身活动 30 分钟；
②拔铃片 30 次；
③离心摆片 3 组；
④投 5 公斤重球 15 次，王峥 66 米；
⑤重球快摆 4 组；
⑥左右侧抓杠铃 8 次×4 组；
⑦放松活动 15 分钟。
5 月 28 日（周二）（室内训练）
上午：重球及专项力量训练。
①热身活动 30 分钟；

②拉胶带上右腿4组；
③投标准球18次；
④投3公斤球6次；
⑤抱膝跳8次×4组；
⑥放松活动。
下午：一般力量及旋转能力训练。
①热身活动30分钟；
②持球抡摆专门练习；
③左右持铃标转体3组；
④提铃展体90公斤3个×4组；
⑤架上半蹲提踵160公斤5个×4组；
⑥台阶交换跳12次×4组；
⑦2公斤球低姿高速多周转8次；
⑧放松活动15分钟。
5月29日（周三）（齐大凯苏州锦标赛比赛日）
上午：休息。
下午：重球及专项力量训练。
①热身活动30分钟；
②肋木专门练习10分钟；
③全程投5公斤球12次，王峥66.50米；
④重球抡摆4组；
⑤左右侧举铃杆4组；
⑥放松活动。
5月30日（周四）
上午：休息。
下午：核心力量及灵活反应训练。
①热身活动30分钟；
②肋木专门练习10分钟；
③核心力量训练（较大量）；
④栏侧反应4组；
⑤行进间垫步踢腿4组；
⑥放松活动15分钟。
5月31日（周五）

上午：专项技术训练。
①热身活动 30 分钟；
②肋木专门练习 10 分钟；
③拨铃片接快速跟转 30 次；
④持球专门练习（田径馆两侧）；
⑤齐大凯投 8 公斤重球 15 次（61.50 米），王峥投标准球 15 次（70 米）；
⑥抱膝跳 8 次×4 组；
⑦放松活动。
下午：能力及专项力量训练。
①热身活动 30 分钟；
②体前离心摆片 3 组；
③投 3～6 公斤球 15 次；
④齐大凯一般力量训练；
⑤重球快摆 15 次×4 组；
⑥左右侧举杠铃 5 次×4 组；
⑦放松活动。
6 月 1 日（周六）
上午：重球及一般力量训练。
①热身活动 30 分钟；
②持球专门练习；
③齐大凯对网投 8 公斤球 18 次；
④重球抡摆 4 组；
⑤侧抓铃杆（左右）12 次×4 组；
⑥二级蛙跳 8 次；
⑦50 米加速跑 6 组；
⑧提铃展体 90 公斤 3 个×4 组；
⑨架上半蹲提踵 160 公斤 5 个×4 组；
⑩台阶交换跳 12 次×4 组（⑨和⑩交替进行）；
⑪标准球放松多周转 8 次；
⑫50 米加速跑 6 组。
下午：休息。
6 月 2 日（周日）
休息。

2013 年 6 月 3—9 日周训练计划

任务：继续发展以专项力量为主的能力。

进一步完善基本技术（改善齐大凯第四圈躯干与上肢夹角）。

积极准备全国冠军赛。

6 月 3 日（周一）

①热身活动 30 分钟（要求按比赛准备活动做）；

②5～8 公斤重球检查投；

③重球快速抡摆 15 次 ×4 组；

④左右侧举杠铃杆 12 次 ×4 组；

⑤铃片最后用力 5 次 ×4 组；

⑥放松活动。

6 月 4 日（周二）

上午：专项技术训练。

①热身活动 30 分钟；

②肋木专门练习 10 分钟；

③持球抡摆的专门练习；

④全程投标准球 18 次，三个一次；

⑤抱膝跳 8 次 ×3 组；

⑥放松活动。

下午：轻器械及一般力量训练。

①热身活动 30 分钟；

②胶带快速摆转和上右腿各 3 组；

③节奏投 3～6 公斤球 12 次，齐大凯 70 米，王峥 76 米；

④30～50 公斤杠铃左右转体 3 组；

⑤提铃展体 90～140 公斤 3 次 ×4 组；

⑥架上半蹲提踵 160～200 公斤 5 次 ×4 组；

⑦扶肋木蹲跳 6～8 次 ×4 组；

⑧二级蛙跳 8 次；

⑨加速跑 50 米 ×5 组；

⑩放松活动（拉伸）。

6 月 5 日（周三）

上午：休息。

下午：重球及一般力量训练。

①热身活动30分钟；
②肋木专门练习10分钟；
③低姿拨铃片接跟转20次；
④体前离心摆片3组；
⑤全程投5～8公斤重球15次；
⑥重球快摆15次×4组；
⑦左右侧抓杠铃4组；
⑧放松活动。

6月6日（周四）

上午：休息。

下午：重球及一般力量训练。

①热身活动30分钟；
②肋木关节专门练习；
③斜板上负重腰腹肌练习各3组；
④栏侧反应练习4组；
⑤放松活动。

6月7日（周五）

上午：专项技术及轻器械投掷训练。

①热身活动30分钟；
②关节及下肢反应专门练习10分钟；
③持标准球二摆一转和二摆二转活动；
④放松全程投标准球18次；
⑤全程节奏投3～6公斤球12次；
⑥放松活动15分钟。

下午：投重球及专项力量训练。

①热身活动30分钟；
②拨铃片接快速跟转30次；
③全程投5～8公斤重球18次；
④重球快速抡摆15次×4组；
⑤铃片最后用力5次×4组；
⑥放松活动15分钟；

6月8日（周六）

下午：一般力量训练及轻器械投掷训练。

①热身活动30分钟；
②肋木背拉起和挺身起各3组；
③齐大凯50公斤杠铃左右转体10次×3组，王峥30公斤10次×3组；
④提铃展体90～140公斤3次×4组；
⑤架上半蹲提踵180～240公斤5次×4组；
⑥王峥台阶交换跳10次×4组，齐大凯深蹲跳8次×4组；
⑦低姿高速投2～5公斤球12次；
⑧放松活动（拉伸）。
6月9日（周日）
休息。

2013年6月10—16日全国冠军赛周训练计划

任务：积极调整身体机能。
准备冠军赛及北京外训各项事宜。
赴沈阳参加冠军赛。
6月10日（周一）
上午：休息。
下午：专项技术训练。
①热身活动30分钟；
②肋木专门练习15分钟；
③持标准球放松旋转活动；
④放松投标准球12次；
⑤放松活动。
6月11日（周二）
上午：技术模仿及一般活动。
①热身活动30分钟；
②肋木专门练习15分钟；
③持小铃片旋转接最后用力20次；
④放松活动。
下午：休息。
6月12日（周三）
上午：重球及一般力量训练。
①热身活动30分钟；
②肋木专门练习10分钟；

③放松投重球 8 次；
④提铃展体 80～120 公斤 3 次 4 组；
⑤架上半蹲提踵 140～180 公斤 5 次×3 组；
⑥节奏纵跳摸高（三轻一重）4 组；
⑦放松活动。

下午：休息。

6 月 13 日（周四）

上午：8 点 30 分赴沈阳，飞行途中。

下午：根据大会安排熟系场地。

6 月 14 日（周五）

休息。

6 月 15 日（周六）

2013 年全国冠军赛暨大奖赛总决赛。

6 月 16 日（周日）

休息。

3. 第三阶段（第二准备期训练阶段）

2013 年 6 月 17—23 日全国冠军赛周训练计划

6 月 17 日（周一）

由沈阳赴北京集训。

6 月 18 日（周二）

上午：专项技术训练。

①热身活动 30 分钟（田径馆）；
②肋木专门练习 10 分钟；
③投标准球 12 次；
④投轻球 8 次，齐大凯 70 米；
⑤放松活动。

下午：投 5～8 公斤重球及一般力量训练。

①热身活动 30 分钟；
②肋木专门练习 10 分钟；
③投 5～8 公斤重球；
④架上半蹲提踵 160～200 公斤 5 次×4 组；
⑤左右侧抓杠铃 3 组；
⑥负重腹背肌练习各 3 组；

⑦二级蛙跳 8 次；
⑧30 米加速跑×6 次；
6 月 19 日（周三）
上午：休息。
下午：重球及专项力量训练。
①热身活动 30 分钟；
②全程投重球 10 次；
③左右侧抓杠铃 4 组；
④铃片最后用力 5 次×4 组；
⑤放松活动。
6 月 20 日（周四）
上午：休息。
下午：抛掷、腹背肌灵巧活动。
①热身活动 30 分钟；
②拨铃片接跟转 20 次；
③对网旋转一圈抛壶铃 20 次；
④负铃杆腹背肌练习各 3 组；
⑤栏侧反应练习（左右腿 12 次×4 组）；
⑥铃片高抬反应练习 4 组；
⑦放松活动 15 分钟。
6 月 21 日（周五）
上午：专项技术训练。
①热身活动 30 分钟；
②肋木专门练习 10 分钟；
③持球抡摆专门练习各 3 组；
④投标准球 12 次；
⑤放松活动。
下午：重球及专项力量训练。
①热身活动 30 分钟；
②肋木专门练习 10 分钟；
③拨铃片接跟转 20 次；
④投 5～8 公斤重球 12 次；
⑤铃片最后用力 5 次×4 组；

⑥拉伸活动。

6 月 22 日（周六）

上午：休息。

下午：专门练习活动。

①热身活动 30 分钟；

②肋木下肢及腰髋反应练习；

③持铃片旋转接最后用力 30 次；

④放松活动。

6 月 23 日（周日）

休息。

2013 年 6 月 24—30 日全国冠军赛周训练计划

任务：齐大凯继续恢复体能指标。

王峥重点恢复重球指标。

队员做好亚锦赛外出各项准备工作。

6 月 24 日（周一）

上午：休息。

下午：重球及专项力量训练。

①热身活动 30 分钟；

②肋木专门练习 10 分钟；

③拨铃片接跟转 20 次；

④全程投 5～8 公斤重球 15 次；

⑤对网抛壶铃 15 次；

⑥15～25 公斤铃片最后用力 5 次×4 组；

⑦放松活动 15 分钟。

6 月 25 日（周二）

上午：专项技术训练。

①热身活动 30 分钟；

②肋木专门练习 10 分钟；

③持球专门练习；

④全程投标准球 12 次；

⑤节奏投 3～6 公斤球 6 次；

⑥放松活动。

下午：一般力量及轻器械投掷训练。
①热身活动 30 分钟；
②肋木关节专门练习 10 分钟；
③30～50 公斤杠铃左右转体各 8 次×4 组；
④提铃展体 90～140 公斤 3 次×4 组；
⑤架上半蹲提踵 170～240 公斤 5 次×4 组；
⑥台阶交换跳 12 次×4 组；
⑦腹背肌负重训练各 3 组；
⑧对网投 3～6 公斤球 15 次；
⑨放松活动。
6 月 26 日（周三）
上午：休息。
下午：专项技术及专项力量训练。
①热身活动 30 分钟；
②持球抡摆专门练习；
③全程投 5～8 公斤球 12 次，要求每三个球中投一次强度；
④左右侧举杠铃 10 次×3 组；
⑤20～25 公斤铃片专项用力 5 次×4 组；
⑥节奏纵跳摸高 4 组；
⑦放松活动。
6 月 27 日（周四）
上午：7 点 10 分去总局参加动员大会。
下午：抛掷活动及腹背肌训练。
①热身活动 30 分钟；
②肋木挺身起和背拉起各 3 组；
③对网抛壶铃 20 次；
④负重腹背各 3 次；
⑤放松活动。
6 月 28 日（周五）
上午：专项技术训练。
①热身活动 30 分钟；
②肋木专门练习 10 分钟；

③持球抡摆专门练习各 3 组；
④投标准球 12 次，方法同周三；
⑤放松活动。
下午：重球及专项力量训练。
①热身活动 30 分钟；
②肋木专门练习 10 分钟；
③拨铃片接跟转 20 次；
④投 5～8 公斤重球 12 次；
⑤铃片最后用力 5 次 ×4 组；
⑥拉伸活动。
6 月 29 日（周六）
上午：休息。
下午：专门练习活动。
①热身活动 30 分钟；
②肋木下肢及腰髋反应练习；
③持铃片旋转接最后用力 30 次；
④放松活动（王峥做力量训练）。
6 月 30 日（周日）
上午：专项技术及一般力量训练。
①热身活动 30 分钟；
②持球专门活动；
③投重球 8 次，齐大凯 62.40 米，王峥 55 米；
④30～50 公斤杠铃左右转体 3 组；
⑤提铃展体 80～120 公斤 3 次 ×4 组；
⑥架上半蹲提踵 160～180 公斤 5 次 ×4 组；
⑦节奏纵跳摸高（三轻一重）6 次 ×3 组；
⑧放松活动。

2013 年 7 月 1—7 日周训练计划

7 月 1 日（周一）
休息（途中）。
7 月 2 日（周二）
上午：专门练习及一般力量训练。

①热身活动 30 分钟；
②肋木专门练习；
③持小铃片旋转接最后用力 20 次；
④30～50 公斤杠铃左右转体 3 组；
⑤提铃展体 70～120 公斤 4 组；
⑥架上半蹲提踵 140～180 公斤 5 次×4 组；
⑦节奏纵跳摸高 4 组；
⑧放松活动。
7 月 3 日（周三）
上午：休息。
下午：熟悉场地及专项力量练习（外场）。
①投标准球 6～8 次；
②离心摆片 3 组；
③铃片最后用力 3 组；
7 月 4 日（周四）
休息。
7 月 5 日（周五）
上午：休息。
下午：女子链球比赛。
5 点 50 分第一次点名（提前 55 分钟）；
7 月 6 日（周六）
上午：休息。
下午：男子链球比赛。
4 点 05 分第一次检录（提前 55 分钟）。
7 月 7 日（周日）
上午：王峥在赛区做力量练习，齐大凯休息。
下午：4 点 50 分乘汽车去孟买机场，当晚坐飞机返回成都（7 月 8 日 10 点多到达成都）。

2013 年 7 月 9—14 日周训练计划

7 月 9 日（周二）
上午：一般活动。
下午：一般力量训练。
①热身活动 30 分钟；

②肋木专门练习；
③持标准球摆转活动；
④负杠铃转体3组；
⑤提铃展体4组；
⑥半蹲杠铃（齐大凯负10公斤杠铃单腿上台阶）；
⑦加速跑30米×5次；

7月10日（周三）

上午：休息（王峥去医院治疗）。

下午：齐大凯做专项力量训练。

①热身活动30分钟；
②投8公斤加重球12次；
③左右侧抓杠铃4组；
④铃片最后用力5次×4组；
⑤放松活动。

7月11日（周四）

上午：王峥去医院治疗，齐大凯休息。

下午：腰腹肌及下肢腰髋反应训练。

①热身活动30分钟；
②肋木下肢及腰髋反应专门练习；
③负杠铃腰背肌练习各3组；
④栏侧反应练习4组；
⑤放松活动。

7月12日（周五）

上午：专项技术训练。

①热身活动30分钟；
②肋木专门练习15分钟；
③持标准球摆转活动；
④投标准球18次；
⑤3～6公斤球多周转10次；
⑥放松活动。

下午：重球及专项力量训练。

①热身活动30分钟；
②投5～8公斤重球12次；

③15 公斤重球快摆 4 组；
④铃片最后用力 4 组；
⑤放松活动。
7 月 13 日（周六）
上午：专项技术训练。
①热身活动 30 分钟；
②拨铃片接快速跟转 20 次；
③持标准球摆转活动；
④投标准球 12 次；
⑤投 3～6 公斤球 10 次；
⑥放松活动。
下午：重球及一般力量训练。
①热身活动 30 分钟；
②肋木下肢及腰髋专门练习；
③投 5～8 公斤加重球 12 次；
④30～60 公斤杠铃左右转体 3 组；
⑤提铃展体 90～160 公斤 4 组；
⑥下肢力量练习（齐大凯负重 70 公斤单腿台阶起左右腿各 6 次×5 组）；
⑦快速前后交叉步跑 30 米×5 次；
⑧放松活动。

2013 年 7 月 15 日—8 月 4 日 3 周循环计划

任务：改进技术（重点改善齐大凯旋转后二圈右脚超越技术及王峥甩右小腿的问题）进一步加强专项能力，突出轻器械快速节奏。
努力提高技术稳定性。
7 月 15 日（周一）
上午：休息。
下午：重球及专项力量训练。
①热身活动 30 分钟；
②肋木专门练习 15 分钟；
③拨铃片接快速跟转 30 次；
④重球投掷 12 次；
⑤重球快速抡摆 15 次×4 组；

⑥15～20 公斤铃片最后用力 5 次×4 组；
⑦放松活动 15 分钟。
7 月 16 日（周二）
上午：专项技术训练。
①热身活动 30 分钟；
②肋木专门练习；
③肋木胶带专门练习；
④持标准球摆转专门练习；
⑤全程投标准球 12 次；
⑥节奏投 3～6 公斤球 8 次；
⑦放松活动。
下午：一般力量及旋转能力训练。
①热身活动 30 分钟；
②肋木专门练习 15 分钟；
③拨铃片接快速跟转 30 次；
④30～50 公斤杠铃左右转体 3 组；
⑤提铃展体 80～130 公斤 4 组；
⑥下肢力量练习 4 组；
⑦铃片旋转接最后用力 30 次；
⑧放松活动。
7 月 17 日（周三）
上午：专项技术训练。
①热身活动 30 分钟；
②肋木专门练习 10 分钟；
③拨铃片接快速旋转 20 次；
④持球摆转活动；
⑤投标准球 12 次；
⑥投 3～6 公斤球 8 次；
⑦放松活动 15 分钟。
下午：重球及专项力量训练。
①热身活动 30 分钟；
②肋木活动 10 分钟；

③全程投重球 12 次；
④铃片最后用力 4 组；
⑤放松活动。

7 月 18 日（周四）

上午：休息。

下午：腰腹肌及灵活反应训练。

①热身活动 30 分钟；
②肋木专门练习 10 分钟；
③负铃杆腹背肌练习各 3 组；
④栏侧反应练习 4 组；
⑤放松活动。

7 月 19 日（周五）

上午：专项技术训练。

①热身活动 30 分钟；
②肋木专门练习 10 分钟；
③肋木拉胶带上腿 10 次×3 组，要求压住左膝积极上右腿；
④持球摆转专门活动；
⑤投标准球 12 次；
⑥投 3～6 公斤球 8 次；
⑦放松活动。

下午：重球及专项力量训练。

①热身活动 30 分钟；
②左脚绑胶带快速摆转 3 组；
③右膝绑胶带积极上腿 3 组；
④全程投 5～8 公斤重球 12 次；
⑤重球快速抡摆 15 次×4 组；
⑥15～25 公斤铃片最后用力 5 次×4 组；
⑦放松活动 15 分钟。

7 月 20 日（周六）

上午：休息。

下午：旋转能力及一般力量训练。

①热身活动 30 分钟；

②拨铃片接快速跟转 30 次；

③杠铃 30～60 公斤左右转体 3 组；

④提铃展体 90～140 公斤 4 组；

⑤下肢力量（半蹲提踵 160 公斤 6 次×4 组，齐大凯单腿上台阶，每腿 100 公斤 6 次×4 组）；

⑥3～5 公斤球低姿多周转 8～10 次；

⑦放松活动 15 分钟（节奏纵跳摸高）。

7 月 21 日（周日）

休息。

7 月 22 日（周一）

上午：休息。

下午：重球及专项力量训练。

①热身活动 30 分钟；

②肋木专门练习 15 分钟；

③下肢胶带专门练习各 4 组；

④全程投重球 12 次；

⑤重球快摆 15 次×4 组；

⑥铃片最后用力 5 次×4 组；

⑦放松活动 15 分钟。

7 月 23 日（周二）

上午：专项技术训练。

①热身活动 30 分钟；

②肋木专门练习；

③肋木拉胶带 8 次×4 组；

④拨铃片接快速旋转 20 次；

⑤持标准球摆转专门活动各 3 组；

⑥投标准球 12 次；

⑦投 3～6 公斤球 8 次；

⑧放松活动。

下午：持球专门练习及一般力量训练。

①热身活动 30 分钟；

②肋木专门练习 10 分钟；

③胶带摆转及上腿专门练习各 10 次×3 组；
④持标准球二摆一转 6 次×3 组，二摆二转 4 次×4 组；
⑤30～60 公斤杠铃左右转体 3 组；
⑥提铃展体 90～140 公斤 3×4 组；
⑦架上半蹲提踵 170 公斤 5 次×4 组（齐大凯 100 公斤台阶）；
⑧台阶交换跳；
⑨节奏纵跳摸高（三轻一重）6 次×4 组；
⑩放松活动 15 分钟。

7 月 24 日（周三）

上午：专项技术训练。

①热身活动 30 分钟；
②肋木下肢及髋腰反应练习各 3 组；
③拨铃片接快速跟转 30 次；
④75 公斤铃片一圈旋转接最后用力 20 次；
⑤3 公斤轻球全程节奏投 10 次；
⑥持标准球摆转专门练习；
⑦放松活动 15 分钟。

下午：重球及专项力量训练。

①热身活动 30 分钟；
②肋木专门练习；
③体前左右离心摆片（15～20 公斤铃片）；
④全程投重球 12 次；
⑤重球快速抡摆 15 次×4 组；
⑥20～25 公斤铃片最后用力 5 次×4 组；
⑦节奏纵跳摸高 6 次×3 组。

7 月 25 日（周四）

上午：休息。

下午：腹背肌及灵活反应训练。

①热身活动 30 分钟；
②肋木专门活动；
③腹背肌训练各 3 组；
④栏侧反应练习 4 组。

7 月 26 日（周五）

上午：调整休息。

下午：专项力量训练。

①热身活动 30 分钟；

②肋木专门练习；

③放松投加重球 12 次；

④放松活动。

7 月 27 日（周六）

上午：休息。

下午：一般力量训练。

①热身活动 30 分钟；

②肋木专门练习；

③持标准球摆转活动；

④提铃展体 80～130 公斤 3 次 ×4 组；

⑤下肢力量练习 4 组；

⑥台阶交换跳 4 组；

⑦节奏纵跳摸高（三轻一重）6 次 ×3 组。

7 月 28 日（周日）

休息。

7 月 29 日（周一）

上午：休息。

下午：技术模仿和放松旋转活动。

①热身活动 30 分钟；

②肋木专门练习；

③持小铃片旋转模仿；

④持标准球放松旋转活动；

⑤放松活动。

7 月 30 日（周二）

上午：休息。

下午：一般力量训练。

①热身活动 30 分钟；

②肋木专门练习；

③杠铃左右转体 3 组；

④提铃展体 4 组；

⑤半蹲提踵4组；
⑥节奏纵跳摸高4组；
⑦放松活动。
7月31日（周三）
上午：休息。
下午：专项力量训练。
①热身活动30分钟；
②肋木准备练习10分钟；
③胶带下肢力量练习各3组（齐大凯、王峥拨铃接跟转）；
④投5～8公斤重球12次；
⑤铃片最后用力4组；
⑥放松活动。
8月1日（周四）
上午：休息。
下午：准备活动后做腹背肌及灵活反应练习。
①热身活动30分钟；
②柔韧活动；
③腹背肌训练各3组；
④栏侧反应活动4组；
⑤放松活动15分钟。
8月2日（周五）
上午：专项技术训练。
①热身活动30分钟；
②胶带专门练习各3组；
③持球专门练习；
④投标准球12次；
⑤投3～6公斤球6次；
⑥放松活动。
下午：重球及专项力量训练。
①热身活动30分钟；
②拨铃片接快速跟转20次；
③重球投掷12次；

④重球快摆 15 次×4 组；
⑤铃片最后用力 5 次×4 组；
⑥放松活动 15 分钟。
8 月 3 日（周六）
上午：专项技术训练。
①热身活动 30 分钟；
②肋木专门练习；
③肋木拉胶带练习 4 组；
④持球二摆一转 6 次×4 组；
⑤持球二摆二转 4 次×4 组；
⑥节奏投 3～6 公斤球 15 次；
⑦放松活动。
下午：重球及一般力量训练。
①热身活动 30 分钟；
②肋木胶带下肢专门练习各 3 组；
③全程投重球 12 次；
④30～60 公斤杠铃左右转体 3 组；
⑤提铃展体 90～140 公斤 3 次×4 组；
⑥架上半蹲提踵 160 公斤 5 次×4 组；
⑦台阶交换跳 12 次×4 组；
⑧节奏纵跳摸高（三轻一重）6 次×4 组。
8 月 4 日（周日）
休息。
2013 年 8 月 5—18 日世锦赛前训练计划
8 月 5 日（周一）
上午：休息。
下午：重球及专项力量训练。
①热身活动 30 分钟；
②肋木专门练习；
③体前离心摆片 15～20 公斤 3 组；
④全程投 5～8 公斤重球 12 次；
⑤重球抡摆 15 次×4 组；

⑥铃片最后用力5次×4组；

⑦放松活动15分钟；

8月6日（周二）

上午：休息。

下午：一般力量训练。

①热身活动30分钟；

②肋木专门练习；

③杠铃左右转体3组；

④提铃展体4组；

⑤半蹲提踵4组；

⑥节奏纵跳摸高4组；

⑦放松活动。

8月7日（周三）

上午：休息。

下午：专项力量训练。

①热身活动30分钟；

②肋木专门练习10分钟；

③胶带下肢力量各3组（齐大凯、王峥拨铃接跟转）；

④投5～8公斤重球12次；

⑤铃片最后用力4组；

⑥放松活动。

8月8日（周四）

上午：腹背肌及旋转能力训练。

①热身活动30分钟；

②肋木专门练习15分钟；

③拨铃片接快速跟转20次；

④标准球低姿多周转8～10次；

⑤负铃杆做腹背肌练习各3组；

⑥栏侧反应练习4组；

⑦放松活动。

下午：返回准备工作（托运行李）。

8月9日（周五）

早上6点，王峥、齐大凯去机场，8点多的飞机，王峥去北京，齐大凯回西安。王峥赴北京参加世锦赛。

8月10日（周六）

上午：一般力量训练。

①热身活动30分钟；

②肋木专门练习；

③50公斤杠铃左右转体3组；

④提铃展体130公斤3次×4组；

⑤负重100公斤单腿上台阶6次×4组；

⑥节奏纵跳摸高（三轻一重）4组；

⑦放松活动。

下午：休息，领取世锦赛装备。

8月11日（周日）

休息。

8月12日（周一）

上午：休息。

下午：重球及专项力量训练。

①热身活动30分钟；

②肋木专门练习15分钟；

③放松投8公斤重球12次；

④体前左右平转20公斤铃片4组；

⑤节奏纵跳摸高（三轻一重）6次×4组；

⑥放松活动15分钟。

8月13日（周二）

上午：休息。

下午：标准球专门练习及一般力量训练。

①热身活动30分钟；

②肋木专门练习15分钟；

③持标准球预摆进旋转专门练习；

④50公斤杠铃左右转体3组；

⑤提铃展体120公斤3次×4组；

⑥负100公斤杠铃单脚上台阶6次×4组；

⑦节奏纵跳摸高（三轻一重）6 次×4 组。

8 月 14 日（周三）

*王峥出发去莫斯科参加世锦赛。

2013 年 8 月 15 日（周四）

上午：腹背肌及旋转能力。

①热身活动 30 分钟；

②肋木专门练习 15 分钟；

③拨铃片接快速跟转 20 次；

④标准球低姿多周转 8～10 次；

⑤铃杆做腹背肌各 3 组；

⑥栏侧反应练习 4 组；

⑦放松活动。

下午：休息。

8 月 16 日（周五）

8 月 17 日（周六）

上午：旋转专门活动及一般力量训练。

①热身活动 30 分钟；

②肋木专门练习 15 分钟；

③持标准球摆转活动；

④50 公斤杠铃左右转体 3 组；

⑤提铃展体 120 公斤 4 组；

⑥负重台阶练习 80～90 公斤 5 次×4 组；

⑦节奏纵跳摸高（三轻一重）6 次×4 组；

⑧放松活动 15 分钟。

下午：休息调整。

8 月 18 日（周日）

休息，王峥参加世锦赛后返回西安。

齐大凯、王峥 8 月 19 日—9 月 1 日训练计划

任务：在保持专项技术的基础上，努力突破重球标准。

加强专项力量训练。

保持身体训练指标的同时，突出下肢腰髋反应康复训练。

8 月 19 日（周一）

上午：休息。

下午：重球测验投及专项力量训练。

①热身活动30分钟；

②肋木专门练习；

③齐大凯重球测验投；

④15公斤重球快摆15次×4组；

⑤15～25公斤铃片最后用力5次×4组；

⑥放松活动。

8月20日（周二）

上午：专项技术训练。

①热身活动30分钟；

②肋木专门练习10分钟；

③下肢胶带专门练习；

④持标准球专门练习；

⑤全程投标准球12次；

⑥节奏投6公斤球6次；

⑦放松活动。

下午：专门练习及一般力量训练。

①热身活动30分钟；

②肋木柔韧及关节专门练习；

③拨铃片接快速跟转30次；

④50公斤杠铃左右转体3组；

⑤提铃展体140公斤3次×4组；

⑥单脚上台阶100公斤6次×4组；

⑦节奏纵跳摸高（三轻一重）6次×4组；

⑧放松活动15分钟；

8月21日（周三）

上午：休息。

下午：重球及专项力量训练。

①热身活动30分钟；

②肋木专门练习15分钟；

③胶带下肢专门练习各3组；

④全程投5～8公斤重球12次；

⑤重球快摆12次×4组（要求速度）；

⑥20～25 公斤铃片最后用力 5 次×4 组；
⑦节奏纵跳摸高 6 次×4 组；
⑧放松活动。

8 月 22 日（周四）

上午：休息。

下午：腹背肌及下肢灵活反应训练。

①热身活动 30 分钟；
②肋木下肢及腰髋反应练习；
③负铃杆腹背肌练习各 3 组；
④栏侧反应练习左右各 6 次×4 组；
⑤栏架高抬反应练习 4 组；
⑥放松活动。

8 月 23 日（周五）

上午：专门技术训练。

①热身活动 30 分钟；
②肋木下肢及腰髋反应练习 15 分钟；
③肋木胶带下肢力量训练各 3 组；
④持球摆转活动；
⑤全程投标准球 12 次；
⑥节奏投 3～6 公斤球 6 次；
⑦抱膝跳 8 次×3 组；
⑧放松活动 15 分钟。

下午：重球及专项力量训练。

①热身活动 30 分钟；
②拔铃片接快速跟转 20 次；
③体前离心摆片 3 组；
④全程投 5～8 公斤重球 12 次；
⑤重球快速抡摆 12 次×4 组；
⑥节奏纵跳摸高 6 次×4 组；
⑦放松活动。

8 月 24 日（周六）

上午：轻器械投掷及一般力量训练。

①热身活动 30 分钟；
②肋木专门练习 15 分钟；
③投 3～6 公斤球 12 次；
④30～60 公斤杠铃左右转体 3 组；
⑤提铃展体 90～140 公斤 3 次×4 组；
⑥架上半蹲提踵 160 公斤 5 次×4 组，齐大凯单腿上台阶 100 公斤 6 次×4 组；
⑦节奏纵跳摸高 6 次×4 组；
⑧放松活动。

下午：休息调整。

8 月 25 日（周日）

休息。

8 月 26 日（周一）

上午：休息。

下午：重球测验投掷及专项力量训练。

①热身活动 30 分钟；
②5～8 公斤重球测验投掷；
③重球快摆 12 次×4 组；
④铃片最后用力 5 次×4 组；
⑤放松活动 15 分钟。

8 月 27 日（周二）

上午：专门技术训练。

①热身活动 30 分钟；
②肋木专门练习 15 分钟；
③胶带专门练习各 3 组；
④持标准球专门练习；
⑤全程投标准球 12 次；
⑥节奏投 3～6 公斤球 6 次；
⑦抱膝跳 8 次×4 组。

下午：旋转能力及一般力量练习。

①热身活动 30 分钟；
②肋木专门练习 10 分钟；
③拨铃片接快速跟转 20 次；

④杠铃左右转体 3 组；
⑤提铃展体 90～140 公斤 4 组；
⑥架上半蹲提踵 160 公斤 5 次×4 组，单腿上台阶 100 公斤 5 次×4 组；
⑦2～5 公斤球低姿多周转 6～8 圈 10 次（馆内）；
⑧放松活动。

8 月 28 日（周三）

上午：休息。

下午：重球及专项力量训练。

①热身活动 30 分钟；
②下肢及腰髋反应专门练习 15 分钟；
③体前左右离心摆片 15～20 公斤铃片 3 组；
④全程投 5～8 公斤重球 12 次；
⑤重球快摆 12 次×4 组；
⑥节奏纵跳摸高 6 次×4 组；
⑦放松活动。

8 月 29 日（周四）

上午：休息（早上做生化检测）。

下午：腰腹肌、灵活反应训练。

①热身活动 30 分钟；
②负铃杆腰腹肌训练各 3 组；
③栏侧反应练习 4 组；
④行进间垫步 30 米×4 组；
⑤放松活动。

8 月 30 日（周五）

上午：休息。

下午：标准球投掷及专项力量训练。

①热身活动 30 分钟；
②肋木专门练习 15 分钟；
③放松投标准球 12 次；
④铃片最后用力 4 组（放松做）；
⑤王峥 2 公斤低姿速度转 8 次；
⑥放松活动。

8月31日（周六）

上午：一般力量及轻器械投掷训练。

①热身活动30分钟；

②肋木下肢及腰髋反应练习；

③放松投3～6公斤球12次；

④提铃展体80～120公斤4组；

⑤架上半蹲提踵150公斤5次×4组；

⑥节奏纵跳摸高4组；

⑦放松活动。

下午：休息。

9月1日（周日）

休息。

4. 第四阶段（赛前恢复阶段）

赛前训练计划（9月2—8日）

任务：积极恢复身体机能，逐步提高达到竞技状态。

在保持专项能力的基础上，努力提高速度、节奏能力。

做赴赛区各项准备工作。

9月2日（周一）

上午：休息。

下午：轻器械及专项力量训练。

①热身活动30分钟；

②肋木专门练习15分钟；

③轻器械及放松投练习；

④铃片最后用力4组（放松做）；

⑤放松活动。

9月3日（周二）

上午：休息。

下午：标准球及一般力量训练。

①热身活动30分钟；

②持球专门练习；

③放松投标准球12次；

④王峥一般力量练习（杠铃30公斤左右转体3组，提铃展体80公斤4组，架上半蹲提踵140公斤5次×4组，抱膝跳6次×4组）；

⑤齐大凯放松活动。

9月4日（周三）

上午：齐大凯做重球及一般力量练习，王峥休息。

①热身活动30分钟；

②肋木快速反应；

③放松投8公斤重球6次；

④60公斤杠铃左右转体3组；

⑤提铃展体120公斤3个×4组；

⑥负重80公斤单腿上台阶各6次×3组；

⑦抱膝跳6次×4组；

⑧放松活动。

下午：休息，调整。

9月5日（周四）

根据大会安排熟悉场地。

9月6日（周五）

上午：休息。

下午：王峥全天休息，齐大凯做下肢及腰髋反应练习。

9月7日（周六）

上午：休息。

下午：6点40分王峥比赛，齐大凯休息。

9月8日（周日）

休息。

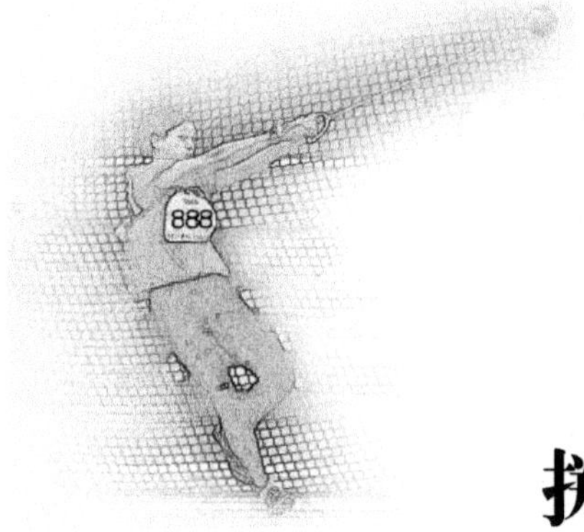

第六章 掷链球运动专项训练

著名的男子链球世界纪录保持者谢迪赫的教练邦达尔丘克曾这样说过:“链球运动员要有大象一样的力量，芭蕾舞演员一样的灵巧。”运动员的专项能力是提高运动成绩的关键，运动员的专项能力是各种身体素质的综合。从运动训练的角度分析，链球运动员的身体训练包括了多种身体运动能力的训练，主要有速度、力量、弹跳力、耐力、柔韧、灵巧、协调反应能力等，所以要想成为一名优秀的链球运动员，上述能力缺一不可。目前有些教练员过分地看重力量训练的作用，在初级阶段成绩可能会来得快一些，也就是学者争论的早期专项化的问题，从长远的角度看，过早进行大力量的专项练习会影响运动员未来发展的水平。

我们在总结投掷项目训练中的一些问题时，对于某些身体素质指标的看法产生了变化，一定的身体素质都是以一定的技术动作为基础的。通过不同技术动作所获得的能力，相互之间是不会简单地转化的。在投掷运动员中，男铁饼运动员张存彪立定跳远的成绩达到 3.40 米（甚至更高），女子铁饼运动员邱巧萍后抛铅球的成绩为 23 米，女子铅球运动员丛玉珍后抛铅球的成绩为 21.78 米，从这些数字我们可以看出，他们的一般爆发力达到很高水平，甚至达到世界优秀运动员的水平。但他们在完成完整技术中遇到同样的一个问题是这种爆发力在完整技术中不能获得充分发挥，技术中助跑与最后用力的衔接是他们共同遇到的难题。在较高的助跑速度条件下，不能及时进入最后用力阶段，身体不到一定的姿势很难用力，这也成为他们获得更高成绩的障碍。

在投掷项目中，为了提高运动员投掷方面的能力，很多运动员采用抗阻训练，这种抗阻训练对于提高运动员快速完成动作的能力没有多大帮助，反而有不良的作用，很少有运动员采用助力的方式进行一些专项的练习，说明我们在训练手段的采用方面存在问题，也反映出认识方面的问题，在标枪项目的训练中这个问题尤其明显。

第一节　掷链球的训练方法

在掷链球的过程中，技术表现和运动成绩密不可分，完善技术必须是全年的训练任务。任何力量的增加都必须满足技术的要求（以全年为基础进行专门训练）。技术与能力的完整统一是力量和技术训练的首要原则。

对投掷不同链长和质量链球的练习手段的分析表明，男子和女子具有同样的效果。然而，采用不同链长和质量器械投掷的动作结构并不能使投掷动作质量提高，所以必须改变动作结构。只有在充分考虑了不同器械投掷所采用的技术后，人们所期望的变化才能够发生。

链球项目和其他投掷项目最大的区别不是它的运动形式，而是用力体系，也就是说进入运动状态后，球体本身就变成了一个力量体，这个力量体上的力量来源于我们旋转前的抡摆和旋转中器械所产生的离心力。由于器械自身力量的存在，所以在运动中我们很难做到随心所欲。建立合理的投掷技术更为重要，好的掷链球技术应该是利用链球的力量掷链球。在投掷链球运动的用力体系中，人和链球相互依赖、相互利用，这点很重要。很多初学链球的人常出现的问题是人和链球拔河（也就是通常所说的向回拉球）。

一、身体训练

近年来，我们对女子链球项目的身体训练有了新的认识，比如抓举、挺举、深蹲等对专项的帮助并不是很大，真正对专项起作用的是完成技术动作时相关的肌肉力量。所以说，在训练手段的选择上要尽可能和专项技术的用力形式相一致，比如说杠铃下蹲是我们通常发展下肢力量常用的手段之一，从链球技术结构看，运动时下肢的弯曲度大约是 130 度，明白了这个道理，杠铃深蹲对我们专项的作用有多大就显而易见了。除了下肢力量，腰背和躯干力量对链球运动员也是非常重要的，在日常的身体训练中应该占据一定的比例。

二、专项力量训练

所谓专项力量就是能帮助我们更好地达到投掷目的的那部分肌肉做工的能力。从链球运动实践看，要把任何重量的器械投过 70 米，器械出手时的初速度必须达到 27～28 米/秒。另外，在优秀运动员掷链球的旋转中，器械所产生的离心力量，4 公斤的女子链球要达到 200 公斤以上。如此说来，除了良好的技术和一般身体训练指标，没有好的专项力量是很难驾驭超过人体重量数倍的器械自如运动的。对于发展专项力量，国内外目前广泛应用的有以下几类方法。

（一）不同重量的加重器械的投掷

加重器械的投掷是目前国内外训练中最常用的手段，由于它和掷链球技术基本相同，可以较全面地提高专项运动所需的各种力量。从目前国内外普遍采用的器械重量看，男子运动员大多采用 8～10 公斤链球，女子运动员大多采用 5～6 公斤链球。从理论来讲，任何练习除它有效的方面外，同时还有它的副作用，比如说大量投重球可以有效提高专项力量，但对培养运动员快速节奏则有影响。另外，由于重器械力量大，如果使用方法不当，不该参与运动的肌肉群会参与运动，还会破坏技术。所以说，对于青少年运动员，训练中我们不主张使用太重的器械，在使用加重器械时最好不做全程投掷，可以进行一圈到两圈旋转的投掷。

（二）各种重物的抛掷练习

抛掷练习的方法很多，可采用的器械范围也很广泛，如壶铃、杠铃片、铅球、铁锤等，可以原地抛，也可以旋转一到两圈抛掷，其目的都是提高最后用力阶段的能力。对于青少年运动员训练，这些方法都可以大胆使用，但要注意控制器械的重量，要求用正确的用力顺序去完成动作。

（三）下肢（左脚尖）外拨铃片的练习

此练习我们主张在水泥平台上进行，这个练习可以有效帮助运动员提高双支撑阶段的用力能力，如果再加上拨完铃片后的快速跟转，对提高旋转技术也有一定的帮助。

（四）左右直臂侧抓杠铃

做这个练习我们要求两腿弯曲在 130 度以下，发力时尽可能用两腿的蹬伸力量把杠铃抡起来。具体器械的重量以运动员能流畅完成动作为宜，青少年运动员一般使用 10～15 公斤重量的杠铃。

第二节　具体训练手段介绍

一、专项技术的训练

掷链球的专项技术训练占据整个运动训练或者训练计划50%以上的时间，其中包括基本技术方面和专项能力方面的训练。在技术方面，主要是根据掷链球技术的特点，将完整的专项技术分解成若干个专项练习的动作，可以简化教学过程，有利于加强动作困难部分的学习，提高运动员学习的信心，使其能更快地掌握动作。另外，其对巩固某一个技术动作也具有重要的意义，运用时应考虑各部分之间的有机联系，设计时不要破坏动作的结构，这对良好专项技术的形成有一定的促进作用，专项技术的辅助手段（基本技术）主要有以下几种。

1. 持不同物体（木棒、扫把、小铃片等）的旋转模仿活动

两手臂伸直，双手持木棒，绕身体进行旋转动作的模仿（图6–1）。体会转动过程中木棒向前伸画圆的感觉，整个木棒运行轨迹要平稳，要求动作标准，不过多强调速度，体会器械轨迹的运行和手臂前伸。

图6–1　持木棒转体模仿练习图

2. 持链球进旋转的专门练习（两摆一转）

持链球预摆两次旋转一圈（图6–2）或两圈（图6–3），然后紧接着再预摆两次旋转一圈或两圈，中间不停顿。要求上肢在肩关节处尽量放松，适当地降低器械上的速度，主要目的是体会器械在预摆阶段形成的轨迹路线，为后续进旋转后器械形成良好的轨迹路线创造条件，使进旋转后的右脚在第一圈或者第二圈稳定落地。

图 6-2 两摆一转

图 6-3 两摆两转

3. 拨铃片接快速跟转练习

左脚外侧放置杠铃片，进行旋转动作模仿，通过左脚的转动将杠铃片拨开（图 6–4）。这一练习手段主要是让运动员体会左脚在转动过程中的用力，铃片给左脚一定的阻力，提高左脚在旋转中快速由脚跟转换到脚尖的能力，进一步提升左脚在旋转过程中转动的速度，缩短单支撑的时间，这也是现代掷链球技术发展的趋势。

图 6–4　拨铃片接快速跟转练习

4. 持小铃片旋转练习

两手持 5 公斤小铃片做旋转技术的模仿（图 6–5）。这一练习主要是提高人体转动的能力，在没有器械外力对抗的情况下，体会身体转动的感觉，要求动作过程中上肢尽量放松，手臂向外舒展，尽可能画大圆完成转动。

图 6–5　持小铃片旋转练习

图 6-5 持小铃片旋转练习（续）

5. 左脚跟转动拨铃片练习

左脚跟紧贴杠铃片，身体重心落在左腿上，右脚在后，完成绕左侧支撑腿转动的动作（图 6-6），体会转动的感觉，在转动过程中左脚跟将杠铃片拨出，在掷链球的单支撑阶段左脚的快速转动有利于缩短单支撑时间。

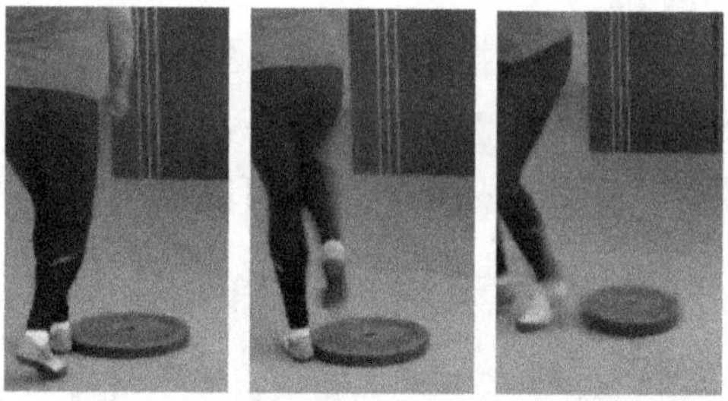

图 6-6 左脚跟转动拨铃片练习

6. 左脚尖拨铃片练习

左脚的脚掌外侧紧贴杠铃片，身体重心落在两腿之间，膝关节弯曲 130 度左右，依靠左脚尖的转动将铃片拨开，顺势左脚转动 180 度着地，身体重心也跟进到左腿上（图 6-7），主要体会右脚的蹬转和左脚的拧转动作。掷链球旋转

图 6-7 左脚尖拨铃片练习

过程中双支撑阶段的后半段左脚的转动效果及重心的跟进效果对单双支撑之间的转换有直接影响。

7. 绑橡皮条上腿练习

两手扶肋木，身体重心落在弯曲的左腿上，在右膝关节的高度绑一根胶带，另一头绑在肋木上，体会右腿绕左侧轴转动上腿的动作（图 6–8），由于胶带的助力，增加了右腿上腿的难度，在一定程度上提高了上腿的能力和速度。在掷链球单支撑阶段的后半段，器械从高点下行过程中要求快速上右腿并积极着地。

图 6–8　绑橡皮条上腿练习

8. 左脚绑橡皮条转动练习

两手扶肋木，在与地面平行位置的肋木上绑一条橡皮条固定，另一头绑在左脚的脚掌上，两腿呈弯曲状态（图 6–9），体会左脚在橡皮条拉力状态下转动的动作。此练习在一定程度上对提高左脚的转动速度和转动能力有一定帮助。

图 6–9　左脚绑橡皮条转动练习

9. 左右腿转髋练习

手扶肋木，两腿自然开立，上肢尽量控制不动，两腿绕髋快速转动，体会重心在两腿间的变化，摆动腿在抬起落地的过程中要紧贴支撑腿，围绕转动轴转动（图 6-10）。该练习主要提高髋关节的灵活性及转动能力，掷链球旋转过程中髋关节的灵活性和转动能力对专项技术有重要的影响。

图 6-10　左右腿转髋练习

10. 高点拉橡皮条上腿练习

面对肋木站立，把橡皮条的一端固定在旋转时链球斜平面最高点等高的位置，身体重心压在左脚前掌上，反复体会在左脚尖转动中积极上右腿（图 6-11）。

图 6-11　高点拉橡皮条上腿练习

该动作的主要特点是在胶带给人体一个拉力的情况下完成上腿动作，和掷链球旋转过程中器械在高点位置迅速上右腿着地的技术动作较为相似，对规范技术有很好的效果。

11. 两手持木棍上腿左右两侧跨转练习（180 度半圈）

要求两脚平行站立，膝关节弯曲 130 度左右，两手持木棍，以左侧身体为转动轴，右侧身体快速完成绕转动轴转动并快速着地的动作，使身体在转动 180 度的情况下形成下肢超越上肢的姿势（图 6–12）。这一练习重点强调左侧轴的平稳转动，相同的动作再变化方向进行，做到左右两侧都能快速完成，提高技术动作的标准化程度。

图 6–12　两手持木棍上腿左右两侧跨转练习（180 度半圈）

12. 两手持木棍左右两侧转动练习（360 度一圈）

要求两脚平行站立，膝关节弯曲 130 度左右，两手持木棍，以左侧身体为转动轴，右侧身体快速完成绕转动轴转动并快速着地的动作，使身体在转动 360 度的情况下形成下肢超越上肢的姿势（图 6–13）。转动幅度的增加，会对着地过程中身体的稳定性有一定影响，这也是该练习手段锻炼的主要能力，在完成转动一圈的基础上，提高控制身体平衡和稳定的能力，练习时强调左侧轴转动平稳。

图 6–13　两手持木棍左右两侧转动练习（360 度一圈）

二、专项力量的训练

1. 卧拉

身体俯卧在架子上，手臂伸展，依靠斜方肌和肱三头肌将杠铃拉起（图 6–14）。此练习提高肘关节的屈伸能力和肩关节对抗器械的能力，在掷链球旋转的过程中，肩关节需要一直对抗来自器械的离心力，这一练习有利于提高肩关节的稳定性。

图 6–14 卧拉

2. 抓举

抓举是投掷项目经常采用的力量训练手段，但动作要求不同所产生的训练效果也不一样。掷链球训练中的抓举两手之间的距离不应该太宽（图 6–15），主要提高上臂在肩关节处伸的能力，对斜方肌、三角肌、肱二头肌都有一定的训练效果。

图 6–15 抓举

3. 杠铃半蹲

半蹲也是经常采用的下肢力量训练手段，对于掷链球项目来说，膝关节弯曲到 130 度左右最接近专项技术的特征和需要（图 6–16），要求控制膝关节角度，在上挺的结束阶段，提踵时要充分伸展踝关节，下肢用力要充分。

图 6-16 杠铃半蹲

4. 杠铃卧推

身体仰卧于卧推架上，两手之间的距离与肩同宽（图 6-17）。此练习对提高肘关节处的屈伸能力效果较好，同时对胸大肌、肱二头肌都有很好的锻炼效果。

图 6-17 杠铃卧推

5. 杠铃深蹲

两脚左右开立，距离与肩同宽（图 6-18），向下蹲要慢，向上起要快。

虽然深蹲杠铃对专项能力的提高没有多大的帮助，但对锻炼髋关节的稳定性和臀大肌有一定效果，能起到预防伤病的作用。

图 6-18 杠铃深蹲

三、专项能力的训练

1. 单杠身体绕环

两臂悬于单杠上，身体自然下垂放松，以髋关节为轴进行摆动（图 6–19）。这一练习主要锻炼运动员腰髋的转动能力，要求身体和手臂完全放松，以腰髋进行画圆摆动，锻炼腹直肌、腹外斜肌及髂腰肌。

图 6–19 单杠身体绕环

2. 杠铃抡摆用力

两手抓杠铃杆，从侧面低点经过体前摆至身体另外一侧（图 6–20）。这一练习要求体会用下肢和腰腹肌的力量完成器械抡摆。训练中强调不能依靠上肢来完成练习，体会下肢用力以及力量从下往上传递的用力顺序。

3. 转体摆铃片

该练习也是掷链球专项训练手段中经常采用的，但要注意动作的要求，动作开始阶段要依靠右腿的蹬转推动身体重心向左侧支撑腿上移动，并依靠腰髋发力，带动上肢将力量传递到铃片上（图 6–21），体前这一段强调杠铃片远离身体，绕大圆完成用力，最后将身体重心推动到左腿上完成制动，这一练习可以重复一定的次数。

图 6–20　杠铃抡摆用力

图 6–21　转体摆铃片

4. 单臂壶铃转体

这一练习主要是提高身体对抗器械的能力，在壶铃抡摆过程中强调依靠髋关节和腰腹肌发力对器械进行加速，要顺着器械运行的轨迹和力量进行用力（图 6–22），人体不能主动发力，这也是掷链球过程中人体和器械之间的关系。

图 6–22　单臂壶铃转体

5. 腰腹肌练习

这一练习主要是提高腰腹肌的能力，可以在垫子、跳箱等不同器械上进行（图 6–23），练习的目的是一样的，提高核心区域肌肉的力量和稳定性。训练中可根据实际情况进行安排。

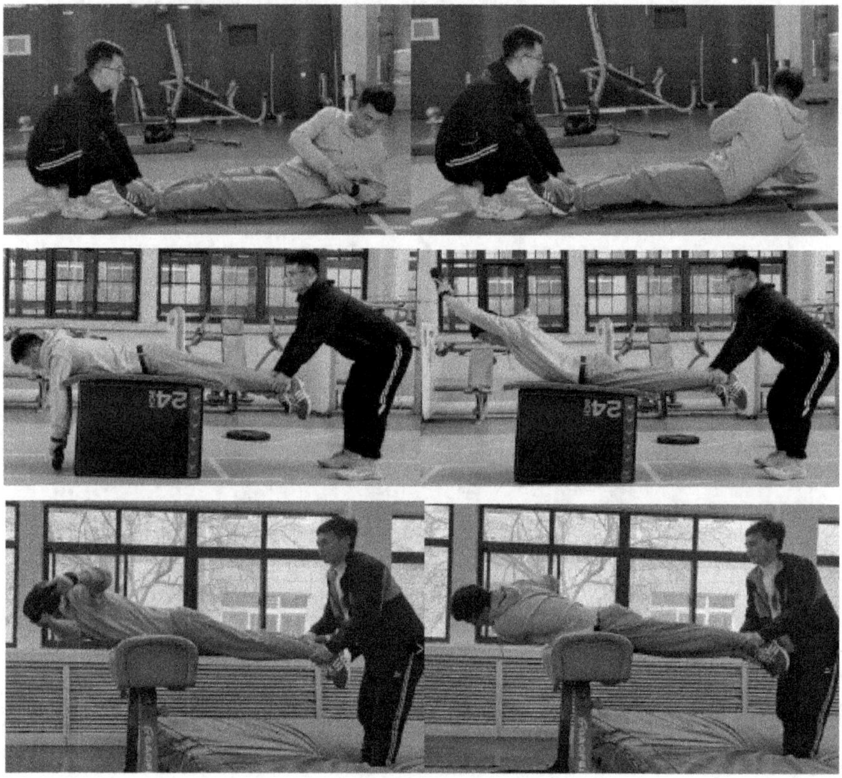

图 6–23　腰腹肌练习

6. 小壶铃转体练习

两手抓紧壶铃或者杠铃片，以髋为轴进行画圆摆动（图 6–24）。这一练习也是掷链球专项训练中经常采用的，主要是提高运动员抡摆器械的能力。这一练习重点强调采用腰髋核心区域的力量对器械进行加速，而且要求器械在运行过程中上肢保持放松。

7. 持铃片抡摆练习

以髋关节为轴，两手直臂持铃片经过体前进行左右抡摆（图 6–25）。这一练习也是掷链球项目中经常采用的练习手段，在整个铃片的抡摆过程中，重点体会重心在两腿之间的变化，器械在运行到体前这一过程中强调手臂的向外伸展动作（使铃片的运行轨迹加大），以及下肢的蹬伸和腰髋的转动。

图 6–24　小壶铃转体练习

图 6–25　持铃片抡摆练习

8. 铃片用力练习

此练习主要是提高运动员最后用力能力，铃片在远端，身体重心在右腿上，和第四圈右脚着地动作相似，通过右脚的蹬转推动身体重心向左侧过渡，带动器械绕体前画大圆运行，直到重心完全到左腿上，从而完成支撑的用力动作（图6–26）。

图6–26 铃片用力练习

9. 实心球用力练习

两手持实心球利用两腿伸展和身体的鞭打完成用力动作（图6–27）。实心球和铃片不同的是重量稍轻一些，能做完最后用力的完整动作，重点也是体会用力过程中身体重心的变化，提高用力动作的伸展效果，强调下肢发力的分解动作。

图6–27 实心球用力练习

10. 侧摆铁锤或铁棒

身体呈站立姿势，重心放于右腿上，两手握紧铁棒置于身体右侧，依靠右腿的蹬伸向左腿上推动身体重心，使上下肢形成扭转姿势，向左侧斜上方用力挥动铁棒完成用力动作（图 6–28），重复一定的次数。这一练习和掷链球最后用力动作较为相似，主要体会下肢的用力效果，提高上体在髋关节处的伸展能力，以及整个身体的协同用力效果。

图 6–28　侧摆铁锤或铁棒

11. 胶带用力练习

将胶带固定，两手握住胶带一头，通过蹬转右腿，将身体重心推动到左腿上，完成用力动作（图 6–29）。这一练习也是掷链球项目训练中经常采用的，主要让运动员在胶带阻力下体会最后用力的感觉，不同于其他手段的是胶带给人体一个拉力，和链球最后用力动作较为相似。

图 6–29　胶带用力练习

12. 单手抛壶铃

要求采用单臂，依靠下肢蹬伸和人体转动的力量将壶铃抛出，主要体会下肢的蹬伸用力动作，和掷链球最后用力动作较为相似（图 6–30）。训练中容易出现使用手臂进行抛投的问题。

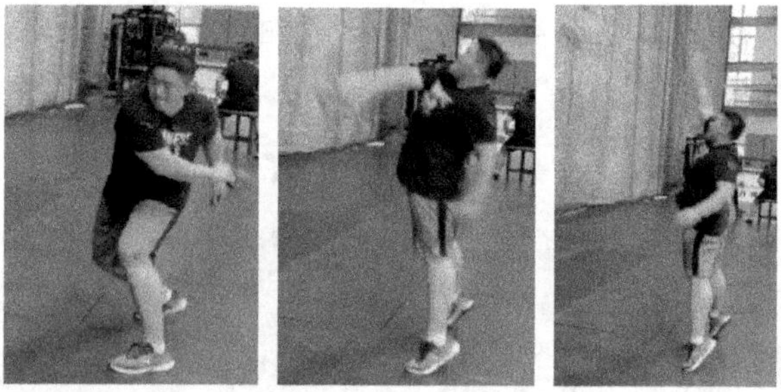

图 6-30　单手抛壶铃

13. 双手体前抛壶铃

在这一练习中，运动员主要体会下肢的蹬伸发力，同时要求整个身体和髋关节伸展用力，两手臂在动作过程中处于伸直状态，依靠身体带动完成器械的抛掷（图 6-31），对提高下肢的蹬伸能力和腰腹肌伸展能力都有一定的作用。

图 6-31　双手体前抛壶铃

14. 杠铃转髋练习

两手直臂持杠铃，依靠下肢的蹬转送髋使杠铃经过体前向另一侧运动（图 6-32）。要求在髋关节和身体重心转动的基础上带动杠铃转动，特别是髋

图 6-32　杠铃转髋练习

关节的左右转动，主要提高运动员带器械转动的能力，以及核心区域的稳定性，训练强调髋关节转动的时机和两腿在转动过程中的蹬转效果。

15. 负重交换脚跳

负重杠铃，两脚前后交叉跳跃（图 6–33），动作过程中强调上肢直立，跳动幅度不要过高，身体重心始终在两腿之间，练习主要是提高踝关节的屈伸能力和身体核心部位的稳定性。

图 6–33 负重交换脚跳

16. 杠铃片抡摆

将铁丝绑在杠铃片上，先进行左右的抡摆，然后再进行绕身体的抡摆（图 6–34），动作过程中主要体会身体重心在左右抡摆时的变化，以及身体带动器械运动的用力效果，提高人体对抗器械的能力。

图 6–34 杠铃片抡摆

17. 单手划船

两脚前后开立，呈 90 度弓步，后腿跪于地面，身体重心落到两腿之间或者靠近前腿，左手抓住绑着胶带的木棍，右手向上举小的壶铃（图 6–35）。左臂向后拉壶铃，主要体会依靠身体重心向后移动来拉动胶带，以及重心的变化和胶带给人体的拉力。

图 6-35　单手划船

18. 两手夹抱杠铃片转动

手掌掌心相对，依靠两手臂的力量夹住杠铃片，体会身体的转动（图 6-36），该动作对运动员的能力要求比较高，可根据自身情况适当减少杠铃片的重量。该练习主要提高两臂之间的对抗能力，还对整个上肢的稳定性也起到锻炼的效果，练习中不但要克服杠铃片向下的重力，同时要完成身体的左右转动动作。

图 6-36　两手夹抱杠铃片转动

19. 负重杠铃下蹲

杠铃置于肩上，将胶带固定，一头绑在杠铃的右侧铃片上，膝关节弯曲，上体保持正直，依靠髋关节的转动带动身体左右转动（图 6-37），在身体转动到最大限度后，胶带会给杠铃一个拉力。这一练习对提高腰髋的转动能力和稳定性有一定的作用。

图 6-37　负重杠铃下蹲

20. 转体用力抛片

两手抱杠铃片，身体重心落在右腿上，身体向右侧转动，形成超越的身体姿势，依靠右腿的蹬伸发力，推动身体重心转动完成用力动作（图 6-38），然后在身体转动加速的基础上将杠铃片沿着用力的方向抛出。

图 6-38　转体用力抛片

21. 负重台阶练习

上体保持正直，杠铃置于肩上进行台阶练习（图 6-39），提高踝关节、膝关节、股四头肌、臀大肌、腓肠肌的屈伸能力，以及行进间核心躯干的稳定性。

图 6-39　负重台阶练习

22. 杠铃转体用力练习

利用杠铃杆模仿最后用力动作，依靠身体的转动带动杠铃运动（图 6-40），练习中强调下肢的蹬转用力，上体在髋关节处完成伸展，体会下肢的发力顺序。此练习有利于提升两臂之间的用力平衡，克服左肩提前转动用力的问题（撤左肩）。

图 6-40　杠铃转体用力练习

四、器械感觉的训练

器械感觉也就是我们通常所说的球感，对器械重心变化的感知觉能力，类似于生活中用扁担挑水，对两只盛满水的桶在行进中的感知和控制能力。器械感觉在掷链球中具有重要的作用，关系到人体对器械的控制能力以及对重心变化规律的把握，我国教练员和运动员对这一方面的训练非常少，没有引起足够的重视。在掷链球旋转过程中对器械感觉的好坏和技术有直接关系，特别是对器械的控制能力，在第三、四圈中尤为重要，这种控制能力不强是我国选手第三、四圈对器械持续加速能力偏低的一个原因。

1. 对器械重心变化感觉训练

多个链球，腰髋后吊两个，两个肘关节处各吊一个，膝关节弯曲，向前慢慢行进（图 6–41），人体和链球的摆动相协调前进，否则行进过程会比较艰难。这个练习关键在于体会和利用器械摆动中重心的变化。

图 6–41 对器械重心变化感觉训练

2. 体会球体晃动练习

将杠铃杆置于肩上，用铁丝把两个 7.26 公斤的链球吊在杠铃杆两头，先将两个链球前后晃动，利用链球晃动过程中的重心变化向前行进（图 6–42）。该练习强调人体跟着链球的重心移动，和链球形成协调的用力，感知链球重心的变化和位置。

图 6–42 体会球体晃动练习

3. 吊球转髋练习

在髋的两侧各绑一个链球，两臂伸展维持身体平衡，要求摆动腿围绕支撑腿中线前进，依靠摆动腿及髋关节的转动带动链球向前悬摆，并在脚着地后进行控制，依次交换腿进行（图 6–43）。该练习强调摆动腿着地要在支撑腿中轴线上，以髋关节的转动带动器械前进，提高人体对器械位置以及重心的控制能力。

图 6-43　吊球转髋练习

4. 吊球下蹲练习

两脚左右开立，与肩同宽，将杠铃置于肩上，两侧各悬吊一个链球，利用身体的前后摆动，将两个链球向前后两个方向进行摆动（图 6-44），也就是说，右侧链球向前摆的同时左侧链球向后摆，形成在身体平行轴之间进行交叉的前后摆动运动。身体随着链球摆动的节奏慢慢向下蹲，膝关节自然弯曲，然后再缓慢伸直，上体保持正直。这一练习主要感受两边的链球向不同方向摆动的变化对身体重心的影响，提高膝关节在身体重心移动中的屈伸能力，以及身体控制器械的能力。

图 6-44　吊球下蹲练习

5. 吊球摆动练习

这一练习采用的器械和吊球下蹲练习相同，不同的是两臂伸直，将杠铃置于体前，上体直立（图 6-45），要求体会两球前后摆动对重心的影响，难点还是一个球向前摆的同时另一个球向后摆，摆动的方向相反，训练人体对器械的肢体感觉。

图 6-45　吊球摆动练习

6. 在振动器上收拉（体会震动过程中用力的感觉）

将链球拴在能伸缩的振动器上，一只手或两只手抓住链球的把手环，在振动的状态下把器械向身体的方向拉（图 6-46），体会器械在不稳定状态下给人体的力量。此练习可以提高人体对抗器械的能力，因为在掷链球旋转过程中，链球始终给人离心力。

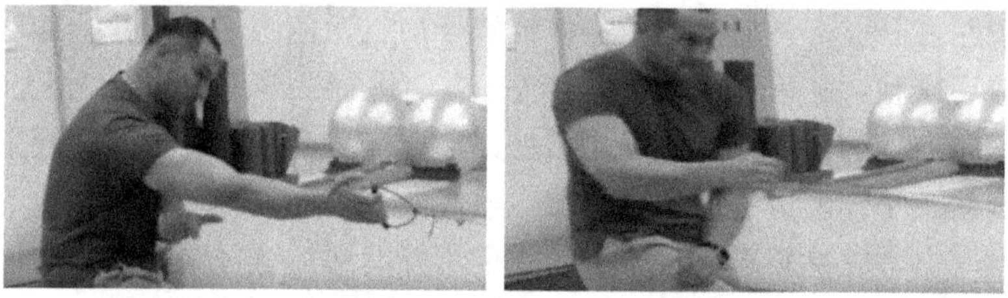

图 6-46　在振动器上收拉（体会震动过程中用力的感觉）

五、专项速度的训练

1. 持球多周转训练（八圈以上）

进行多周转练习要求脚下快速转动，两臂伸直，上肢放松，特别是肩关节周围肌肉（图 6-47）。练习采用的一般是轻器械（女生 2 公斤、男生 3 公斤），主要以发展脚下的快速反应能力及快速蹬转和着地的能力。从项目属性上分析，女生应该多采用这一方面的练习，这对提高右脚在旋转中的反应能力具有良好的作用。练习中要求脚下蹬转要快，器械速度逐渐增加，旋转圈数不限制，越多越好，直到没有办法再进行转动。

图 6-47 持球多周转训练（八圈以上）

2. 两腿绕跨栏架练习

摆 4～5 个栏架，间距适中，迅速抬腿跨过栏架后快速着地，然后进行另一侧腿的绕跨，也可以前后交叉进行（图 6-48），要求着地绕栏速度要快，脚着地的时间短。该动作主要发展运动员腰髋的快速反应能力，在掷链球旋转中腰髋的反应和快速运动能力直接决定了技术完成的效果。我国链球教练员往往不太注意这一方面的训练。

图 6-48　两腿绕跨栏架练习

3. 跑跳类练习

发展专项速度的还有 20 米跑、30 米跑，以及立定跳远、三级蛙跳、五级蛙跳等练习，但在训练中要注意对运动员膝关节的保护，链球运动员一般左膝关节容易受伤。

第七章 掷链球体能训练

体能是运动员竞技能力总体结构中最重要的因素之一，是其他竞技能力要素的基础，体能训练与技术训练、战术训练、心理训练构成一个完整的训练体系。

体能是运动之本，而肌肉力量是运动的动力源泉，不管是什么运动项目，离开体能都无从谈起。体能训练几乎是一切体育运动的基础，体能是保障运动技能表现的物质基础。特别是体能主导类运动项目，体能的好坏决定着比赛的胜负成败[99]。现阶段我国竞技体育训练越来越重视体能，国家体育总局在 2020 年公布了对参加东京奥运会的运动员实行体能标准考核，体能不达标的运动员没有资格代表国家参加奥运会，而且 2021 年全运会也实行了体能门槛的考核标准，竞技体育训练对体能的要求达到了前所未有的高度。

具体来说，体能训练是以力量训练为基础的身体素质训练，力量素质是所有身体素质的核心，力量训练是体能训练的核心。通过系统的力量训练使肌肉的专项力量得到提高，并促进速度、耐力和灵敏等素质的提高。

不同的田径项目对运动员身体的有关能力和相应的身体素质要求不同，投掷项目是展现人体力量的运动，根据项目的属性和特点，投掷项目属于体能主导类的速度力量型项目，所以不论专项力量训练还是体能训练，速度力量都是核心，要紧紧围绕运动员提高成绩所需要的专项能力进行训练。

第一节　投掷项目运动员体能训练的注意事项

一、力量与专项技术的结合

一般力量是人体整个肌肉系统完成任何动作所需的基础力量，也就是肌肉的最大力量，通常运用杠铃进行抓举、挺举、卧推、深蹲、半蹲等练习，还有运用哑铃或轻杠铃进行手、臂、肩、腹内外、小腿等部位的小肌肉练习。这些练习正如定义所讲，它是完成动作的基础力量，是完成技术的保障。

专门力量是练习动作与专项技术动作有整体或局部相似性的力量练习。在具备了一般力量的基础上可通过重物，如壶铃进行旋转、最后用力等分解动作的练习，使一般力量逐步转化成被技术所用的专项力量，国外的部分学者认为专门力量是基础力量和专项力量的中间过渡力量。

专项力量是指严格符合专项技术的要求所表现出的力量，也就是前两者转化而成的，有利于提高链球成绩的有效力量，这是力量素质与技术的融合，是在运动成绩中起决定性作用的重要条件。在实际训练中应该注重以上各项训练的合理安排和有机结合。

二、速度与力量的结合

速度是指人体快速反应和运动的能力，包括动作速度、反应速度、移动速度。以掷链球运动为例，掷链球所需要的速度包括转动的位移速度、右脚落地后的蹬转的反应速度，以及最后用力鞭打的动作速度。研究表明，链球运动员纵跳、立定跳远的成绩和 20 米跑的速度与专项运动成绩均呈显著的正相关关系。这一研究结果有力地证明了链球运动员的成绩受下肢爆发力的影响。跳跃力量练习是发展腿部爆发力的有效练习手段。该类练习是投掷运动员力量练习中必不可少的练习手段，是完整训练计划的重要组成部分。此外，更接近专项的练习手段还有蹬转纵跳练习，如利用沙坑两级跳来提升滑步节奏和落地反应速度，20 米连续滑步练习可以提高位移速度。

三、耐力、柔韧性、灵敏性与专项训练的结合

掷链球对于耐力要求并不高，主要是比赛中每次全力一掷所需要的速度力

量耐力和整场比赛所需要的体力。高强度的比赛要求运动员每次试掷都要全力以赴，这会导致运动员的神经疲劳，因此应在训练中主动采用比赛法或模拟比赛法进行训练，从而保证运动员在比赛中有更好的发挥。

柔韧素质是指跨过关节的肌肉、韧带、肌腱等软组织的伸展能力及弹性，即关节活动幅度和范围的大小。柔韧训练要与专项训练紧密结合，这样才能达到事半功倍的效果。例如拉橡皮带蹬转，此练习比较接近于专项技术，可以帮助运动员更好地处理柔韧与力量的矛盾。

灵敏性是指在各种突然变换的条件下，运动员能够迅速、准确、协调地改变身体运动的空间位置和运动方向，以适应变化着的外部环境的能力。高大强壮的投掷项目运动员，将力量、速度等素质有效地转化为专项体能，也就是迅速、准确地由滑动到最后用力的位置上的能力，以及在最后用力时协调地由下而上、快速地将力传导至器械的能力。因此，训练中需要多做一些髋部的转动练习，如抓杠向上或向前顶髋、波浪起等来发展髋部灵活性。

四、核心力量训练

核心肌群由腹直肌、腹横肌、背肌、腹斜肌、下背肌、竖脊肌以及髋关节周围的肌肉（臀肌、股后肌群）构成。任何竞技项目的技术动作都不是依靠某单一肌群就能完成的，它必须动员许多肌肉群协调做功。核心肌群在此过程中担负着稳定重心、环节发力、传导力量等作用，同时也是整体发力的主要环节，对上下肢的协同工作及整合用力起着承上启下的枢纽作用。在投掷项目中有力的核心肌群才能确保肢体在运动过程中保持正常的身体姿态，而且深层小肌肉群对身体起着关键的保护作用。

投掷项目运动员应该比以往更加注重核心区域的肌肉力量练习，通过发展核心肌群来提高专项能力的利用率以及给运动员提供必要的保护。在保证运动员能力水平不下降的原则下，可采用如仰卧挺髋、仰桥、腿臂交叉两头起等练习，或进行如瑞士球、平衡球、平衡板、悬吊绳等器械训练，还可以采用杠铃进行负重转体、划船等核心部位的肌肉力量练习。

一名优秀的投掷类运动员不仅要有良好的战术和心理素质，还要进行力量、速度、耐力、柔韧性、灵敏性及核心力量方面的训练，并要结合运动员自身的特点，采取有针对性的方法和手段进行体能训练，争取在比赛中取得更好的成绩。

第二节　掷链球项目运动员的体能训练

掷链球项目运动员的体能区别于其他投掷项目最大的特点是，整个投掷过程是在人体处于和器械对抗中完成的，而且人体始终处于非稳定状态下，所以在体能训练中需要较多非稳定状态下的练习动作，从而提高这方面的能力，而且人体在加速过程中始终和器械形成对抗的平衡，所以在身体对抗和不稳定状态下进行加速的能力，是掷链球项目需要的专项体能。

掷链球项目的体能训练是通过自身调整不稳定的身体状态，达到锻炼肌肉的平衡和控制能力以及本体感觉的一种练习方式。

这种训练通常使用健身球、摆动板、泡沫球、平衡盘等器械进行，以增加核心运动能力和稳定性，经常进行这种训练的运动员，其神经肌肉系统的能力远远高于稳定训练。使用不稳定的装置进行训练可以增加机体本体感受能力并刺激核心肌群。

一、悬吊类训练手段

悬吊训练是一种让身体处在高度不稳定状态下进行各种力量练习，通过增强核心力量和核心稳定性来提高体能水平及运动能力的训练方法。悬吊训练主要解决这三大问题：①感觉运动控制；②稳定性（协调）；③肌力问题[99]。

悬吊训练突出了运动感觉综合训练，强调在不平稳状态下进行闭链运动以达到对感觉运动器官的最佳诱发效果。悬吊训练通过强化躯干肌肉及非主导侧肢体的运动能力，加强神经和肌群之间的反馈、统合功能来提高身体在运动中的平衡、控制能力和稳定状态。

1. 悬浮收腹练习

动作方法及要求：身体呈俯卧姿势，双手撑住地面，两手距离与肩同宽，双脚勾住绳子。两腿合并伸直，身体呈一条直线。在收腹过程中，腹部发力，臀部向上滑行并收腿，双腿可稍弯曲，再慢慢还原，背部保持一条直线，上肢保持稳定，依次重复（图 7–1）。

练习目的：在身体非稳定状态下练习背肌和腹肌的屈伸能力。链球在加速过程中，腰腹肌始终处于非稳定状态下的紧张状态，此练习锻炼腰腹肌对抗器械离心力的能力。

图 7–1　悬浮收腹练习

2. 悬浮仰卧屈腿

动作方法及要求：一只脚放置悬吊带中间，或者双脚钩住绳子，两腿并拢，在踝关节处形成一个受力点，肩部置于海绵垫上形成第二个着力点，身体呈仰卧姿势，准备姿势身体在一条水平线上，提膝屈腿呈 90 度，臀部和背部向上挺起呈一条直线，通过屈伸髋关节核心部位来完成动作，左右腿交替进行（图 7–2）。

练习目的：在单腿非稳定状态下锻炼髋关节的屈伸能力，以及腰髋部位肌群的能力。

3. 髋关节非稳定状态下左右分腿

动作方法及要求：采用两条悬吊带，两脚踩住悬吊带，两腿左右分开形成两个平衡的着力点，两手紧握悬吊带上端，使身体平衡并控制动作幅度。依靠髋部肌肉慢慢内收双腿，使两腿逐渐靠近中线，然后再慢慢分开，依次重复动作（图 7–3）。

练习目的：练习髋关节内收的能力和发展肌肉群，对髋关节的稳定性和控制能力有一定的提升作用，掷链球项目旋转中髋关节是人体的核心发力部位，动作完成的质量取决于髋关节的灵活性和稳定性。

图 7–2　悬浮仰卧屈腿

图 7–3　髋关节非稳定状态下左右分腿

4. 髋关节非稳定状态下前后分腿

动作方法及要求：采用两条悬吊带，两腿前后分开，形成两个平衡的着力点，两手紧握悬吊带上端，使身体平衡并控制动作幅度。依靠髋部肌肉力量慢慢使两腿向中间靠拢，然后再反向慢慢分开(图 7–4)，依次重复动作。

图 7–4 髋关节非稳定状态下前后分腿

练习目的：练习髋关节前后方向的稳定性和控制能力，对提高掷链球旋转过程中髋关节的稳定性有一定帮助。

5. 悬吊收腹动作

动作方法及要求：两脚钩住悬吊绳的环扣，上肢自然下垂，肩部后侧着垫子。腹部上卷，头尽量向小腿靠拢，形成团身姿势。然后再缓慢地向下伸展上肢，恢复起始身体姿势（图 7–5)，重复动作。

练习目的：练习腹直肌在非稳定状态下的屈伸能力，难度系数较大，在实际训练中教练员可根据运动员情况做一定要求。

图 7–5 悬吊收腹动作

6. 悬吊上肢扩胸和侧拉

动作方法及要求：两手抓紧悬吊绳，上体前倾 60 度，可根据情况调整上体前倾幅度控制动作难度，上体前倾幅度越大，难度系数越大。当身体保持倾斜姿势平稳后，两手缓慢地向身体两侧伸展，手臂保持伸直，然后再缓慢收回，回到起始姿势（图 7–6)，重复以上动作。

练习目的：肩关节在非稳定状态下完成这一动作可以提高肩关节内收和外展的能力，增强胸大肌和三角肌的肌肉力量。掷链球过程中稳定的肩带肌肉有利于保持身体和器械之间形成的对抗平衡，同时对预防受伤有一定的作用。

图 7-6　悬吊上肢扩胸和侧拉

7. 单腿立蹲

动作方法及要求：单脚站立于平衡盘上，身体重心置于支撑腿上，慢慢弯曲膝关节下蹲，异侧腿慢慢抬起维持身体平衡，当膝关节弯曲 100～120 度时，保持 2～3 秒，再慢慢站立，重复 5～6 次后，换另一侧腿，动作相同（图 7-7）。

练习目的：提高非稳定状态下膝关节的稳定能力及屈伸能力，在一定程度上还有预防膝关节伤病及恢复膝关节功能的效果。

8. 悬吊带髋内收

动作方法及要求：身体呈侧卧姿势，右腿放置于悬吊带中间的环扣中，可以置于膝关节处，也可以增加难度放置于踝关节处。随后两腿逐渐靠近，使身体形成侧平直状态，两侧交替进行（图 7-8）。

练习目的：提高髋关节内收和外展的能力，进一步增加髋关节在冠状面运动的稳定性和灵活性，同时还有帮助伤病恢复的作用。

图 7-7　单腿立蹲

图 7-8　悬吊带髋内收

9. 悬挂侧面髋关节屈伸

动作方法及要求：两脚放置于悬挂带上，身体呈侧卧姿势，控制身体使髋关节上下起伏，两侧交替进行（图 7-9）。

练习目的：提高髋关节周围肌肉外展和内收的力量，达到稳定髋关节的目的，可以根据自身能力缩小支撑点的距离来达到控制难易程度的目的。

图 7–9　悬挂侧面髋关节屈伸

二、健身球类练习

1. 健身球转髋

动作方法及要求：跪于弹力球上，两手撑地，分开距离与肩同宽。保持上体姿势不变，向一侧转动膝关节，使髋关节完全打开，另一侧膝关节紧贴弹力球形成支点（图 7–10），然后向相反方向完成另一侧动作，两腿交替进行。

图 7–10　健身球转髋

练习目的：在非稳定状态下练习髋关节的外展能力，对提高髋关节和核心躯干的稳定性有一定帮助。掷链球过程中对髋关节外展和内收的能力及以髋关节为核心的躯干稳定性要求都比较高，该动作可有效提高髋关节的稳定性和灵活性。

2. 健身球屈伸髋

动作方法及要求：身体呈俯卧姿势跪于弹力球上，关节弯曲，两手撑地，分开距离与肩同宽。保持上体姿势不变，髋关节缓慢伸展，整个身体尽量保持平直，然后向左侧转动臀部的过程中向身体方向收腹，使髋关节在转动过程中完成屈髋的动作（图 7–11），再完成另一侧动作，两个方向交替进行。

练习目的：在非稳定状态下提高髋关节的稳定性及灵活性，对腰腹肌力量也有一定的提高作用。

图 7-11　健身球屈伸髋

3. 健身球持片转体

动作方法及要求：以后背为支撑点平躺于弹力球上，膝关节弯曲呈 90 度，两手持杠铃片，保持手臂伸直。向左侧慢慢转动上体，使右侧的腹直肌被牵拉，下肢保持不变（图 7-12），左右侧交替进行。

练习目的：提高身体处于非稳定支撑条件下两侧腹直肌的收缩能力，对髋关节的转动能力也有促进作用。掷链球旋转的单支撑阶段腹直肌的柔韧性对右脚着地时机有直接影响，该动作可有效提高双支撑阶段下肢对上肢的超越效果。

图 7-12　健身球持片转体

4. 健身球挺髋

动作方法及要求：双脚并拢置于健身球上，形成一个着力点，另一个着力点为颈部后侧，双手撑地，向上挺髋，使身体呈仰卧姿势，达到平衡状态后保持 3～5 秒（图 7-13），可以在一定程度上抬起一侧腿，增加动作难度。

图 7-13　健身球挺髋

练习目的：提高髋关节的伸展能力，特别是两个支点都处于非平衡状态下的髋关节的屈伸能力，对以髋为核心的身体的稳定性也有提升作用。掷链球过程中髋关节的稳定和周围肌肉的力量对技术及专项能力影响较大。

5. 健身球转髋

动作方法及要求：一只脚以踝关节为支点置于健身球上，上体仰卧于垫子上，另一只脚以髋关节为中心点向一侧扣髋、内收，在达到最大动作限度后，停留 3～5 秒，上肢在动作过程中保持姿势不变，后背始终贴于垫子。摆动腿再向相反方向摆动，使髋外展，当达到最大限度时，一次完整动作完成，再进行另一侧髋关节的转动练习（图 7–14）。

图 7–14 健身球转髋

练习目的：提高非稳定状态下髋关节内收和外展的能力，同时对上下肢扭紧幅度有一定的提高作用。这一动作有利于增加双支撑阶段下肢的超越效果，进一步提高双支撑阶段对器械加速的时间和幅度。

6. 健身球前屈

动作方法及要求：身体坐于健身球上，上体保持直立姿势，两手握住杠铃，在非稳定状态下，上体缓慢前倾，当腹部贴紧大腿后慢慢向上抬起上体（图 7–15），重复一定的次数，杠铃重量不能过大。

图 7–15 健身球前屈

练习目的：提高髋关节的屈伸能力，对背部肌肉和腹肌有一定的锻炼作用，这一动作是在下肢非稳定状态下进行的，髋关节的控制能力和稳定性都能得到提高。

7. 仰卧举腿

动作方法及要求：身体仰卧于垫子上，一只手抱头，另一只手持橡胶球，膝关节弯曲 90～120 度，脚着地，持球手的异侧腿伸直缓慢向持球方向收腿，用脚碰球，然后还原，重复 5 次后换另外一侧手持球，动作相同（图 7–16）。

练习目的：锻炼腹外斜肌和腹直肌的收缩能力，提高髋关节的屈伸能力。

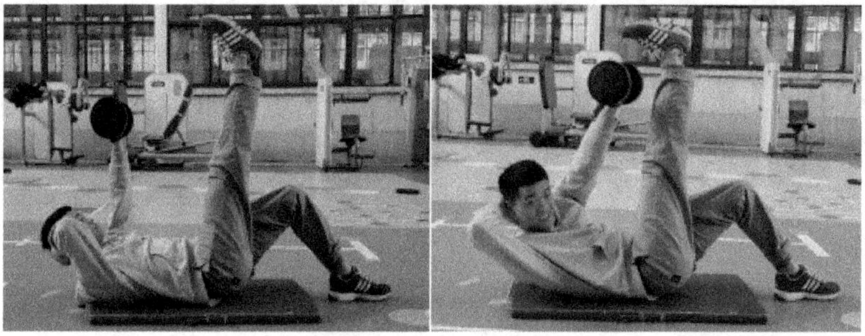

图 7–16　仰卧举腿

8. 健身球上非对称抬腿

动作方法及要求：坐于健身球上，两脚自然着地，手握壶铃（不建议过重），向上举手臂，异侧手臂向后摆动，异侧腿抬起收腹，然后换另一侧手臂上举，动作相同，方向相反（图 7–17）。

图 7–17　健身球上非对称抬腿

练习目的：锻炼身体在非稳定状态下收腿和手臂上举动作的协调配合，提高髋关节屈伸能力。

9. 健身球上卧推哑铃

动作方法及要求：身体呈仰卧姿势，躺在健身球上，两脚略宽于肩着地，膝关节弯曲 90 度角，身体保持平衡，两手握哑铃，向上做卧推的动作（图 7–18），重复一定的次数。

练习目的：体会上体在不稳定状态下推举发力动作，有效提高控制身体左右晃动的能力，以及胸大肌、肱二头肌的屈伸能力。

图 7-18 健身球上卧推哑铃

图 7-19 健身球俯卧撑

10. 健身球俯卧撑

动作方法及要求：两脚并拢，形成支撑点，手臂伸展，撑于健身球上，身体呈俯卧姿势，向下弯曲手臂做俯卧撑，整个身体保持紧张状态（图 7-19），重复一定次数。

练习目的：提高身体非稳定状态下上肢特别是肩关节的稳定性，同时对保护肩关节有一定的效果。

11. 健身球上哑铃上举

动作方法及要求：身体坐于健身球上，上肢保持直立，两脚着地，两手握哑铃侧平举，肩部用力，手臂保持伸展状态（图 7-20），重复 5～10 次。

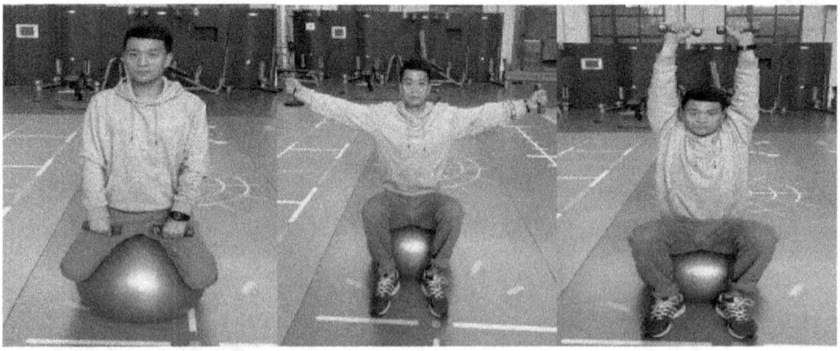

图 7-20 健身球上哑铃上举

练习目的：提高非稳定状态下控制身体的能力，锻炼肩关节周围肌肉，该动作的特点是重心在弹力球上，下肢处于非稳定的状态，练习还可以到保护肩关节的作用。

12. 健身球上提拉壶铃

动作方法及要求：骑于健身球上，大腿紧贴球体，两腿弯曲向后伸，脚尖点地，上肢保持正直，两手握壶铃屈臂在体前向上提拉，当达到与肩平行的位置时，缓慢下放，一次提拉动作完成（图 7-21）。

练习目的：主要提高非稳定状态下核心区域控制稳定的能力，同时提高胸大肌和三角肌外展及小臂屈伸的能力。

图 7-21　健身球上提拉壶铃

13. 弹力球上双手前抛

动作方法及要求：身体仰卧于弹力球上，两脚着地形成支点，将弹力球置于身体后侧的腰部，两臂伸直，手掌向上并拿住实心球，上体向后仰，胸大肌和肩关节完全打开，依靠腰部的支撑点向前完成抛射的动作（图 7-22）。

练习目的：主要体会腰髋发力的前抛动作，对提升腰腹肌及胸大肌的力量有一定的作用，特别是上肢在非稳定状态下进行这一动作的练习，提高了控制身体稳定的难度。

图 7-22　弹力球上双手前抛

14. 健身球上俯卧撑

动作方法及要求：这一动作和平时的俯卧撑最大的区别在于双脚是在非稳定状态下进行的，增加了动作的难度，训练中可根据情况调整难度，一只脚在弹力球上，另一只脚悬空的难度更大一些（图 7-23）。

练习目的：提高非稳定状态下对身体的控制能力，增加胸肌、肩三角肌、上背肌、肱二头肌等肌肉的能力，由于脚的支点处于非稳定状态，俯卧撑时身体重心更靠近手臂，提高了动作的难度。

图 7–23 健身球上俯卧撑

15. 健身球上屈髋

动作方法及要求：两手撑地与肩同宽，身体呈俯卧姿势，两脚放置在健身球上，身体保持水平状态，缓慢收腿，向手臂方向拉动健身球，达到最大限度后开始还原（图 7–24），重复一定的次数。

练习目的：这一动作是身体在非稳定状态下进行的屈髋练习，对腰腹肌及控制能力的提高都有很好的效果，提高腹直肌在不稳定状态下固定收缩的能力，同时还有预防伤病的作用。

图 7–24 健身球上屈髋

16. 健身球腰腹肌练习

动作方法及要求：两脚站立，膝关节伸直，上肢前倾，两手臂伸直放置在健身球上，向前缓慢推动健身球，身体逐渐呈俯卧姿势，在达到最大限度后，开始向后收拉健身球，还原动作（图 7–25），一次可以重复一定的次数。

图 7–25 健身球腰腹肌练习

练习目的：主要练习非稳定状态下腰腹肌的力量，对提高核心区域控制能力和稳定性有一定的促进作用，还可以提高髋关节的屈伸能力。

17. 非稳定状态下卧推

动作方法及要求：两脚置于健身球上，头部放于垫子或者木制台阶上，身体呈仰卧姿势，后背完全空出，两手握紧杠铃杆（重量不能过大），向上做卧推练习（图 7–26）。

练习目的：主要提高身体在无支撑状态下的卧推能力，和以往的卧推不同的是身体处于悬空状态，在向上推的同时，还需要腰腹肌用力控制身体平衡，而且背部没有着力点，增加了卧推的难度，可以提高协调用力的效果。

18. 单腿下蹲

动作方法及要求：一只脚的脚背放于健身球上，另一只脚着地，膝关节弯曲 90～120 度，慢慢下蹲，身体重心置于两腿之间，两手前伸维持身体平衡，达到平衡状态后再缓慢站起，两腿交替进行（图 7–27）。

练习目的：提高身体在非稳定状态下膝关节的稳定性和屈伸能力，在掷链球旋转过程中左腿膝关节始终处于 130 度左右的弯曲压紧状态，膝关节的稳定性十分重要。

图 7–26　非稳定状态下卧推

图 7–27　单腿下蹲

三、垫上类训练

1. 滚筒训练

动作方法及要求：身体呈侧卧姿势，右手撑地形成支撑点，右腿伸直，右腿外侧置于滚筒上，左腿前伸，在髋关节处交叉，慢慢使右腿在滚筒上上下滚动（图 7–28），随后交换另一侧，动作相同，方向相反，重复一定的次数。

练习目的：主要刺激大腿外侧肌肉筋膜，提高肌肉的工作效率。

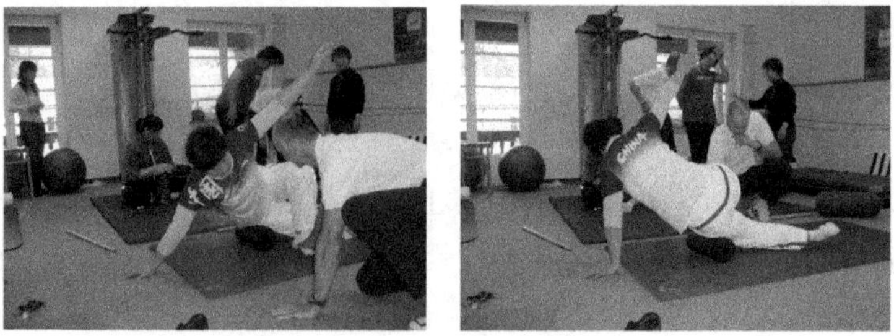

图 7-28　滚筒训练

2. 垫上收腹举腿

动作方法及要求：身体呈仰卧姿势，后背着地，向上挺髋，另外一人两手向下按住两侧髋关节，使髋关节在对抗中完成这一动作，然后慢慢收回（图 7-29），重复 10 次为一组。

图 7-29　垫上收腹举腿

练习目的：提高髋关节在对抗中的伸展能力，以及腰腹肌的收缩效果，对髋关节周围肌肉康复有一定的效果。

3. 仰卧抬腿

动作方法及要求：身体仰卧于垫子上，两手抱头，背部着地，收腹向上缓慢举腿，两侧交替进行（图 7-30）。

练习目的：主要提升腰腹肌的收缩效果，提高髋关节的屈伸能力。

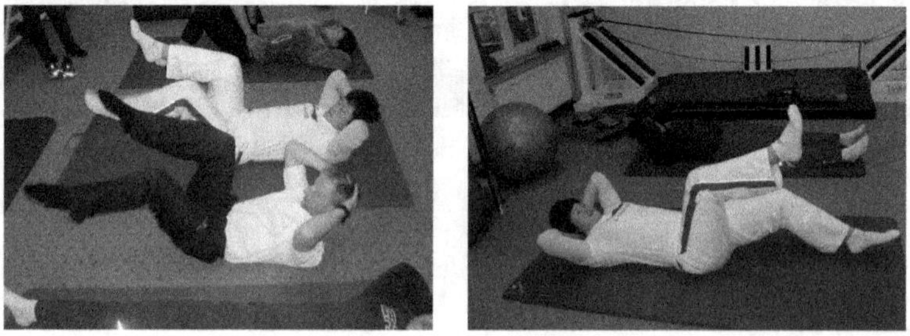

图 7-30　仰卧抬腿

4. 侧卧前摆腿

动作方法及要求：身体侧卧于垫子上，膝关节不能弯曲，向前缓慢伸腿，左右两腿交替进行（图 7-31），重复 10 次为一组。

练习目的：提高身体侧卧姿势下髋关节的屈伸能力，对髋关节周围肌肉的稳定性有一定促进作用。

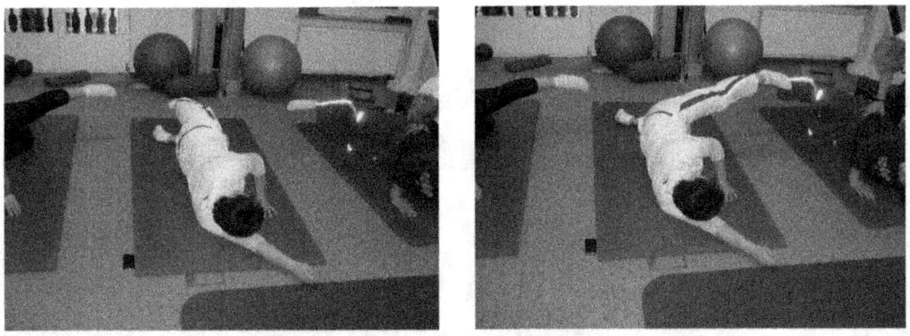

图 7-31　侧卧前摆腿

5. 俯卧伸腿

动作方法及要求：身体俯卧于垫子上，上肢保持不动，一侧腿尽力缓慢向后伸展，达到最高位置停顿 2～3 秒，两腿交替进行（图 7-32）。

练习目的：提高髋关节的伸展能力，特别是对拉伸股四头肌有一定的效果，还有提升背部肌肉收缩能力的作用。

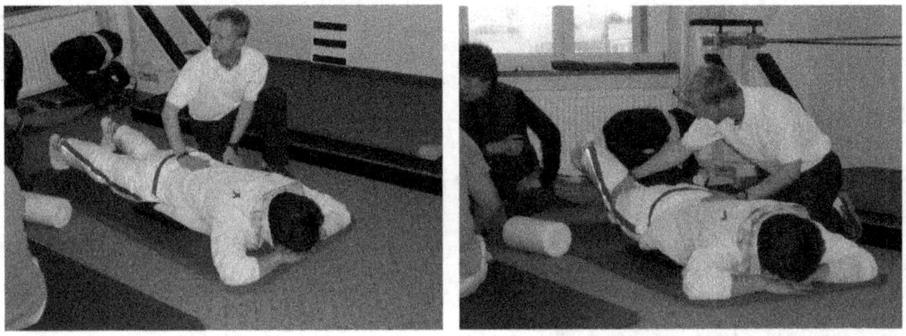

图 7-32　俯卧伸腿

6. 身体平衡动作

动作方法及要求：俯身跪于垫子上，腰椎保持自然伸直，缓慢抬起异侧手和腿，使身体保持在同一个水平面内，肘与膝在平面内屈曲靠拢并接触，然后恢复起始姿势（图 7-33），每侧重复 3～5 次。

练习目的：主要提升运动员肩关节、髋关节及上下肢在联合动作中多个平面上的稳定性，对提高身体的控制能力有一定帮助。

图 7-33　身体平衡动作

7. 仰卧挺髋

动作方法及要求：身体呈仰卧姿势平躺于垫子上，两腿膝关节呈 90 度，向上慢慢挺髋（图 7-34），熟练后抬起一侧腿增加难度，两腿交替进行，重复 5～

6 次。

练习目的：提高腹肌、背肌及臀大肌等肌肉的力量，对身体核心区域的稳定性也有一定的促进作用。还可以负重练习，提高训练效果。

图 7–34 仰卧挺髋

8. 跪姿举杠铃片

动作方法及要求：身体跪于垫子上，上体保持正直，腰腹收紧，腰不能晃动，两手持杠铃片向身体斜上方用力举（图 7–35），体会髋部以及腰部的发力，左右交替进行。

图 7–35 跪姿举杠铃片

练习目的：体会腰髋用力，对提高身体在扭转状态下用力有一定帮助，掷链球最后用力动作的方向和此练习相同。

9. 直背体前屈

动作方法及要求：身体呈单腿支撑状态，两手握木棍紧贴后背，慢慢抬起非支撑腿，上体前倾，使身体保持平衡状态，直到身体和地面平行（图 7–36），两侧交替进行。

图 7–36 直背体前屈

练习目的：提高髋关节、膝关节、踝关节的稳定性及周围肌肉的力量，达到控制身体稳定的效果，而且在一定程度上也可以起到预防伤病的作用。

10. 转髋练习

动作方法及要求：两手握紧单杠，手臂自然伸直，两腿膝关节弯曲并拢，以髋关节为轴心向两侧转动膝关节，使上下肢在髋关节处形成扭紧交叉的状态（图 7–37），左右交替进行。

练习目的：提高上下肢在髋关节处的扭紧效果，此练习还可提升腹直肌的收缩效果、髋关节外展和内收肌肉群的力量，掷链球旋转中下肢对上肢的超越幅度对器械加速的效果有直接影响。

图 7–37　转髋练习

四、平衡、稳定类训练

1. 单腿支撑下蹲

动作方法及要求：一只脚支撑，身体重心落于支撑腿上，缓慢下蹲，另一条腿抬起前伸，两臂前伸用于维持身体平衡，身体尽量保持伸直，支撑腿下蹲幅度可根据自身情况决定，越大越好。当下蹲达到最大限度时，缓慢伸展（图 7–38），换另一侧腿。

图 7–38　单腿支撑下蹲

练习目的：提高身体在单脚支撑状态下控制身体平衡的能力，以及膝关节的屈伸能力，锻炼膝关节周围肌群的稳定能力，在一定程度上还可提高伤病治疗的效果。

2. 平衡盘上下蹲

图 7–39 平衡盘上下蹲

动作方法及要求：两脚踩在平衡盘上，身体保持平稳后，弯曲膝关节下蹲，蹲至 90～120 度，上体尽量保持直立，两只手臂前伸维持身体平衡，然后再站立，重复上述动作（图 7–39）。

练习目的：在非稳定状态下锻炼膝关节的屈伸能力和稳定能力，特别是控制身体平衡的能力，掷链球旋转中膝关节的稳定控制能力对技术有直接影响，此练习对保护膝关节具有很好的效果。

3. 滑板上膝关节屈伸

动作方法及要求：一只脚踩在滑板上，另一只脚抬起悬空，两手撑地，身体呈俯卧姿势。踩在滑板上的脚缓慢向后伸，可根据自身情况调节伸展的程度，之后逐渐向腹下收腿，回到起始状态，整个动作过程中背部始终保持紧张状态（图 7–40），两腿交替进行上述动作。

练习目的：这一动作对提高整个核心区域的控制能力有很好的效果，改善身体在非稳定状态下腰腹肌的功能，提升髋关节的弯曲能力。

图 7–40 滑板上膝关节屈伸

4. 俯卧转髋

动作方法及要求：两手直臂撑地，身体呈俯卧姿势，一只脚脚尖着地，异侧腿向侧面伸直，背部保持紧张状态，向后慢慢摆动大腿，与身体平行位置（图 7–41），3～5 次后交换腿进行另一侧动作。

练习目的：提高髋关节外展和后伸的能力，同时对预防髋关节损伤也有重要的意义。

图 7–41　俯卧转髋

5. 侧卧上挺

动作方法及要求：身体侧卧，两脚并拢置于台阶上，一侧肘关节撑在垫子上，身体保持平衡，缓慢向上挺髋，使身体形成弓形，然后慢慢还原（图 7–42），两侧交替进行。

练习目的：提高核心区域的稳定性及控制能力，特别是身体在侧面的运动能力，有利于预防伤病。

图 7–42　侧卧上挺

6. 单腿支撑提拉

动作方法及要求：身体呈单腿支撑，上体前倾，和地面保持平行，支撑腿同侧手臂在胸前收缩提拉壶铃（图 7–43），重复 5～10 次后进行另一侧手臂的练习。

图 7–43　单腿支撑提拉

练习目的：提高非稳定状态下肱二头肌、三角肌、胸大肌的屈伸能力，对提高身体的控制能力也有一定帮助。

7. 行进间负重下蹲

动作方法及要求：肩上置杠铃杆，重量不需要过大，在行进间向下弯曲膝关节，上体尽量保持直立，身体重心落于两腿之间，缓慢下蹲，两腿交换向前行进（图 7-44）。

练习目的：练习膝关节周围肌肉的屈伸能力，以及行进间膝关节的稳定能力，在掷链球旋转过程中左腿膝关节的屈伸能力对技术的好坏影响较大。

图 7-44　行进间负重下蹲

8. 提壶铃单腿下蹲

动作方法及要求：两手提哑铃或者壶铃，身体呈站立姿势，前腿直立，后腿脚面放于垫子或者台阶上，身体保持正直，前腿慢慢向下弯曲，然后还原（图 7-45），重复一定次数后，换腿进行另一侧练习。

练习目的：该动作是在非稳定状态下进行的，动作过程中不但要完成膝关节的屈伸，同时还要控制身体的平衡状态，增加了动作的难度，可以提高股四头肌和股后肌群非稳定状态下的屈伸能力和身体控制平衡的能力。

图 7-45　提壶铃单腿下蹲

9. 单腿支撑抬腿

动作方法及要求：单腿直立，用支撑腿的脚踩住橡皮条一头，两手抓住一头，在支撑腿膝关节处绑一条细的胶带，一人牵拉另一头，非支撑腿弯曲置于体侧。向上抬非支撑腿，两手向上拉胶带，抬腿和拉胶带动作同时进行，另外一人牵拉胶带时力量不要过大，然后换另外一侧进行相同的动作（图 7–46）。

练习目的：主要练习不稳定状态下髋关节伸展的能力，对控制身体稳定性以及保护膝关节都具有很好的锻炼效果，最大的特点是单脚支撑，而且向前也有一个拉力，在支撑腿处于不稳定状态下进行一系列的动作。

图 7–46　单腿支撑抬腿

10. 平衡球练习

动作方法及要求：将平衡球平面朝上，两脚跳到平衡球上，动作要轻，迅速弯曲膝关节降低身体重心，从而控制身体平衡，当身体处于平衡状态后，再跳下进行下一次动作（图 7–47）。

练习目的：锻炼身体的控制能力和稳定能力，同时也有保护膝关节的作用。

图 7–47　平衡球练习

11. 平衡球上提拉

动作方法及要求：将平衡球平面朝上，两脚站于平衡球上，当身体稳定后，两手向上提拉沙袋，要求依靠身体的伸展和下肢的蹬伸力量将沙袋带起来，升至最高点后，下肢迅速屈膝缓冲将沙袋抱住，并慢慢还原（图 7–48），再进行下一次动作。

练习目的：该练习手段难度较大，主要是向上用力蹬伸的同时人体处于非平衡状态，而且在沙袋向高点运行的过程中又需要快速下蹲，对锻炼控制身体稳定和平衡的能力效果较好，可根据自身情况调整难度，还可以发展非稳定状态下膝关节和踝关节的伸展能力，对预防膝关节伤病也有一定的作用。

图 7-48　平衡球上提拉

12. 单腿放球

动作方法及要求：身体呈单腿支撑的直立姿势，右手拿网球向右前方放置，要求保持身体稳定，上体前屈，放置好后动作还原，再重复动作把球拿起（图 7-49），两侧交替进行。

练习目的：主要锻炼控制身体稳定的能力，动作的难度较小，对体重较大的运动员比较适用。

图 7-49　单腿放球

13. 单腿支撑推球

动作方法及要求：单腿支撑踩于平衡球上，另一只脚抬起放于体侧，双手向前推球，当球从墙体上弹回后再进行下一次动作（图 7-50），重复一定的次数。

图 7-50　单腿支撑推球

练习目的：主要提高控制身体稳定的能力，对踝关节、膝关节的能力也有一定的促进作用。

14. 平衡球上屈腿

动作方法及要求：单腿支撑站立于平衡球上，另一侧腿放松置于体侧，身体重心完全落到支撑腿上，膝关节弯曲，支撑腿缓慢向下蹲，两臂和非支撑腿前伸用于维持身体平衡（图 7-51）。

练习目的：提高膝关节和踝关节的稳定性，同时对膝关节非稳定状态下的屈伸能力有一定锻炼效果，也可以预防伤病。

图 7-51　平衡球上屈腿

15. 后蹲拉胶带

动作方法及要求：将胶带一头固定，两手抓紧另一头，向后依靠身体的移动和下蹲的力量将胶带拉紧，手臂伸展，直至后腿跪至垫子上，拉紧后停留 3～5 秒再慢慢还原（图 7-52），然后进行下一次动作。

图 7-52　后蹲拉胶带

练习目的：主要提高控制身体平衡和稳定的能力。

五、跑跳能力练习

1. 跳起前抛球

动作方法及要求：站立于跳台上（不宜过高，否则容易受伤），两手抱实心球，跳跃前先将肩关节完全打开，向前跳跃，在跳跃过程中完成身体前抛实心球的动作（图 7–53），依靠身体的伸展收腹将器械抛出去。

练习目的：该练习是人体在没有支点的非稳定状态下进行前抛动作，难度系数较大，主要依靠收缩腹直肌和胸大肌等肌肉来完成，对提高身体控制能力具有一定的效果。

图 7–53 跳起前抛球

2. 连续跳箱

动作方法及要求：从箱上向下跳时，踝关节适度紧张，脚尖着地的瞬间快速摆臂进行第二次跳跃，要求充分利用两臂摆动和踝关节发力形成合力，跳至箱体上时适当屈膝缓冲，准备下一次跳跃（图 7–54），可以适当多增加几个跳箱。

图 7–54 连续跳箱

练习目的：这类练习较为常见，但动作要求不同，这里主要是提高踝关节快速发力以及整个手臂和腿的协同用力能力，动作过程中强调身体用力的整体性，以及手臂和腿协调一致的发力，提高脚下的快速反应能力。

3. 双手推实心球

动作方法及要求：身体跪在垫子上，两腿并拢，两手紧抱实心球，实心球可以适当增加重量，身体向后仰，利用腰髋发力，向前将实心球推出（图 7–55）。

练习目的：主要体会腰髋部位及整个身体的用力，提高髋关节的伸展能力，对发展髋关节周围肌群及胸大肌前伸的能力都有一定的效果。

图 7–55 双手推实心球

六、灵敏性训练

灵敏素质是指运动员在没有准备状态下急起、急停、变向、再加速的运动能力。爆发力是起动、减速、变向速度的基础。灵敏更强调减速能力（制动力量）及随之而来的减速—加速耦合过程。

根据运动员表现出的灵敏性与专项的关系，灵敏性可分为一般灵敏性和专项灵敏性。根据运动方式的组合不同，灵敏性可以分为闭合性灵敏性和开放性灵敏性。

1. 侧移动作

动作方法及要求：一人拉住胶带，把胶带绑在练习者腰间，练习者向侧面移动，使胶带逐渐拉紧，当达到最大限度后，拉胶带的人可以适当根据移动的速度跟进（图 7–56）。

图 7–56 侧移动作

练习目的：主要提高肢体平移的能力，最大的特点是人体在承受一定外力的情况下进行侧移，即锻炼在非稳定状态下的侧移能力，对提高身体控制能力有一定帮助。

2. 前移动作

动作方法及要求：一人拉住胶带，把胶带绑在练习者腰间，练习者向前跑动，使胶带逐渐拉紧，当达到最大限度后，拉胶带的人可以适当根据跑进的速度跟进（图 7–57），但要始终给练习者一个向后的拉力。

图 7–57 前移动作

练习目的：锻炼人体在跑进过程中克服阻力的能力，由于人体始终承受了一个向后的拉力，所以在跑进过程中不但要克服地面给人体向前的摩擦力，同时还要克服胶带给上肢向后的拉力，两个力的方向相反，所以增加了跑进难度，对提高非稳定状态下控制身体及前移能力都有一定的帮助。

3. 侧向跳台阶

动作方法及要求：身体侧对台阶（不宜过高），两手放置背后，单脚跳上台阶，跳上台阶后两脚落地，接着从台阶的另一侧跳下，然后再向相反的方向跳上（图 7–58），重复一定次数。

练习目的：主要练习身体的侧向跳动能力，这一练习，有利于提高维持身体平衡的能力，还可以提高膝关节和踝关节的屈伸能力。

图 7–58 侧向跳台阶

4. 前后跳小栏架

动作方法及要求：两手放于背后，依靠踝关节的屈伸向前进行跳动，可以适当增加几个栏架，要求在脚着地瞬间快速落地并快速离地，进行下一次的跳动（图 7–59），脚着地的时间尽量缩短，进行有节奏的快速跳越，前后方向依次进行。

练习目的：主要提高踝关节的快速反应能力，掷链球旋转过程中下肢的快速反应能力比较重要，特别是女子项目更为重要一些。

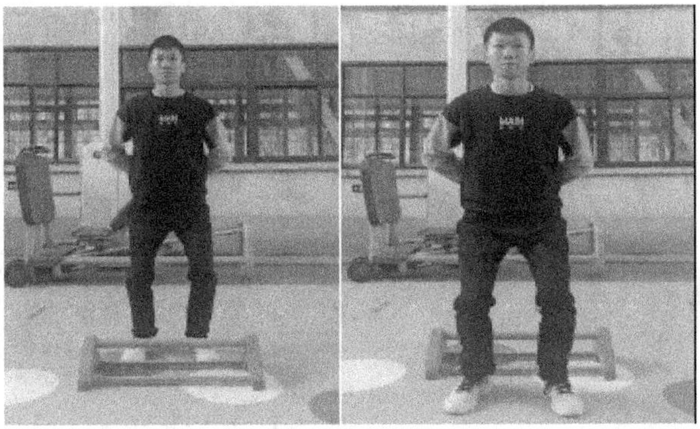

图 7–59　前后跳小栏架

5. 徒手跑台阶

动作方法及要求：快速上台阶练习要求脚着地后踝关节快速蹬离地面迈向下一个台阶，身体重心要及时跟进，快速移动到支撑腿上（图 7–60），台阶不要太高。

练习目的：提高踝关节的快速反应能力及屈伸的能力。

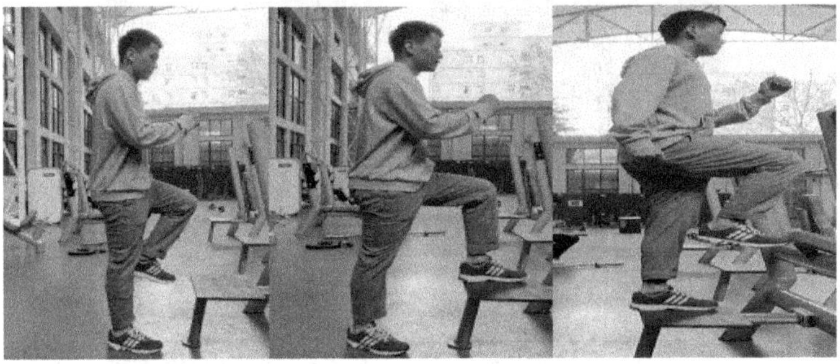

图 7–60　徒手跑台阶

七、腰腹肌练习

1. 坐姿侧抛实心球

动作方法及要求：身体坐在垫子上，两手抱紧实心球，身体向右侧转动，使腰腹肌完全被拉长，依靠上下肢之间扭紧的力量，将实心球抛向左侧的墙壁，当球弹回后接住再进行下一次动作（图 7-61），然后换另一侧进行练习。

练习目的：主要体会上肢的扭紧，依靠腰腹肌拉紧将实心球抛出去，锻炼腰腹肌的力量，同时可以提高转动用力效果。

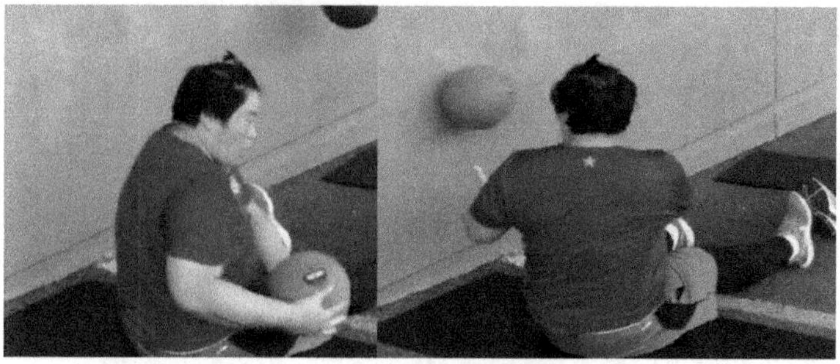

图 7-61 坐姿侧抛实心球

2. 腰背肌练习

动作方法及要求：身体跪在垫子上，上体保持正直，另一人从后面将双腿压住，上体缓慢向前移动，当身体触碰到障碍物后缓慢收回（图 7-62）。

练习目的：主要练习腰背肌肉及控制身体稳定的能力，同时对大腿后侧的股后肌群也有一定的练习效果，平时的训练对于股后肌群的练习较少，所以此部位很容易受伤，这一练习有利于预防伤病的发生。

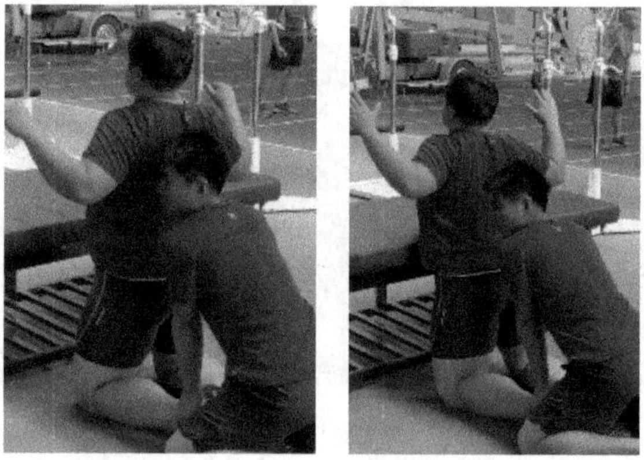

图 7-62 腰背肌练习

3. 胶带后拉

动作方法及要求：两腿跪在垫子上，上体保持正直，将一根胶带绑到固定的物体上，两手抓住胶带的另一头，向后缓慢拉胶带直至最大限度，缓慢还原进行下一次动作（图 7-63）。

练习目的：主要练习肩带肌肉的稳定性，可以提高手臂在肩关节处的上抬能力，对锻炼膝关节周围肌肉及稳定性都有很好的效果。

图 7-63　胶带后拉

4. 两腿夹弹力球转髋

动作方法及要求：身体仰卧于垫子上，两手侧平举放松置于身体两侧，两腿膝关节弯曲将小的弹力球夹住，向左右两侧转髋，上体保持姿势不变（图 7-64）。

练习目的：主要锻炼髋关节外旋和内收的能力，以及对锻炼腹外斜肌、腹直肌都有一定的效果，还可以提高身体核心部位的稳定性和起到预防伤病的作用。

图 7-64　两腿夹弹力球转髋

5. 两手抱球转体

动作方法及要求：身体坐在垫子上，两手抱球向两侧转体，两脚放于地上，支撑点在臀部（图 7-65），转体动作幅度要大，速度不宜过快，重复一定次数。

练习目的：主要提高身体在不稳定状态下上下肢之间的扭紧效果，还可以提高腹外斜肌和腹直肌的收缩能力及对身体稳定控制的能力。

图 7-65 两手抱球转体

6. 抱球两头起

动作方法及要求：身体呈仰卧姿势于垫子上，两腿伸直，双手抱弹力球举过头顶，手臂伸直置于地面，动作开始后双手抱球向前，上抬双腿向手臂靠近，用脚触球，然后再还原（图 7-66），重复一定的次数。

练习目的：提高腰腹肌的能力，使腹直肌在没有固定的情况下完成收缩，达到提高核心部位稳定性的目的。

图 7-66 抱球两头起

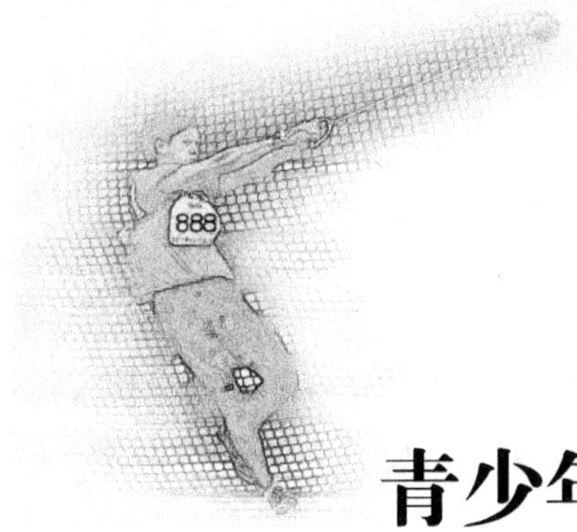

第八章 青少年链球运动员的训练

第一节 链球运动员选材要求

链球运动员要求身材高，体重偏大，体型匀称，指尖距大，具有突出的爆发力，身体协调能力强，平衡能力好，旋转速度快，动作自然放松，旋转节奏明显，加速能力突出等。

选材在链球运动员的培养过程中占有重要地位，包括遗传、身体形态、身体机能、身体素质、技术、心理和发育程度等多方面的综合内容。一般对青少年链球运动员选材的总体要求有以下几方面。

一、遗传因素

除要充分考虑父母身高、体型遗传因素外，还可参考隔辈遗传和近亲遗传因素，以及父母是否有从事和链球有关的速度力量性项目等。

二、身体形态方面

通过观察和科学的检测手段，及时观察运动员的身体形态变化，判断和预测运动员未来是否能成长为具有身高、臂长、肩宽、体壮等特征的运动员。

三、身体素质方面

及时通过测试和基础训练，选择那些逐渐加速能力强、爆发力强，特别是肌肉协调用力能力强、节奏感好、动作放松的运动员。

四、神经类型

掷链球项目运动员不但要求有很好的灵活性，同时也要具有良好的稳定性，这样才能完成快速、稳定的旋转技术，主要是选择灵活型和稳定型的少年运动员。

五、心理素质和智力

链球运动员不但要有良好的心理素质，同时也要具备一定的抗压能力，要选拔那些智力水平高、善于动脑思考、接受能力和事业心强的运动员。

第二节　链球运动员选材阶段划分

根据人体生长发育规律和运动素质发展敏感期的特定要求，我国链球运动员选材基本分为三个阶段：初选阶段（12～13 岁，表 8–1）、重点选拔阶段（14～15 岁，表 8–2）和优选阶段（16～17 岁，表 8–3）。

表 8–1　12～13 岁选材依据和标准

选材依据	1. 考虑运动能力和遗传因素； 2. 身材高大，体形匀称，形体偏宽，指间距大于身高，跟腱较长，脚踝围度小，关节灵活，足弓明显，柔韧性好，动作幅度大的运动员； 3. 喜爱链球，性格开朗、活泼，意志坚强，果断勇敢，模仿力强，具有一定的判断能力； 4. 神经类型为灵活型			
	类别	内容	男	女
选材指标	遗传因素	身体形态 运动能力遗传		
	身体形态	身高（厘米） 体重（千克） 指间距大于身高（厘米）	170 60 3	165 55 2
	生理机能	血色素（克/升） 脉搏（次/分钟） 肺活量（毫升）	110 55～65 3000	100 50～60 3000

续表

	类别	内容	男	女
选材指标	身体素质	起动30米跑（秒） 立定跳远（米） 坐位体前屈（厘米） 两圈旋转掷链球（米）	5.0 2.20 20 （5千克）	5.1 2.00 25 （3千克）
	技术评定	两圈旋转掷链球	动作协调自然、有较强的爆发力和良好的对链球加速的节奏	

表8-2　14～15岁选材依据和标准

选材依据	1. 身体形态符合本项目的要求； 2. 学习动作时接受能力强，善于动脑筋； 3. 身体素质发展全面，有较强的速度力量； 4. 初步掌握完整的四圈旋转掷链球技术，有一定的专项素质； 5. 心理稳定、自控能力较好			
选材指标	类别	内容	男	女
	身体形态	身高（厘米） 体重（千克） 指间距大于身高（厘米）	180 75 5	170 60 5
	身体机能	血色素（克/升） 脉搏（次/分钟） 肺活量（毫升）	120 55～65 4000	110 50～60 3500
	身体素质	起动30米跑（秒） 立定三级跳（米） 后抛铅球（米） 坐位体前屈（个） 原地旋转掷链球（米） 两圈旋转掷链球（米） 四圈旋转掷链球（米）	4.4 7.00 15（4千克） 20 （6千克） （6千克） （6千克）	4.6 6.50 12（3千克） 25 （3千克） （3千克） （3千克）
	技术评定	完整四圈掷链球	旋转技术流畅，链球运行轨迹清晰，动作结构基本合理，对器械加速节奏明显，能很好地利用链球对身体产生的离心力对球加速，爆发力强	

表8-3　16～17岁选材依据和标准

选材依据	1. 身体形态符合项目的要求； 2. 学习动作时接受能力强，善于动脑筋； 3. 身体素质发展全面； 4. 掌握完整的四圈旋转掷链球技术，专项素质水平较高； 5. 心理稳定、自控能力较好			
选材指标	类别	内容	男	女
	身体形态	身高（厘米） 体重（千克） 指间距大于身高（厘米）	180 75 5	170 60 5

续表

	类别	内容	男	女
选材指标	身体机能	血色素（克/升）	12	11
		脉搏（次/分钟）	55～65	50～60
		肺活量（毫升）	4000	3500
	身体素质	起动 30 米跑（秒）	4.4	4.6
		立定三级跳（米）	7.00	6.50
		后抛铅球（米）	15（4 千克）	12（千克）
		坐位体前屈（个）	20	25
		原地旋转掷链球（米）	（7.26 千克）	（4 千克）
		两圈旋转掷链球（米）	（7.26 千克）	（4 千克）
		四圈旋转掷链球（米）	（7.26 千克）	（4 千克）
	技术评定	完整四圈掷链球	四圈加速节奏明显，技术合理，旋转逐圈对器械的加速合理，动作完整、流畅，链球的斜面角逐圈增加合理，各圈动作衔接程度高，旋转与最后用力衔接连贯，没有减速，各圈对器械加速的幅度逐渐增加，链球运行轨迹清晰、圆滑	

一、初选阶段（12～13 岁）

初选阶段是培养优秀运动员的早期阶段，这一阶段的工作直接影响到以后优秀运动员的多少与优劣。初选对象大部分在普通业余体校和中小学，是尚未开始专门训练的少年儿童。

这一阶段对少年运动员的发育类型和发育程度要及时进行鉴别、预测、追踪，区别早熟型、晚熟型，选择那些正常发育、发育高潮持续时间长和身体发育晚的优秀苗子。

此阶段选材的重点是进行家系调查及个人健康状况与运动史的询问，进行发育程度鉴别及发育期长短的跟踪检查，阶段末（13 岁）再进行全面的测试，并根据发育进行评价。

（一）身体形态

身高、坐高、体重、臂展、手长、足长、上肢长、手宽。

（二）身体素质

选拔链球运动员，力量与速度素质同样重要，另外，在选材中其他素质也应尽量全面。可以选择的内容有 30 米、100 米、1500 米、立定跳远、三级立定跳远、原地纵跳、投垒球、后抛铅球。

（三）心理素质

初选时心理素质指标可以不作为重点，只作为辅助参考。

（四）技术方面

重点选择速度、爆发力和旋转连续加速能力及身体协调能力、平衡能力强的少年儿童。

二、重点选拔阶段（14～15岁）

重点选拔阶段是培养优秀运动员的基础阶段，选拔对象大部分是在重点业余体校或体育运动学校，已开始接触链球基本训练。此阶段的主要任务是通过观察基础训练阶段和测定各种指标，进一步选拔部分有发展前途的运动员，为优秀运动员集训队或运动学校重点班选拔苗子。

这一阶段的重点是鉴别发育期长短，评定生理机能，评价身体素质增长速度，观察基本技术接受能力、意志品质及心理素质，在阶段末（15岁）进行选材测试，综合评价运动员从事链球运动的潜力。

重点选拔阶段的第一项就是健康检查，健康检查的内容可以参照平时体检的项目。另外，还要调查所选对象的受伤史、疾病史、遗传病史等情况。

（一）身体形态、生理机能、身体素质和心理素质

身体形态和身体素质都要定期测试，内容与初选基本相同，但更注重速度、力量等能力的培养。另外，在平时的训练和比赛中要观察所选对象的心理素质，这样才能比较全面地进行评价。

（二）运动技术

技术方面要尽量选拔旋转速度快、动作自然放松、旋转节奏明显、加速能力突出的运动员。

（三）发育程度

发育程度鉴定也要定期进行，了解运动员身体发育情况，并测定骨龄。

（四）成绩增长速度

除了对身体形态、身体素质、运动成绩等方面进行定期的测试，还应计算运动员成绩增长速度，根据其1～2年的增长速度，可以对以后4～5年的运动成绩做出预测，原始水平高、提高速度快的苗子最好。要注意的是，有时增长快是身体发育加速造成的，早熟型的运动员的高增长速度是不会持久的。

三、优选阶段（16～17岁）

这一阶段是初步培养优秀运动员专项运动能力的阶段，年龄为16岁左右，优选阶段对象大多在各个省、市的田径管理中心或体育运动学校重点班，经过了几年初期系统训练，表现出了一定的掷链球才能。

这一阶段的主要任务是评价运动员的专项运动能力、身体素质和技术能力，发现和选拔在链球专项上有可能达到世界先进水平的青年作为省、市、国家优秀后备力量。在优选的内容方面，这一阶段应挑选出能够向世界水平冲击的运动员继续从事训练，训练发展水平和心理选材是此阶段的重点。优选可以说是重点选拔的继续和深入，选材内容与重点选拔基本一致，但是所用的参照标准则是世界优秀运动员的标准，要求更严格、更高。

（1）这一阶段运动员除体重外基本都已定型，特别是身高、肩宽、指距，选材应按照优秀链球运动员的形态特征进行判定。

（2）这一阶段运动员应具有良好的协调性、很好的快速力量和专项投掷能力，具有向高水平发展的潜在能力。

（3）这一阶段运动员表现出的技术结构基本合理，动作幅度大，旋转速度快，加速节奏明显，动作流畅，专项意识好。

（4）通过一定的比赛锻炼，具备了一定的专项能力、应变能力和良好的心理素质，并逐渐形成了较强的比赛能力，具有较强的事业心。

四、链球技术要点与分析

掷链球属于典型的非周期、速度力量性项目，按照动作结构分为握法、预备姿势和预摆、旋转、最后用力和维持身体平衡五个部分。

（一）握法（以向左侧投掷为例）

先用左手食指、中指和无名指中段和小指末节将环钩住，拇指关节不弯曲，然后再用右手四个指节紧紧包扣在左手指缝的指根部位，右手拇指扣握在左手食指上，左手食指再扣握在右手拇指上，两拇指交叉相握，成扣锁式握法。

（二）预备姿势和预摆

1. 预备姿势

运动员背对投掷方向，两脚分开与肩同宽或稍宽于肩，脚尖稍向外展，站立于投掷圈内后沿，左脚靠近投掷圈中心线，右脚稍远，两腿弯曲，上体右转并稍前倾，重心落于右腿，链球放在身体右侧圈外稍后方，双手紧扣环柄，两臂伸直。

2. 预摆

为了在旋转前使链球先获得一定的速度，一般都抡摆两周。开始抡摆时，先把链球向前右上拉起，同时将重心移向左腿。当球抡摆至左后方高点时，重心又移至右腿。左脚跟抬起，躯干沿身体纵轴向右下方移动，这时两臂要伸直，以保持最大半径的抡摆。球从左上方向右下方运行时，重心移至左腿，完成第一次抡摆。第二次抡摆的速度要更快些，幅度要更大些，在整个抡摆中髋部要做对抗离心拉力的补偿动作，使身体很稳固地完成抡摆。但值得注意的是预摆的轨迹在一定程度上决定了后续链球运行的轨迹，特别是第二圈的预摆。现阶段掷链球技术要求预摆采用大幅度、高速度的方式进行，要求运动员对器械的加速能力更强，快速进入旋转。

（三）旋转

旋转分为三圈和四圈两种，优秀的运动员大都采用四圈旋转技术，目的是增加对器械加速的轨迹和距离，使器械获得更大的增量和速度。但无论采用三圈还是四圈旋转技术，每圈旋转过程都有双支撑（图 8–1～图 8–2、图 8–4～图 8–6、图 8–8～图 8–10、图 8–12～图 8–14）和单支撑（图 8–2～图 8–4、图 8–6～图 8–8、图 8–10～图 8–12、图 8–14～图 8–16）两个阶段。旋转时投掷者应始终与链球成为一个整体，围绕稳固的旋转轴和较大的旋转半径，在保持良好的身体平衡的情况下变化支撑形式，协调用力，逐渐加速。

图 8–1　旋转第一圈进旋转瞬间

图 8–2　旋转第一圈右脚离地瞬间

图 8–3　旋转第一圈高点瞬间

图 8–4　旋转第一圈右脚着地瞬间

第一圈旋转是在预摆结束后链球到达最低点瞬间开始。此时两腿弯曲，上体保持与地面垂直，身体重心较低，左脚前脚掌积极向左后方转动，右脚跟以前脚掌支撑地面，脚跟外转，使两脚的动作协调配合，推动身体向左移动，这一阶段要求两臂伸直，肩部放松，以身体带动链球向高点运行，左腿有力支撑转动，背和臀部稍向后，当身体转至 90 度时，进入单支撑阶段，此时右脚离地，膝关节弯曲，右髋要围绕转动轴迅速转动，转动时右腿要尽量靠近左膝（图 8–2），以加快下肢转动的速度，当链球运行至最高点时，左脚由外侧支撑转动进入前脚掌支撑继续转动（图 8–3）。随后右腿围绕左腿转动和髋部的积极内转，使髋轴和肩轴形成一定的夹角，形成上下肢之间的扭紧状态，右脚积极着地，使下肢尽可能大地完成对上肢的超越，右脚落地标志着第一圈单支撑阶段的结束和第二圈双支撑阶段的开始。

第二圈以后的各圈旋转动作基本相同，但是由于链球运行的速度不断加快，躯干动作应根据旋转速度的加快而向链球相反的方向更加倾斜，以克服链球速度增加而产生的离心力。由于旋转的速度不断加快，形成一些变化：①链球运行斜面的倾斜度逐圈加大，从第一圈 37～38 度左右，逐渐接近最后用力出手角度。②链球运行的最低点逐圈向右前下方移，最高点向左后上方移。③在旋转中左脚虽然沿一条直线向正对投掷的方向移动，而右脚在向投掷方向的移动中却逐渐向左脚靠近，因此脚的轨迹是一个锥形。第二圈、第三圈、第四圈的旋转如图 8-5～图 8-16 所示。

图 8-5　旋转第二圈低点瞬间

图 8-6　旋转第二圈右脚离地瞬间

图 8-7　旋转第二圈高点瞬间

图 8-8　旋转第二圈右脚着地瞬间

图 8-9　旋转第三圈低点瞬间

图 8-10　旋转第三圈右脚离地瞬间

图 8-11　旋转第三圈高点瞬间

图 8-12　旋转第三圈右脚着地瞬间

图 8-13　旋转第四圈低点瞬间

图 8-14　旋转第四圈右脚离地瞬间

图 8-15　旋转第四圈高点瞬间

图 8-16　旋转第四圈右脚着地瞬间

（四）最后用力

最后用力是掷链球最重要的技术组成部分，它直接关系到出手速度、出手角度和出手高度，右脚在第四圈落地瞬间标志着最后用力的开始，此时运动员下肢对器械形成了最大幅度的超越，髋横轴和肩横轴达到最大扭转幅度，两臂充分伸展，链球在远离身体的右后上方，两膝弯曲，由于最后一圈旋转速度较快，链球高速下行，当到达身体右前方时，弯曲的双腿开始蹬伸，身体重心左移并升高，链球沿身体左侧弧线上行。接着左腿做强有力的支撑，右脚左转蹬送，两腿迅速向上蹬伸，躯干伸展，头向后仰，链球快速运行上升至左肩高度时，双手挥动将球沿着运行的切线方向和理想的角度（42～44 度）掷出。最后用力如图 8-17～图 8-19 所示。

需要注意的是，最后用力动作是旋转的延伸和继续，要以最大的转动半径和角速度来完成它。

图 8-17　最后用力
右脚着地瞬间

图 8-18　最后用力
低点瞬间

图 8-19　最后用力
器械出手瞬间

（五）维持身体平衡

器械出手后，身体向前的惯性易造成身体失去平衡而犯规，一般采用的有效方法是快速交换双腿，降低身体重心来缓解最后用力向前的速度，维持身体平衡。

第三节　青少年链球运动员技术训练要求

一、掷链球各年龄阶段技术要点

青少年链球运动专项技术训练不同年龄段有不同的要求，随着年龄的增长，对技术的要求也逐渐提高（表 8-4）。

表 8-4　掷链球各年龄阶段技术要点

技术	技术要点（以向左侧投掷为例）	各年龄阶段技术要求		
		12～13 岁	14～15 岁	16～17 岁
预摆阶段	握法：（略） 预摆：抡摆时，先把链球向前右上拉起，同时将体重移向左腿。当球抡摆至左后方高点时，体重又移至右腿。左脚跟抬起，躯干沿身体纵轴向右下方移动，两臂伸直，以保持最大半径的抡摆。球从左上方向右下方运行时，体重移至左腿，现阶段掷链球技术要求预摆采用大幅度、高速度的方式进行，要求运动员对器械的加速能力更强，进入旋转的速度更快	持握器械的姿势基本正确，能完成 2～3 次的预摆动作，重点发展运动员一般身体素质，特别是速度素质，要求运动员预摆动作协调、放松，上下肢配合基本合理	能完成预摆 2～3 次后完成器械出手动作，以及预摆后接 1～2 圈的旋转动作，动作姿势基本正确，用力顺序基本合理，动作协调、放松、圆滑	预摆节奏合理，幅度较大，动作协调，基本形成合理预摆进入旋转的节奏，链球运行轨迹幅度大，轨迹面合理，动作放松、自然到位。预摆和旋转衔接流畅
旋转阶段	旋转过程对器械的加速直接影响到用力的效果，旋转时投掷者应始终与链球成为一个整体，围绕稳固的旋转轴和较大的旋转半径，在保持良好身体平衡的情况下变化支撑形式，协调用力，逐渐加速 注意要点： 1. 器械速度是逐圈增加的，后续的加速反映了运动员持续加速的能力，要有合理的加速节奏 2. 旋转过程中器械运行轨迹要圆滑，靠链球的离心力对器械进行加速，而身体不能刻意对器械进行加速 3. 左脚转动加速的幅度要大，特别是左脚尖的顺势滚动用力要充分 4. 右髋转动幅度要大，要和左髋形成一个很好的连线，否则会使右髋转动幅度减小，走捷径，减小身体用力幅度	能够完成1～2圈对器械的加速旋转动作，清楚旋转过程中髋横轴和肩横轴之间的关系特点，旋转动作基本合理，身体重心控制得较好，链球运行轨迹曲线基本合理	能够完成三圈旋转技术，左侧轴转动较为合理，下肢对器械的超越较大，初步形成了良好的旋转节奏，动作放松、连贯、流畅、自然、协调、有力，具有一定的稳定性，衔接较好	能够完成四圈完整的旋转技术，形成了良好的对器械加速节奏，左侧转动轴合理，链球运行轨迹面清晰、合理、圆滑，身体各部位没有明显对器械过多加速的现象，各圈中下肢对器械超越现象明显，旋转技术流畅、自然、协调、合理。初步形成了自己的技术风格，建立了自己的加速节奏，使技术逐渐自动化
最后用力阶段	最后用力是下肢对器械形成最大幅度的超越，髋横轴和肩横轴达到最大扭转幅度，两臂充分伸展，两腿迅速向上蹬伸，躯干伸展，头向后仰，完成对器械的出手动作 需要注意的是，最后用力动作是旋转的延伸和继续，要以最大的转动半径和角速度来完成它	能完成预摆接用力动作，预摆 1～2 圈接最后用力顺序基本合理，基本建立了对链球控制用力的节奏	能完成旋转三圈后和用力动作的衔接，下肢伸展充分，动作到位，力量集中，角度合理，动作能够自然、放松、协调，表现出较强的爆发力	能完成完整旋转技术和最后用力之间的衔接，最后用力中没有明显的停顿现象，下肢伸展充分，动作到位，器械运行轨迹正确，具有明显加速投掷效果，角度合理，自然、放松，节奏清楚，用力集中，表现出较强的爆发力，不犯规
缓冲阶段	器械出手后，身体向前的惯性易造成身体失去平衡而犯规，一般采用的有效方法是快速交换双腿，降低身体重心来缓解最后用力向前的速度，维持身体平衡			

二、掷链球各年龄阶段训练要求

青少年在不同年龄阶段训练内容和安排有一定区别，教练员也要根据青少年身体发育的规律进行各项运动能力的训练和培养（表 8–5），使各种专项能力和运动素质逐渐提高。

表 8–5　掷链球各年龄阶段训练要求

年龄阶段	训练要求
12～13 岁	1. 根据少儿的生理、心理特点，训练采用的手段多样化，发展基本技能； 2. 着重发展速度、弹跳、灵敏、柔韧等素质； 3. 技术训练中分解和完整练习相结合，形成正确的动作结构和用力顺序，提高完成动作的效率； 4. 培养正确的投掷意识和良好的意志品质； 5. 训练负荷不宜过大，保持运动员的练习兴趣
14～15 岁	1. 在全面发展身体素质的基础上，逐渐增加专项素质训练的比例； 2. 以快速力量为主，全面发展身体各环节的力量； 3. 技术训练中重视完整技术对器械良好的加速节奏的培养； 4. 培养良好的意志品质和较强的忍耐力； 5. 提高比赛能力，要求在比赛中保持较强的自信心
16 岁	1. 巩固全面身体训练水平，逐步发展专项素质和专项能力，力量训练着重快速力量和专项力量； 2. 日益完善完整技术，使各技术环节衔接连贯，动作协调、稳定，体现出较强的动作节奏； 3. 应加强各关节的小力量训练及柔韧练习，防止受伤； 4. 在训练和比赛中提高自我控制能力和抗干扰能力，能在比赛中正常发挥水平，善于总结，不断提高认识； 5. 提高自我分析动作和感知能力，掌握基本理论知识，做到理论与实践相结合

三、专项投掷训练

专项投掷训练的过程中所采用的训练手段和方法必须和专项投掷技术动作相结合，日常训练过程中培养运动员专项投掷技术的节奏和速度能力较为重要，在技术逐渐掌握的过程中逐步发展专项力量（表 8–6）。

表 8–6　掷链球各年龄阶段专项训练任务与要求

任务	名称	要求
熟悉链球运行的轨迹特性	原地持链球预摆加速，每次 3～5 圈	要以身体的转动对链球进行加速，学会利用链球运动中产生的离心力进行转动
提高链球的抡摆能力，发展腰背力量	原地持壶铃预摆加速（10～15 公斤），每次 7～8 圈	两脚平行站立，两腿略弯曲，要以身体的转动带动壶铃加速，充分利用腰背肌肉的力量

续表

任务	名称	要求
提高控制器械和快速调整能力	两圈旋转—预摆两次—两圈旋转（5～6 次）	旋转技术要求都一样，强调两次旋转之间的预摆，最多两次就要进入下一次旋转，动作要连贯、流畅，提高身体的调整能力
提高左脚的转动能力和右髋的转动幅度	原地左脚拨铃片练习	肩部放松，两臂伸直，成旋转预备姿势，在左脚尖的左侧地面放一个杠铃片，进入旋转时用左脚尖将杠铃片迅速拨开后旋转一周，或者完成两周的旋转，要注意对身体重心的控制，不要出现上下起伏和左右晃动
提高全身协调用力能力和用力效果	两圈和三圈掷链球	要求增加进入旋转的速度，增加链球运行的轨迹长度，充分体会下肢蹬伸和上肢向上伸展的动作，提高肌肉协同用力的效果
提高旋转速度	徒手旋转练习	充分体会下肢对器械的超越，右脚着地积极，尽可能增加右脚着地瞬间对器械的超越幅度
提高对链球的控制能力	手持铃片转动练习	两脚左右开立，两臂伸展，肩部放松，充分把铃片向外放，体会重心在左右腿上的移动，逐渐增加摆动的幅度
提高旋转能力和对器械的控制能力	多周旋转（八圈）	采用轻器械每次完成八圈以上的旋转，注意链球的轨迹和对器械加速的节奏，上肢充分放松，利用链球的离心力量进行转动加速
改进掷链球完整技术动作	持轻链球、标准链球和重链球完整技术练习	运动员持轻器械、标准器械、重器械做完整的掷链球练习，但要注意轻重器械的练习时间和搭配效果

四、一般身体素质训练

青少年链球运动员的身体素质训练应该占有较大的比重，根据运动素质和不同年龄段的要求，训练安排的力量也不相同，其中要特别注意青少年运动员速度力量的培养和发展（表 8–7）。

表 8–7　掷链球一般身体素质训练任务与要求

任务	名称	要求
发展上肢力量	卧推、坐推等	注意动作速度
发展全身协调力量	挺举、抓举等（膝下）	注意动作正确性和动作速度
发展下肢力量	半蹲、箭步蹲	注意动作速度
发展协调快速力量	持杠铃快挺等	注意动作速度
发展爆发力和投掷能力	前抛、后抛等各种抛掷练习	注意协调用力和出手时机
发展速度和下肢灵活性	跑的练习	多种距离、多种姿势跑的练习
发展协调性和下肢灵活性	多种跨栏练习	注意动作正确性
发展下肢快速力量	各种跳跃练习	单足、双足多级跳跃
发展躯干力量	腹背肌练习	身体姿势端正
发展核心力量	悬挂练习、体操等	身体姿势端正、动作平稳
发展关节力量	建设性训练	数量多、强度低的腕关节、踝关节、膝关节练习

五、链球专项、身体素质评价指标和训练负荷

根据链球项目的特点，针对青少年运动员的专项技术、身体素质、专项成绩三个方面进行评定与考核，将三个方面的成绩按比例计算，根据所得总分确定训练成效。三个方面的比例分别为专项技术30%、身体素质50%、专项成绩20%。

（一）掷链球技术评价标准

要根据青少年运动员不同年龄段的特点制定评价技术标准（表8–8）。

表8–8　掷链球技术评价标准（30%）

		优秀	良好	及格
评价内容	预摆阶段	链球预摆动作正确，身体转动幅度大，预摆幅度大，动作自然，能快速、连贯、流畅地进入旋转阶段，链球有很好的运行轨迹	链球预摆动作基本正确，身体转动幅度较大，动作自然，较为流畅，虽然链球能快速进入旋转，但轨迹曲线不好	链球预摆动作基本正确，能顺利进入旋转，但动作幅度不够大，动作的速度不够快，动作的流畅程度相对较低，链球的运行轨迹曲线不好
	旋转阶段	四圈加速节奏明显、合理，旋转逐圈对器械的加速合理，动作完整、流畅，链球的斜面角逐圈增加合理，各圈动作衔接程度高，旋转与最后用力衔接连贯，没有减速，各圈对器械加速的幅度逐渐增加，链球运行轨迹清晰、圆滑，逐圈增加	四圈加速节奏基本合理，动作较为完整和流畅，链球的斜面角逐圈增加，但各圈增加的幅度差别较大，虽没有明显的停顿现象，各圈动作衔接不好，没有严重的减速现象，身体基本平稳，没有出现过大的起伏现象和明显的减速	能很好地完成四圈旋转技术，加速节奏基本合理，但旋转过程中各圈加速的幅度相差较大，有明显停顿现象，身体存在对器械加速不合理的现象，需要逐渐对技术完善
	最后用力阶段	最后用力前身体姿势正确，下肢对器械的超越幅度大，用力动作连贯、流畅，下肢蹬伸积极，躯干伸展充分，身体没有出现多余的用力动作，对器械加速现象明显，幅度较大	最后用力前身体姿势基本正确，下肢对器械的超越幅度较大，用力动作比较连贯、流畅，下肢蹬伸积极，躯干伸展充分，身体出现多余的用力动作，对器械加速现象较为明显，但用力动作存在缺陷	最后用力前身体姿势基本正确，身体和器械有加速，但加速的能力较差，速度节奏不明显，用力过程中身体出现多余的用力动作，动作不流畅，有明显停顿的现象
		全程技术节奏明显	全程技术节奏基本合理	全程技术有节奏感
		出手角度合理	出手角度大致合理	出手角度大致合理

（二）链球运动员身体素质评价标准

对青少年链球运动员每个年龄阶段各项身体素质的评价有不同的标准，各种身体素质所占的比例也不同，要根据运动员的特点评价不同年龄阶段运动员的身体素质（表8–9）。

表 8-9 各年龄阶段身体素质指标评价标准（50%）

年龄		12～13 岁		14～15 岁		16～17 岁	
性别		男	女	男	女	男	女
30 米跑（秒）	优	4.8	5.0	4.4	4.7	4.2	4.5
	良	4.9	5.1	4.6	4.9	4.4	4.7
	及格	5.0	5.2	4.8	5.0	4.6	4.9
立定三级跳远（米）	优	6.5	5.5	7.0	6.2	7.8	6.5
	良	6.0	5.0	6.8	6.0	7.5	6.3
	及格	5.5	4.8	6.5	5.8	7.0	6.0
后抛实心球、铅球（米）	优	16（2 公斤）	14（2 公斤）	14（4 公斤）	13（3 公斤）	16（5 公斤）	14（3 公斤）
	良	15（2 公斤）	13（2 公斤）	13（4 公斤）	12（3 公斤）	15（5 公斤）	13（3 公斤）
	及格	14（2 公斤）	12（2 公斤）	12（4 公斤）	11（3 公斤）	14（5 公斤）	12（3 公斤）
坐位体前屈（厘米）	优	24	25	25	28	26	28
	良	22	23	23	25	24	25
	及格	20	21	20	22	22	22

（三）各年龄阶段训练负荷

根据青少年身心发育的特点，训练课的组织形式应该多样化，练习手段与游戏活动相结合，全面身体素质训练与专项训练相结合，学习与改进技术动作相结合。各年龄阶段训练负荷如表 8-10 所示。

表 8-10 各年龄阶段训练时间与训练比重

分类	负荷方面	12～13 岁	14～15 岁	18～17 岁
训练时间	课时间（小时）	1～1.5	1.5～2	2～2.5
	周训练课次	3～5	5～6	8～8
	月训练课次	13～20	20～25	25～30
	年训练课次	150～200	200～240	260～300
训练比重（%）	技术训练	20	30	35
	专项素质	30	35	40
	一般素质	50	35	25

第四节　青少年链球运动员训练注意事项

青少年链球运动员的课余训练要做到全面关心运动员成长，处理好文化学习和运动训练的关系，做到学习与训练两不误，这就要求训练时间不能过长，但是关于如何处理好青少年运动员学习和训练关系问题的研究还很少见，特别是如何合理分配学习和训练的时间还需要进一步探讨。

一、对女子链球项目速度属性的认识

和男子链球项目相比，女子链球项目更具速度的属性。我们过去在训练上走过很多的弯路，其中一个很重要的原因就是对项目属性的认识有偏差。就目前国内教练而言，大部分都是过去从事男子链球训练或从男子链球转行而来的，难免在训练中会采用一些不适宜的方法与手段。众所周知，男女链球项目在技术上并无大的差异，但是由于项目属性存在很大的差异，训练手段上应有很大的区别。

目前男女链球器械的重量分别是 7.26 公斤和 4 公斤，重量相差 3.26 公斤，而从解剖学的角度看，男女运动员力量潜能方面的差异并不是很大，特别是白肌纤维男女运动员很接近，那么 4 公斤的女子链球，显然有一定的速度属性。认识了项目的属性，合理安排训练手段，则为取得好的成绩打下了基础。因此，青少年女子链球训练中更要注重速度这一属性。

二、从青少年阶段就建立合理的技术雏形

在青少年训练阶段，要尽可能地掌握和建立起正确的基本技术，这可以在未来的训练中少走很多弯路。在我国女子链球的训练中，很多运动员训练成绩还没有练出来，技术已经坏了，这里面除了教练员、运动员对技术理解的因素，为了尽早解决运动员入队及相关利益问题，教练员采用一些不适宜的手段，想尽早提高成绩也是运动员不能掌握合理技术的一个重要原因。因此，为了运动员今后运动成绩可以持续地提高，教练员一定要把握好基本技术这一关。

三、结合青少年的生理特点建立有效的速度节奏

链球项目是旋转节奏极强的项目，从生理学角度看，青少年阶段是人体神经灵活性最强的时期，不失时机地建立起快速旋转节奏，对链球运动员后期旋

转速度的发展有十分重要的意义。这里要指出的是建立快速的旋转节奏除了正确的动作方法要求，尽可能不要去接触超重和重量较大的器械，要多做轻器械的旋转和投掷练习，如 1 公斤袋球和 2 公斤轻球的旋转和投掷练习。在青少年阶段，由于运动员的一般肌肉力量和专项力量相对较薄弱，重量较大的器械只能增加专项力量，不利于快速节奏的形成和建立。

四、正确处理身体训练和专项训练的关系

就训练的整体而言，青少年阶段的训练我们还是主张以灵活反应和跑跳能力为主的全面身体训练，特别是利用青少年阶段反应灵活的特点，努力提高下肢和腰髋的快速反应能力，这对未来提高专项成绩会有一定的帮助。

在青少年阶段，我们不倡导重量较大的力量训练，因为重量大的力量训练会过早地使肌肉变得僵硬及收缩速度下降，最终难以形成和建立起快速的动作节奏。

五、对青少年链球运动员训练早期专门化的认识

关于早期专门化方面的理论源于 20 世纪 50 年代苏联的教科书，在七八十年代的竞技体育训练中，我国有些学者对此探讨得比较多，大部分不主张对青少年运动员进行早期专门化训练。

少年儿童及青少年并不是不可以进行专项的训练，也不是不能进行持器械的专项训练，关键是尽可能不去接触较重的器械，对相对较重的器械，尽可能不要进行全程技术的投掷，可以根据运动员的力量情况采用一圈、两圈的旋转，以免破坏技术和影响快速投掷节奏的建立。纵观当代很多优秀链球运动员的成长之路，大多都是利用青少年阶段神经灵活性好的特点，早早就建立起了专项快速节奏。

早期的专项训练应该包括专项技术训练部分、专项身体素质部分、专项的运动量和强度部分，这三个部分是统一的有机整体，形成专项训练的体系。当今世界体育运动技术水平发展很快，运动员要具有良好的心理素质，掌握符合运动科学原理的技术，才能具备更强的竞争能力，才能充分发挥其素质的优势。所以要重视早期的专项训练，特别是对青少年链球运动员的基本技术的训练，这对早出人才、多出人才、出好人才并为优秀运动队输送后备人才有着重要的作用。

六、对运动负荷的认识

（1）运动负荷要不断加大。当运动员对所承受的运动负荷产生了充分的适应时，同等的负荷已不再促进运动员的成绩提高，必须增加新的运动负荷，促进机体获得新的生物适应能力，从而产生较好的训练效应。优秀运动员的实践证明，在适宜范围内加大运动员负荷是发展运动员竞技能力、提高竞技水平的重要途径。对于青少年运动员的运动训练来说，不是训练负荷要无限加大，而是根据性别、年龄、训练年限有针对性、有节制地加大。青少年田径运动员在训练中，运动负荷的变化应以量的变化为主，强度基本是自然提高，即随着年龄增加而有节奏地增加。

（2）循序渐进地增加运动负荷。青少年运动员正处于生长发育阶段，内脏系统尚未成熟，承受不了大负荷的训练，又基于人体能力变化的周期性特点，运动负荷的增加必然是循序渐进的，不能突然加大运动负荷进行训练，而应有节奏地加大，使之达到适应性积累。所以说，青少年运动员在业余训练中应注意合理安排训练节奏，充分考虑运动员的生理和心理的承受能力。虽然我们要根据运动员对运动刺激的适应特点来增加运动负荷，但由于运动负荷分为运动量和运动强度，所以如何科学地增加运动负荷还值得我们进一步研究。

七、恢复与伤病预防

（一）恢复

1. 身体疲劳的表现

①肌肉僵硬、肿胀、酸痛等；

②脉压减少，心率异常，血色素下降等；

③反应迟钝，头痛头晕，精神萎靡，注意力不集中，情绪激动。

2. 恢复方法与手段

①自身恢复：运动员训练后，通过慢跑、深呼吸、自我放松、拉伸练习、变换节奏、休息睡眠、简单游戏与文娱活动等手段恢复；

②物理恢复：理疗、针灸、热水浴、桑拿浴、电刺激等；

③生理生化恢复：主要以食补为主，同时注意维生素、微量元素、电解质的补充。

（二）伤病预防

在训练过程中要高度重视运动员防伤防病，这对运动员今后的发展和运动生涯有着重要的影响，因此应从实际出发切实监督好运动员的训练。

1. 产生伤病的主要原因

①对预防运动损伤的意义认识不足；

②缺乏准备活动或准备活动不合理；

③运动负荷安排不当；

④局部长期负荷过大；

⑤训练后恢复放松不够；

⑥场地器材选用不当。

2. 应对措施

运动损伤的预防是针对运动损伤的原因而进行的。从运动损伤的特点和原因出发，可知运动损伤的预防措施有以下几方面。

①加强防伤观念，时刻要有安全意识，克服麻痹思想；

②认真做好准备活动；

③合理安排好运动负荷；

④重视训练后的恢复放松；

⑤加强易伤部位的建设性训练；

⑥出现伤病后应及时治疗，在伤病恢复期间不宜进行大负荷训练；

⑦加强场地器材的安全措施和安全检查。

八、身体机能监控

身体机能监控是科学掌握训练过程的重要手段，教练员可以在有条件的情况下采取以下几种方法对运动员的训练进行监控。

（一）自我监控

在运动实践中，自我监控有主观与客观两方面。

主观方面：饮食、睡眠、排汗量、神经反应、训练欲望等。

客观方面：血压、心率、体重、心理等是否有异常现象。

（二）生理生化指标监控

运动员身体机能评定是一个多指标、多层次、多因素的整体综合评定，可根据评定的目的和测试对象的年龄、运动专项、训练水平等具体情况选择测试指标。目前，用于评定运动员机能状况的生理生化指标涉及心血管、免疫、内分泌、氧转运和利用、骨骼肌及组织损伤、物质与能量代谢及代谢调节能力、神经系统等各方面，具体内容如表 8-11 所示。

表 8–11 链球运动员身体机能评定参考指标

评定系统	指标
心血管系统	心率、血压、心电图
免疫系统	谷氨酰胺、免疫球蛋白 G、免疫球蛋白 M、免疫球蛋白 A、CD4/CD8 免疫细胞、自然杀伤细胞
内分泌系统	血睾酮、皮质醇、淋巴细胞、生长激素
氧转化系统	血红蛋白、血球压积、红细胞总量、血清铁蛋白、转铁蛋白
骨骼肌及组织损伤	肌酸激酶、乳酸脱氢酶、丙氨酸氨基酶、肌红蛋白、蛋组氨酸
物质与能量代谢系统	体重、体脂百分比、血尿素、氨基酸

第五节 青少年链球运动员训练的特点

青少年链球训练的目标是选拔和培养高水平的后备人才，这一时期的任务是通过一定的训练发现他们的潜在能力，确定他们继续训练达到高水平运动成绩的可能性。关于“少年儿童早期专门训练”有过较长时间的争论，经过几十年的运动训练实践发现，少年儿童进行早期专门训练是十分必要的，但这里有个时间、程度的问题，即早期“早”到何时，专门又“专”到什么程度。只要我们遵循少年儿童生长发育的规律和心理、生理的特点进行科学的训练，则会达到理想的目标。为此，对少年儿童教学训练的探索是一个前沿而深层的课题。科学的训练对运动员今后的成长具有重要的意义，为了做好多年训练，培养高水平运动员，教练员必须了解青少年运动员训练的特点和训练当中出现的问题，做到有的放矢，只有这样才能达到预期目标，取得事半功倍的效果。因此，我们有必要对前人青少年田径训练的研究进行回顾和总结，找出目前青少年田径训练中研究较少或尚未引起重视的方面，为今后的深入研究找出方向。

一、训练的基础性

青少年链球运动员的训练是打基础的训练阶段，运动员各系统机能的发展还不完善，身体形态、生理机能逐步成熟。而专项能力的提高是建立在各器官系统机能、运动素质全面发展的基础上的。运动训练应遵循训练对象身心发展的特点和竞技能力提高的规律，这就决定了青少年运动训练必须以打基础为主，在增强体质的基础上进一步提高各器官系统的机能，全面发展运动素质，掌握各种田径运动技术，并在此基础上根据链球项目的特点进行适当的专项训练。

二、训练的业余性

训练的业余性是指运动员在课余时间不影响学习的情况下进行训练，与成人训练存在很大差别。参加训练的青少年年龄为8～16岁，他们正处在小学和中学阶段，应该把学习文化课作为主要任务。只有掌握了科学文化知识，才能接受科学训练原理，执行训练计划，帮助教练员修改训练计划，不断提高自控能力，从而创造优异成绩。

三、训练的阶段性

训练的阶段性是指根据青少年的生理和心理特点，各技能训练发展的阶段不尽相同，应分阶段重点发展某种技能。由于青少年的可塑性强，大脑皮层的神经系统及心理过程正处在发育及完善的阶段，此阶段是各种技能形成的最快阶段，也是技能储备最易增加的关键阶段。其中8～12岁是发展协调能力最好的阶段，13～14岁是协调能力趋于成熟的阶段。为此，应根据青少年各年龄阶段的特征发展技能，应把握时机、抓住重点。

四、训练内容和手段的多样性

青少年运动员训练是打基础的阶段，要求采用多样的训练内容，全面发展运动员的运动素质，提高机体各器官系统的生理机能，打好训练基础，为未来取得优异的成绩创造有利条件。训练手段的多样化，既可使少年儿童学习掌握大量的运动技能，又可通过训练手段的转换提高训练的兴趣，防止疲劳过早出现，从而达到提高运动技能数量和运动技术质量的目的。青少年的神经系统发育较缓慢，注意力不能长时间集中，兴趣容易转移，田径训练较其他体育项目来说更枯燥，这样运动员就难以长时间从事某一练习，因此，必须通过多样有趣的练习和手段提高运动员的积极性。

五、训练方法的双重性

少年儿童田径运动训练中存在两种不同的训练方法：一种是大量小强度，另一种是小量高强度。采用高强度训练法，提高成绩的速度快，但这是一种暂时的现象，在多年的训练中，这种优势会逐渐消失，最后将明显落后于量大强度小的训练法。高强度训练法的弊病为加大了肌肉与关节韧带间的发展差距，而肌肉力量在短时间内得到很快的提高，往往会给关节韧带造成较大的损伤；

长时间采用高强度训练，不利于神经系统和内脏器官的发育；高强度训练法不利于青少年运动员掌握田径运动的基本技术；高强度训练法不利于探索少年儿童的训练规律。小强度大量的训练方法有利于速度力量素质渐进性提高，可以与少年儿童身体发育相适应；能使少年儿童的骨骼、韧带和关节都得到良好的发展；能使少年儿童的心血管系统得到较好的锻炼，有利于后阶段显著提高训练量和强度；有利于运动技能的发展和基本技术的掌握；能使身体素质和运动技术得到协调发展，防止两者出现失调现象；有利于探索少年儿童的训练规律。以有氧代谢为基础的一般耐力训练在少年儿童的年训练中占有很大的比重。一般耐力训练是保证少年儿童身体全面发展、增进健康及适应大运动量训练的必要条件。耐力训练也是保证教学训练顺利进行的重要手段，它决定着完成动作的数量与质量，决定着抗疲劳能力的加强与恢复功能的提高。

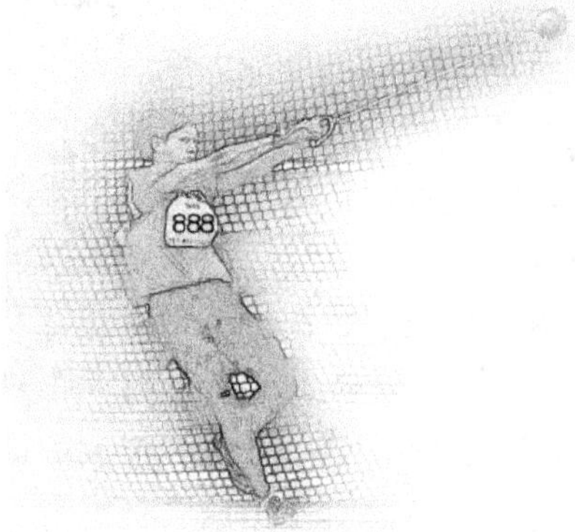

参考文献

[1] 文超. 田径运动高级教程[M]. 北京：人民体育出版社，1994：556-567.

[2] 文超. 田径运动高级教程[M]. 北京：人民体育出版社，2003：608-610.

[3] 顾波波. 天津全运会女子链球金银铜牌得主投掷技术的三维运动学研究[D]. 北京：首都体育学院，2019.

[4] 刘磊磊. 十一届全运会优秀男子链球运动员投掷技术的运动学研究[D]. 北京：首都体育学院，2011.

[5] 陈宝祥. 破世界链球纪录的利特维诺夫[J]. 体育科研，1982（8）：34.

[6] 李靖. 中外优秀男子链球运动员旋转技术的比较分析[D]. 西安：陕西师范大学，2004.

[7] 石寿曾. 掷链球的合理技术[J]. 武汉体育学院学报，1961（1）：13-16.

[8] 徐千令. 我的链球训练[J]. 武汉体育学院学报，1962（3）：28-34.

[9] 库兹涅佐夫. 运动员的专门力量训练一[J]. 崔东振，译. 北京体育学院学报，1979（1）：87-94.

[10] 库兹涅佐夫. 运动员的专门力量训练二[J]. 崔东振，译. 北京体育学院学报，1979（2）：77-85.

[11] 库兹涅佐夫. 运动员的专门力量训练三[J]. 崔东振，译. 北京体育学院学报，1980（1）：85-93.

[12] 张秉孝. 法特米尔·巴依拉亚达里掷链球的技术分析[J]. 体育科技资料，

1978（26）：16–20.
[13] 赵鹏. 投掷链球的旋转圈数和速度[J]. 体育科技资料，1980（18）：36–41.
[14] 高海源. 链球运动员的练习[J]. 辽宁体育科技，1980（6）：48–49.
[15] 库兹涅佐夫. 运动员的专门力量训练六[J]. 崔东振，译. 北京体育学院报，1981（1）：90–94.
[16] 汤浅景元，刘宽谟. 掷链球的运动力学特点[J]. 辽宁体育科技，1984（5）：24–26.
[17] 巴卡雷诺夫，弗恩特里斯，车尔班达连科. 现代链球技术[J]. 江崇山，译. 山东体育科技，1984（8）：5–11.
[18] 徐千令. K.H 里姆的链球投掷技术[J]. 武汉体育学院学报，1981（2）：80–85.
[19] 徐千令. 我国链球成绩如何突破七十米大关[J]. 武汉体育学院学报，1983（2）：28–34.
[20] 徐千令. 浅析掷链球双支撑阶段的旋转技术[J]. 武汉体育学院学报，1985（4）：63–65.
[21] 徐千令. 胡钢的链球技术分析[J]. 武汉体育学院学报，1985（1）：16–20.
[22] 徐千令. 中国优秀链球运动员的技术追踪分析[J]. 武汉体育学院学报，1988（3）：21–34.
[23] 吴延禧，方兴. 罗军投掷链球的三维运动分析[J]. 中国体育科技，1989（10）：20–27.
[24] 徐千令. 对当今掷链球技术发展趋势的剖析[J]. 武汉体育学院学报，1989（1）：18–32.
[25] 尹国邦. 现代链球技术的特点[J]. 山东体育科技，1988（3）：48–50.
[26] 毕鸿福. 论对现代链球技术的科学认识[J]. 北京体育学院学报，1990（增刊 1）：85–88.
[27] 康利则. 对我国优秀链球运动员投掷技术的分析[J]. 西安体育学院学报，1990（1）：18–40.
[28] 张景丰，郝一伟. 浅谈投掷链球最后用力时身体左侧轴的工作[J]. 哈尔滨体育学院学报，1990（1）：56–58.
[29] 赵鹏. 链球的发展概况和提高我国链球成绩的浅见[J]. 中国体育科技，1981（8）：9–15.
[30] 张绍英. 赵建东的掷链球训练[J]. 体育教学与科研，1986（3）：46–48.
[31] 张秉孝. 我国链球运动的现状与展望[J]. 中国体育科技，1988（9）：40–43.

[32] 吴长松，黄世杰，赵鹏. 毕忠破亚洲链球纪录前后的训练[J]. 中国体育科技，1990（5）：7-11.
[33] 梁久学. 谈女子链球运动的开展[J]. 沈阳体育学院学报，1983（4）：83-86.
[34] 徐千令. 中国优秀链球运动员的技术研究[J]. 湖北体育科技，1991（3）：22-28.
[35] 吴延禧，吴清景，郭松，等. 链球投掷技术的生物力学研究[J]. 中国体育科技，1992（12）：1-37.
[36] 车晓波. 我国优秀男子链球运动员投掷技术的运动学特征[J]. 上海体育学院学报，1999（1）：38-42.
[37] 赵志诚，吕东平，王洪儒. 对我国优秀链球运动员身体训练水平检验与评定的初步探讨 [J]. 沈阳体育学院学报，1992（3）：8-12.
[38] 张平凯，于光，王新坤. 谈链球运动选材[J]. 沈阳体育学院学报，1993（2）：31-33.
[39] 毕忠. 男子链球专项训练探讨[J]. 上海体育学院学报，1993（增刊 1）：4-6.
[40] 梁志强，孙有平，吴长松，等. 浅析中国前苏联优秀链球运动员成绩差异的原因[J]. 田径，1995（3）：28-30.
[41] 梁志强，李河，卢克洪. 中国和前苏联优秀链球运动员成绩的对比研究[J]. 中国体育科技，1997（10）：27-28.
[42] 孙大元，吴长松. 优秀男子链球运动员技术与身体训练的方法[J]. 上海体育学院学报，1996（4）：36-40.
[43] 孙有平. 对我国部分优秀链球运动员身体素质的探讨[J]. 北京体育大学学报，1997（4）：90-94.
[44] 孙有平. 对链球运动员身体训练水平评定的研究[J]. 体育科学，1997（2）：35.
[45] 孙有平. 对力量素质与链球成绩关系的研究[J]. 体育科学，1998（6）：39-42.
[46] 艾志兵. 我国男子链球运动员与世界优秀选手的差距[J]. 山东体育科技，2000（4）：7-10.
[47] 孙有平，罗达勇. 我国男子链球成绩滑坡的原因探析[J]. 体育科学，2001（4）：42-45.
[48] 刘琴芳. 链球投掷的生物力学分析研究现状[J]. 西安体育学院学报，2002（3）：93-95.
[49] 陈洁敏. 对我国优秀男子链球运动员旋转技术特征分析[J]. 北京体育大学

学报，2004（3）：413−415.

[50] 霍科林. 我国优秀女子链球运动员动作技术分析及动作技术分析系统的初步建立[D]. 北京：北京体育大学，2004.

[51] 王新坤，党伟. 我国优秀女子链球运动员旋转技术的运动学特征分析[J]. 沈阳体育学院学报，2005（6）：71−88.

[52] 刘昌亚，王亚军，谢正阳. 影响我国男子链球运动成绩提高的因素分析[J]. 辽宁体育科技，2005（1）：76−78.

[53] 霍科林. 女子链球项目生物力学研究[D]. 北京：北京体育大学，2007.

[54] 闫新芳. 我国优秀女子链球运动员投掷技术的运动学分析[D]. 太原：山西大学，2009.

[55] 董海军. 我国优秀女子投掷选手最后用力过程肌肉用力特征及技术研究[D]. 北京：北京体育大学，2010.

[56] 张正红. 我国女子链球运动员顾原各项素质和专项成绩的关系[J]. 湖北体育科技，2001（3）：27−29.

[57] 金永稿. 少年链球运动员身体素质训练[J]. 田径，2001（3）：14−15.

[58] 杜艳，刘卫，张玉泉. 影响我国男子链球运动成绩的主要因素[J]. 湖北体育科技，2001（3）：22−24.

[59] 钟平，龚明波. 链球运动员身体素质与专项成绩相关关系的神经网络模型[J]. 广州体育学院学报，2004（1）：33−35.

[60] 陈智聪，骆川平，童小军. 我国女子链球发展以及训练探讨[J]. 四川体育科学，2004（3）：85−86.

[61] 宋惠娟，刘昌亚. 我国部分优秀男子链球运动员身体素质指标的分析[J]. 南京体育学院学报，2006（3）：19−21.

[62] 刘昌亚，王亚军，谢正阳. 影响我国男子链球运动成绩提高的因素分析[J]. 辽宁体育科技，2005（1）：76−78.

[63] 刘昌亚，邰崇禧，宋惠娟. 我国部分优秀女子链球运动员身体素质指标的分析[J]. 安徽体育科技，2005（2）：26−28.

[64] Liset G. 链球运动员的运动调节训练[J]. 刘继领，郑家鲲，译. 中国体育教练员，2006（4）：44−45.

[65] 唐清玉，解月兰. 我国链球技术的特征分析[J]. 雁北师范学院学报，2006（5）：91−93.

[66] 赵雄. 对我国优秀链球运动员张文秀运动成绩的灰色关联分析[J]. 体育科技文献通报，2008（5）：107−108.

[67] 弗勃列夫斯基，翻列泽涅夫. 高水平女子链球运动员训练过程的控制[J]. 体育科研，2003（3）：46.
[68] 张毅. 我国优秀女子链球运动员张文秀备战第 28 届奥运会训练安排的研究[D]. 北京：北京体育大学，2004.
[69] 戴兴鸿，赵开，陶青. 对我国部分优秀女子链球运动员冬训准备期训练负荷的分析[J]. 体育世界，2008（10）：83–84.
[70] 郭义军，李厚林，宇文展，等. 我国高水平女子链球运动员张文秀和王峥投掷技术特征研究[J]. 天津体育学院学报，2010（3）：197–200.
[71] 董海军，田有惠. 北京奥运会女子链球铜牌得主张文秀投掷技术的运动学研究[J]. 首都体育学院学报，2011（1）：64–66.
[72] 罗洪涛，梁耀. 从国外运动员的投掷特征看我国优秀女子链球选手的投掷技术[J]. 山东体育学院学报，2011（1）：67–73.
[73] 张桃臣，董海军，左伟. 我国优秀男子链球选手旋转技术环节时空特征的运动学研究[J]. 首都体育学院学报，2011（3）：245–250.
[74] 李运涛. 对我国高水平女子链球运动员投掷技术的运动学分析[J]. 科技创新导报，2012（4）：218.
[75] 李银坤. 中国优秀女子链球运动员张文秀旋转技术的运动学研究[D]. 成都：成都体育学院，2012.
[76] 刘昌亚，郇崇禧. 我国部分优秀女子链球运动员投掷技术的运动学分析[J]. 首都体育学院学报，2013（11）：551–565.
[77] 张少伟，陈民盛. 影响我国优秀男子链球选手旋转技术加速节奏的因素研究[J]. 沈阳体育学院学报，2014（2）：121–126.
[78] 贾谊，张青粉. 我国优秀女子链球运动员关键动作技术的生物力学分析[J]. 中国体育科技，2015（2）：36–42.
[79] 董海军. 我国优秀女子链球运动员王峥技术变化的特征[J]. 体育学刊，2016（5）：129–135.
[80] 张青粉. 我国优秀女子链球运动员投掷技术的运动学分析[D]. 太原：中北大学，2016.
[81] 董海军. 我国女子链球项目备战 2016 年里约奥运会重点队员投掷技术的研究[J]. 北京体育大学学报，2017（11）：98–110.
[82] 王生贵. 影响我国女子链球项目运动成绩提高的因素分析[J]. 搏击：武术科学，2011（12）：107–108.
[83] 刘瑛慧. 中外优秀链球选手专项力量素质训练状况的对比分析[J]. 沈阳体

育学院学报，2011（3）：111–113.
[84] 汪洋，张胜林. 我国女子链球运动员专项能力结构及评价标准的研究[J]. 北京体育大学学报，2012（6）：122–131.
[85] 冯坤，席繁宏. 第 30 届伦敦奥运会投掷项目运动员年龄结构与竞技表现研究[J]. 四川体育科学，2015，（6）：48–53.
[86] 郝帅，邢昊天. 对我国高水平女子链球训练中一些问题的研究与分析[J]. 运动，2017（10）：44–45.
[87] 王亚岚. 对青少年链球早期训练的认识[J]. 田径，2016（11）：31–33.
[88] 王亚岚. 浅谈青少年链球技术易犯错误及纠正方法[J]. 当代体育科技，2016（11）：154–155.
[89] 王腊梅，张帅，赵妍. 青少年女子链球运动员身体素质训练手段探析[J]. 中国体育教练员，2016（2）：56–59.
[90] 董海军. 我国优秀女子链球选手旋转技术时空特征研究[J]. 北京体育大学学报，2011（5）：121–125.
[91] 马森. 影响我国优秀女子链球运动员成绩的生物力学因素研究[D]. 北京：北京体育大学，2013.
[92] 沈玉霞. 我国部分优秀女子链球运动员技术特征运动学分析[D]. 北京：首都体育学院，2018.
[93] 罗炯，金季春. 表面肌电的处理方法及在体育科研中的应用前景[J]. 山东体育学院学报，2005（2）：56–59.
[94] 王奎，刘建红，周志宏，等. 应用 IEMG 评价举重运动员力量素质的研究[J]. 解放军体育学院学报，2005（1）：29–33.
[95] 杨银儿，马楚虹，钱永东. 不同肌力训练时攀岩运动员腕伸屈肌的表面肌电频谱特征研究[J]. 安徽体育科技，2006（6）：35–38.
[96] 蔡明明，肖云，徐建中，等. 应用表面肌电图评定优秀 20 km 竞走运动员训练中的肌疲劳[J]. 中国临床康复，2005（8）：147–149.
[97] 李世明. 肌电测量技术的应用[J]. 中国临床康复，2006（10）：149–151.
[98] 中国田径协会. 中国青少年田径教学训练大纲[M]. 北京：北京体育大学出版社，2007：88–109.
[99] 王向宏. 体能训练理论与方法[M]. 北京：北京航空航天大学出版社，2010：71–90.